Aus Freude am Lesen

btb

Buch

Geboren am 28. August 1849 in Frankfurt, erlebte Johann Wolfgang Goethe eine behütete Kindheit in wohlhabendem Elternhaus. Er studierte unter anderem Rechtswissenschaft in Leipzig und Straßburg und ließ sich anschließend – eher widerwillig – als Rechtsanwalt in Frankfurt nieder. Mit einem einzigen Buch stieg er zum Kultautor auf: »Die Leiden des jungen Werther«. Goethe war nun berühmt – und blieb es sein Leben lang. 1776 lockte ihn der junge Herzog Karl August nach Weimar, wo er alsbald zum Mann für alle Fälle wurde. Er amtierte als Minister, kümmerte sich um Landesverteidigung, Staatsfinanzen, Kanalisation, Straßenbau, Feuerschutz, Schulwesen und Kulturelles. Daneben blieb ihm noch Zeit, etwas für seinen Ruf als Frauenliebling zu tun und an seinem Werk zu schreiben.

Die Faszination dieses Mannes, der so neugierig auf das Leben war, daß er mehr und immer mehr von ihm wollte, ist bis heute geblieben. Otto A. Böhmers witziger und hintersinniger Roman bietet einen unkonventionellen Zugang zum berühmtesten deutschen Dichter und Denker – Goethe zum Anfassen für alle neugierigen Leser.

Autor

Otto A. Böhmer, geboren 1949 in Rothenburg ob der Tauber, lebt als Schriftsteller und Filmemacher in Wöllstadt (Wetterau). Zahlreiche Veröffentlichungen (u. a.): »Sternstunden der Philosophie« (1993), »Neue Sternstunden der Philosophie«, »Sofies Lexikon« (1997) sowie »Als Schopenhauer ins Rutschen kam« (1997).

Bei btb bisher erschienen:
Weimarer Wahn (72488)
Der Hammer des Herrn (72616)

Otto A. Böhmer

Der junge Herr Goethe
Roman

btb

Umwelthinweis:
Alle bedruckten Materialien dieses Taschenbuches
sind chlorfrei und umweltschonend.

btb Taschenbücher erscheinen im Goldmann Verlag,
einem Unternehmen der Verlagsgruppe Bertelsmann.

1. Auflage
Genehmigte Taschenbuchausgabe Oktober 2000
Copyright © 1999 by Albrecht Knaus Verlag, München,
in der Verlagsgruppe Bertelsmann GmbH
Umschlaggestaltung: Design Team München
Umschlagmotiv: AKG, Berlin (Zeichnung von
Johann Wolfgang von Goethe, aus der Korrespondenz
mit Johann Kaspar Lavater)
Satz: Filmsatz Schröter GmbH, München
KR · Herstellung: Augustin Wiesbeck
Made in Germany
ISBN 3-442-72696-4
www.btb-verlag.de

Für Christel und Mareike

So mußt du sein, dir kannst du nicht entfliehen ...

JOHANN WOLFGANG GOETHE

Inhalt

ERSTES BUCH
Wundersam bewegt

Dieses ist das Bild der Welt	13
Vorwärts und rückwärts	34
Aber wie	50
So gut wir können	62
Die wiegende Empfindung	99
Gewalt der Herrlichkeit	127

ZWEITES BUCH
Licht und Schatten

Der stilleuchtende Horizont	149
Lauter Brandraketen	162
Lili also	180
Hans Arsch von Rippach	209
Das tätige Leben	233
Heutemorgen und Immermorgen	260
Erfahrungen der höheren Art	284

ERSTES BUCH

Wundersam bewegt

Dieses ist das Bild der Welt

Die Sterne standen günstig, *die Konstellation war glücklich: die Sonne stand im Zeichen der Jungfrau und kulminierte für den Tag; Jupiter und Venus blickten sie freundlich an, Merkur nicht widerwärtig; Saturn und Mars verhielten sich gleichgültig; nur der Mond, der soeben voll ward, übte die Kraft seines Gegenscheins um so mehr, als zugleich seine Planetenstunde eingetreten war.* Die Glocken hatten zudem geläutet, alle zusammen und nur für ihn; da mochte er sich denn nicht länger bitten lassen, und kam zur Welt. Gequetscht und gedrückt wurde er dabei, daß es ihm den Atem verschlug. Er verfärbte sich im Gesicht, wurde erst bläulich, dann blau und hörte unentwegt aufgeregte Stimmen, die ihm noch nicht viel bedeuteten. Er begriff nur, daß man es ernst mit ihm meinte. Man wusch ihn mit lauwarmem Wasser, legte ihn in Tücher und anschließend der Mutter in die Arme. Die lächelte, war ansonsten aber zu schwach, um Freude zu zeigen. Kaum hatte er sich an das angenehme Gefühl gewöhnt, an ihrer Brust zu liegen, wurde er schon wieder gepackt und anderweitig vergeben. Das war ihm dann zuviel, und er begann zu schreien. Die Glocken hörten auf zu läuten, und allmählich kehrte Ruhe ein.

Johann Wolfgang Goethe, das Kind, das gerade in der Stadt Frankfurt am Main geboren worden war, hielt sein erstes Schläfchen auf Erden. Man schrieb den 28. August 1749. Ein warmer Wind summte um das verwinkelte Haus. Da konnte man gut schlafen, auch weil darauf geachtet worden war, daß sich keine Mücken und Fliegen an dem Neuankömmling zu schaffen machten. Das Kind lag in einer Wiege, die schon lange im Familienbesitz war. Ab und zu kam jemand vorbei und gab ihr einen sanften Stoß, so daß sie sich in Bewegung setzte und leise zu schaukeln begann. Auch das war dem ersten Schlaf förderlich. Als er erwachte, hatte er Hunger. Er hielt es für richtig, wieder zu schreien, kräftig, langanhaltend, denn er wußte ja nicht, ob jemand bereitstand, seine Wünsche zu erfüllen. Dann hörte er Schritte und wurde aus der Wiege genommen. Er sah in ein dickes, freundliches Gesicht, hörte eine Stimme. Eine Hand fuhr herab und kraulte ihn genau da, wo sich ein kleines Doppelkinn bildete. Er spürte einen angenehmen Duft, der Gutes verhieß, es gab etwas zu essen. Er wurde an eine Brust gelegt, an eine dicke freundliche Brust, die nicht der Mutter gehörte. Eine Amme nahm sich seiner an; sie stand so gut im Futter, daß sie etwas abgeben konnte – vor allem Milch, von der sie viel hatte, in zwei mächtigen Brüsten, die für ihn eine Zeitlang zum Mittelpunkt seiner Welt wurden. Klein war diese Welt ansonsten, und er begriff schon früh, daß es Leute gab, die sich um ihn sorgten.

Da war zunächst die Mutter: Sie hieß Catharina Elisabeth Goethe, war eine geborene Textor und eigentlich immer mehr lustig als traurig. Sie konnte laut und herzlich lachen, auch über Dinge, die andere, Goethes Vater zum Beispiel, nicht sehr lustig fanden. Keiner wußte, er selber wohl auch nicht, ob er überhaupt etwas lustig fand. Johann Caspar Goethe war ein wohlhabender und ernster Mann, man konnte meinen, daß er zum Lachen in den Keller ging. Dabei hatte das Schicksal es gut mit ihm gemeint: Sein Vater, Goethes Großvater Friedrich Georg Göthé (so schrieb er sich), war zunächst Damenschneider gewesen, hatte eine reiche Witwe geheiratet, die unter anderem einen ansehnlichen Gasthof mit in die Ehe brachte, und wurde anschließend ein erfolgreicher Weinhändler, der seinem Sohn ein so großes Vermögen hinterließ, daß dieser keinen Handstreich mehr tun mußte. Johann Caspar Goethe kaufte sich vom Kaiser, der ständig Geld brauchte, einen Titel und durfte sich nun *Wirklicher Kaiserlicher Rat* nennen. Vielleicht hat ihn das so ernst werden lassen. Johann Wolfgang Goethe lernte persönlich nur noch seinen anderen Großvater kennen, der wie er Johann Wolfgang mit Vornamen hieß und in Frankfurt etwas zu sagen hatte. Großvater Textor amtierte nämlich als Stadtschultheiß, was bedeutete, daß er der erste Mann in Justiz und Verwaltung war. Er konnte Gesichter schneiden, wenn er wollte: Mal schaute er wie ein listiger Fuchs drein, mal wie ein störrischer Esel, mal wie ein liebeskranker Enterich. In seinem Garten gab es die besten Pfirsiche der Stadt. Die Kinder mochten ihn, besonders wenn er ihnen Gesichter schnitt und von seinen Pfirsichen gab.

Goethes kleine Lebenswelt wurde größer, so wie auch er größer wurde. Er merkte das vor allem, wenn er sich im Spiegel ansah. Dann konnte es passieren, daß er vor seinen eigenen Augen zu wachsen begann. Langsam, aber sicher, er mußte nur lange genug sein Spiegelbild anstarren. Zuerst bewegten sich seine Haare, richteten sich auf, standen ihm zu Berge. Dann kam das Gesicht dran, wurde lang und länger, bis der übrige Körper nachrückte. Schließlich füllte er den ganzen Spiegel aus, der sich dadurch so belästigt fühlte, daß er beim Wachsen mitmachte. Er ging in die Breite, knarrte dabei etwas, wohl aus Protest, und verschob sich anschließend in die Höhe. Die aber war für das Zimmer eigentlich schon viel zu groß, so daß sich auch das ganze Haus mit nach oben bewegen mußte. Es wurde, in einem Moment, zum Haus des Himmels, und aus diesem Himmel schaute ein mächtig groß gewordener Goethe, der einen dicken Bauch hatte und zu kurze Beine, auf den kleinen Goethe herab, dem nun die Augen vom Starren in den Spiegel weh taten. Er schnitt dem mächtig groß gewordenen Goethe mit dem dicken Bauch und den zu kurzen Beinen eine Fratze, und da fiel der vor Schreck vom Himmel herunter und war wieder nur ein kleiner Goethe mit großen braunen Augen und dunklem Haar, der nicht recht wußte, wie ihm geschah.

Sein Leben war sonst aber bequem, das mußte er zugeben. Im Hause seines Vaters gab es genügend Leute: Dienstboten, Köchinnen, die bereits erwähnte schwerbrüstige Amme, die ihn säugte, solange er der Milch bedurfte. Das alles verschaffte ihm ein gutes Gefühl und trug dazu bei, daß er ein verwöhntes Kind wurde und es auch blieb. Dafür konnte er nichts, schließlich hatte er sich sein Elternhaus nicht ausgesucht. Eine gewisse Lebenslinie war jedoch damit vorgezeichnet – sie verwies auf Wohlstand und leichtes Gelingen. Daß die Welt auch ihre anderen Seiten hat, bekam er vorgeführt, wenn er sich aus dem Elternhaus nach draußen bewegte. Dann sah er wohl, daß es Armut gab, Elend, Hochmut; die Kunst, sich für etwas Besseres zu halten, war auch in Frankfurt weit verbreitet. Die Freie Reichsstadt, wie sie sich nannte, bildete einen eigenen kleinen Staat, sie hatte nur den Kaiser über sich. Besonders frei ging es in der Freien Reichsstadt allerdings nicht zu, was jedoch nicht viel zu bedeuten hatte, denn die Idee einer Freiheit, die für alle galt, war damals eine Idee, mit der man vorsichtig umgehen mußte. Freiheit bedeutete in erster Linie die Freiheit der Mächtigen, der Kaiser, Könige, Edelleute; in zweiter Linie galt sie für die Reichen, die sich mit Geld und Besitztümern ihre Rechte erkaufen konnten; für das Volk war die Freiheit zunächst nicht vorgesehen. Es schien auch noch kein Interesse zu haben, an der Macht beteiligt zu werden; man war zufrieden mit dem, was man hatte. Die einzelnen Berufsgruppen, die sich in Zünften zusammenfanden, blieben am liebsten unter sich; das galt für Handwerker, die sich unter den einfachen Leuten als die Vornehmen ansahen, ebenso wie für Dienstboten, Tagelöhner und sogar für die Bettler. Das Leben fand in geordneten, von oben nach unten verlaufenden Bahnen statt. Darauf wurde Wert gelegt. Gott schien diese Ordnung gewollt und verbürgt zu haben, warum sollte man an ihr rütteln. Um sich etwas anderes vorzustellen, bedurfte es der Phantasie, die man auch bemühen mußte, wenn man sich die andere, die große Welt vor Augen halten wollte. Frankfurt nämlich war als Stadt eher ein Nest mit schmalen Gassen, dicht beieinander stehenden, immer feueranfälligen Häusern, eng umgrenzten Plätzen, und um die andere Welt draußenzuhalten, hatte man noch die Stadtmauer. Nachts wurden die Stadttore abgeschlossen und erst am nächsten Morgen wieder von mürrischen Wächtern geöffnet. Daß es die andere Welt dennoch gab, erfuhr man von Reisenden, die nach Frankfurt kamen, das ja immerhin eine bedeutende Messe- und Handelsstadt war. Was sie erzählten, machte neugierig und weckte den Wunsch, auszubrechen. Der kleine Goethe verspürte schon früh diesen Wunsch. Eigentlich konnte er es gar nicht abwarten, groß zu werden. Für Große, das wußte er, stand auch die andere Welt offen. Wie die sein konnte, ließ sich erahnen – am Main zum Beispiel, dem Fluß der Stadt, über den eine Brücke ging. Auf dieser Brücke stand er gern und schaute, einmal hinab ins schwärzliche, immer ein wenig strudelnde Wasser, und gleich darauf in die Weite bis zum fernen Himmel. Von dort kamen dann die Schiffe, Lastkähne, Segler, aber auch putzige kleine Ruderboote, in denen schwitzende Herren ihre unbeweglichen Damen ausfuhren. Wenn er seine Augen anstrengte, fast so, als starrte er daheim in den Spiegel und nicht auf die Wasserfläche, dann bot sich ihm an, was er sehen wollte: eine sich langsam bewegende, sich langsam aufwölbende Welt, die so groß wurde, wie er sie haben wollte – bis sie dann, auf ein Zeichen seiner Augen hin, wieder in sich zusammenstürzte.

Bald fühlte er sich als Familienältester, der Vater, ohnehin meist mit sich selbst beschäftigt, zählte nicht. Eine Schwester, die Cornelia hieß, war noch geboren worden, mit der er sich bestens verstand. Cornelia hörte auf ihn, sie ließ sich etwas sagen. Sie war auch nicht dumm, konnte zum Beispiel besser Französisch als er. Johann Wolfgang war großzügig, er sah es ihr nach. Weitere Geschwister wurden ihm geboren: 1752 Hermann Jacob, 1754 Catharina Elisabeth, 1756 Johanna Maria und schließlich 1760 Georg Adolph. Sie alle wurden nicht alt und starben früh, auch Catharina Elisabeth, obwohl sie den Namen der lebenslustigen Mutter erhielt. Man nahm das damals einigermaßen ungerührt zur Kenntnis; Geburten bedeuteten Gefahr und harte Arbeit, und mit den Kindern starben oft genug die Mütter. Die Medizin, die Ärzte, zu denen Goethe später ein unterkühltes Verhältnis pflegte, waren damals noch nicht sehr weit – ihre Behandlungsmethoden muten aus heutiger Sicht einigermaßen abenteuerlich an. Gerade weil die Sterblichkeit hoch war, verstand man es, mit dem Tod umzugehen – er trat wie ein vielbeschäftigter Mann auf, immer in Schwarz, immer auf dem Sprung und kein Freund großer Worte. Er tat, was er tun mußte; er kam und ging, und keiner wagte es, sich ihm in den Weg zu stellen. Johann Caspar Goethe, der Wirkliche Kaiserliche Rat, konzentrierte sich auf die beiden Kinder, die ihm am Leben blieben. Er ließ sie von Privatlehrern unterrichten, was in reichen Häusern üblich war. Zuvor hatte man den Versuch gewagt, eine Art Privatschule im kleinen Kreis aufzuziehen, an der auch andere Kinder teilnehmen durften, aber dieser Versuch war fehlgeschlagen. Es gab nur Zank und Streit. Der kleine Goethe, den man wegen seiner kurzen, stummeligen Beine und der Perücke, die er anfangs in der Schule trug, verlästerte, legte sich einmal mit zwei älteren und stärkeren Jungen an, denen er mittels eines Überraschungsangriffs so geschickt die Köpfe zusammenstieß, daß sie die Racheengel singen hörten. Danach war eine Ruh', und die Erziehungsberechtigten erklärten das Experiment des gemeinschaftlichen Unterrichts für gescheitert. Was die Ausbildung anging, die Latein, Griechisch, Französisch, in Maßen auch Italienisch, Englisch und das Nötigste in den Naturwissenschaften vorsah, so wurde Johann Wolfgang bevorzugt – er sollte ein Mann werden, der es im Leben zu etwas brachte. So wollte es der Vater, der dem Jungen später noch Fecht-, Reit- und Tanzunterricht zukommen ließ, und so war es ja ohnehin allgemein üblich, nicht nur in den sogenannten besseren Kreisen: Männer führten die Amts- und Lebensgeschäfte, Frauen den Haushalt. Die Mädchen benötigten, wie man meinte, keine besondere Ausbildung. Sie sollten lesen und schreiben können, ein bißchen rechnen auch, damit sie später ein Haushaltsbuch führen konnten; ansonsten durften sie ihre Gefühle pflegen und darauf warten, daß eines Tages der ihnen bestimmte Mann in ihr Leben trat.

Cornelia Goethe lernte mehr, als sie lernen mußte. Sie war klug, und zusammen mit dem Bruder, der schnell begriff, aber auch schnell wieder vergaß, war sie noch klüger. Der Vater ließ sie gewähren, er sparte nicht am Ausbildungsgeld für die Kinder. Den Lehrern, die in seinem Haus den Unterricht führten, sah er aus kritischer Distanz über die Schulter. Im Hause Goethe am Großen Hirschgraben in Frankfurt hatte man das Gefühl, daß der Wirkliche Kaiserliche Rat insgeheim eigentlich alles besser wußte, aber Hemmungen hatte, es zu zeigen. Er konnte nicht aus seiner Haut, Gefühle konnte er, wie andere Männer auch, die beizeiten starr werden, nicht recht zeigen. Manchmal allerdings lebte er noch auf, dann legte er mit Hand an im Unterricht. Er schleppte herbei, was seine umfangreiche Bibliothek hergab: Bücher, Bilder, Karten, Reiseberichte aus der weiten Welt, die gleich hinter Frankfurt begann. Als junger Mann hatte der Kaiserliche Rat sogar selbst eine Reise getan: Er war in Italien gewesen und hatte darüber ein Buch geschrieben – sein Sohn machte ihm das später nach. Sonst hat er ihm eigentlich nichts nachgemacht. Er ging seinen eigenen Weg.

Als Johann Wolfgang Goethe, den die Mutter gern Wölfchen nannte, sechs Jahre alt war, wurde es laut im Haus. Ein Umbau sollte vonstatten gehen. Handwerker rückten an. Der Kaiserliche Rat hatte sie bestellt. Ihm war das Haus am Hirschgraben schon immer zu klein gewesen, was auch daran lag, daß er im Lauf der Zeit immer mehr für ihn wichtige Gegenstände angesammelt hatte: Bilder vor allem, aber auch Bücher, Landkarten, Mineralien. Für die Frankfurter Maler war der Kaiserliche Rat ohnehin ein wichtiger Mann: Er gab Gemälde in Auftrag und stellte des öfteren sein Haus für Ausstellungen zur Verfügung. Trotzdem konnte man nicht sagen, daß ihm die Kunst zum Herzensbedürfnis geworden war; die Bilder hingen im Haus wie Schutzschilder – zeigten sie doch eine Welt, hinter der man sich, ohne einen wirklichen Ortswechsel zu riskieren, verstecken konnte. Wölfchen hatte an den Bildern auch schon den Spiegeltrick ausprobiert; er starrte und starrte, aber es gab keine Veränderungen, die Bilder, ohnehin nicht allzu farbenprächtig, blieben düster und sprachen eine leise Drohung aus. Nur eines machte eine Ausnahme: Es zeigte in gebirgiger Umgebung einen sich öffnenden Wald; immer heller wurde der Wald, und er ging, sanft ansteigend, schließlich in eine gehobene Lichtung über, auf der ein einzelner, vom Himmel herabstoßender Lichtstrahl stand. Diesen Ort fand er wunderschön, und er fragte sich, was wohl hinter der Lichtung sein mochte – war dort das Ende der Welt, oder begann dort, übergangslos, schon der echte Himmel?

Beim Umbau des Hauses ging es auch manchmal zu, als sollte das Ende der Welt einstudiert werden. Die Handwerker wirkten nicht so, als wüßten sie, was zu tun sei. Womöglich brachte sie der Kaiserliche Rat durcheinander, der die Baumaßnahmen höchstpersönlich überwachen wollte. Er beherrschte den Hintergrund, gab Anweisungen, schimpfte, schüttelte den Kopf. Die Handwerker nahmen's gelassen. Natürlich waren sie dem Bauherrn gegenüber, der ja zudem noch ein hochgestellter Mann war, zum Gehorsam verpflichtet, aber sie wußten aus Erfahrung, daß nichts so heiß gegessen wird, wie man's kocht. Die Luft in dem umzubauenden Haus war zudem trocken, arg trocken. Die Handwerker hatten Durst, und sie tranken nur kräftigende Sachen – Apfelwein, Bier, ab und zu auch Gebranntes, das ja bekanntlich eine ruhige Hand macht. Der Kaiserliche Rat sah es mißbilligend, aber was sollte er machen, er mußte seine Leute bei Laune halten. Sie arbeiteten, wenn sie denn arbeiteten, von unten nach oben; aus dem ersten und zweiten Stock sah das so aus, als ob man auf ein vielfüßiges, ungeheuer träges Insekt herabblickte, das nicht recht wußte, wo es hin sollte. An einen Auszug der Familienmitglieder dachte der Kaiserliche Rat zunächst nicht, es war ja Platz genug im Haus, um den Bauarbeiten aus dem Weg zu gehen. Später jedoch, als die Arbeiter tatsächlich bis zum Dach vorgedrungen waren und dort für einige undichte Stellen gesorgt hatten, durch die es kräftig hereinregnete, ordnete er den vorübergehenden Auszug an. Wölfchen wollte zunächst den Arbeitern ein wenig zur Hand gehen, er dachte, daß sie Hilfe gebrauchen könnten, da sie ja insgesamt nicht recht vom Fleck kamen. Außerdem fand er sie eigentlich nett. Besonders einer, den die anderen Willi nannten, hatte es ihm angetan. Willi war genauso breit wie hoch, und seinen Durst bekämpfte er vorwiegend mit Apfelwein, den er auch dem kleinen Goethe schon angeboten hatte. Der zierte sich; erst als er aus den Augenwinkeln bemerkte, daß der Kaiserliche Rat ihn nicht beachtete, nahm er einen kräftigen Schluck. Es schüttelte ihn durch und durch, so sauer war dieses Stöffchen, aber danach wurde ihm angenehm warm im Bauch, und der Boden unter seinen Füßen fing ganz sacht an zu schwanken. Willi schaute zum Kaiserlichen Rat hinüber, der noch immer anderweitig beschäftigt war, so daß nachgeschenkt werden konnte. Wölfchen ließ sich nicht zweimal bitten, er trank, weil er neugierig war, ob sich wieder die gleiche Wirkung einstellte. Sie stellte sich ein – nur daß der Boden dieses Mal nicht nur sacht schwankte, sondern sogar zu wackeln begann. Er brachte das mit den Hammerschlägen in Verbindung, die überall im Hause zu hören waren. Vielleicht war ja mittlerweile ein Erdbeben ausgebrochen. Er hatte vor kurzem in einem der Bücher des Vaters davon gelesen, unerhörte Dinge, die ihm Angst machten, obwohl der Verfasser, ein Magister Neidhardus, freundlich genug gewesen war, darauf hinzuweisen, daß Erdbeben in Frankfurt ganz selten, das heißt: eigentlich gar nicht vorkämen, dafür um so mehr in südlichen Ländern und bei den Wilden in Übersee – was, so schien dieser Neidhardus, ein frommer Mann, sagen zu wollen, beiden ganz recht geschah, den südlichen Ländern und besonders den Wilden in Übersee. Und jetzt? Die Schläge im Haus, der wackelnde Boden unter seinen Füßen – wenn der liebe Gott womöglich gar nicht so lieb war oder schlechte Laune hatte oder sich gerade über Frankfurt ärgerte und deswegen ein Erdbeben herabschickte, das genau in diesem Augenblick ausbrach –? Wölfchen ging die große Treppe hinauf, ganz vorsichtig, er hielt sich am Geländer fest. Als er oben im ersten Stock war und hinunterschaute ins Erdgeschoß, wo Willi sich gerade wieder eine Pause gönnte und der Kaiserliche Rat mit stummer Verzweiflung das Treiben der Handwerker beäugte, tat es auf einmal einen dumpfen Schlag. Ein Balken war hinter ihm zu Boden gekracht. Wölfchen zuckte zusammen, dachte noch, daß es nun wohl wirklich und wahrhaftig losging mit dem Frankfurter Beben, als er von irgendwoher, vermutlich von noch weiter oben, einen Ruf hörte: Vorsicht! Das war allerdings, wie er fand, recht merkwürdig: Erst fiel der Balken, dann kam der warnende Ruf, es hätte doch eigentlich umgekehrt sein müssen. Der Zusammenhang erschien ihm einigermaßen unerklärlich – was er aus ihm folgerte, war jedoch eine Vermutung, die er sich anschließend immer mehr zur Gewißheit werden ließ: Man meinte es gut mit ihm; irgend jemand, sichtbar oder unsichtbar, im Himmel oder auf Erden, war immer da, um ihn zu warnen und anzuleiten. Darauf konnte er bauen.

Das Gefühl der Sicherheit, das sich in ihm ausbreitete, wurde im gleichen Jahr noch einmal auf die Probe gestellt. War Frankfurt auch von Erdbeben verschont worden, so schlug es weiter südlich dann tatsächlich zu: in Lissabon. Dieses geschah so unvermittelt, daß niemand das Ausmaß dieser Katastrophe begriff, von der zudem nur zögerlich Nachrichten eingingen – es war, als ob die Betroffenen zu schweigen beschlossen hätten, weil jedes Wort zuviel war in ihrem Unglück und der Zorn zu groß auf den Herrn im Himmel, der eine solche Strafe über sie verhängt hatte. Der Kaiserliche Rat schaute noch ernster drein als sonst, die Mutter klagte in der Stille, und den Gesprächen, die im Hause Goethe und anderswo stattfanden, entnahm Wölfchen, daß man mehr war als nur entsetzt: Zweifel kamen zum Vorschein, auch bei frommen Leuten, deren Weltbild ähnlich heftig wackelte wie die portugiesische Erde. Durch das Beben von Lissabon hatte der Herr Gott im Himmel seinen Ruf beschädigt; was war sinnvoll daran, wenn er einerseits seine Macht zeigte, andererseits aber das Vertrauen seiner treuen Gläubigen so nachhaltig erschütterte?

In seinen Lebenserinnerungen, die den schönen Titel *Dichtung und Wahrheit* tragen, ist der alte Goethe auf dieses Ereignis noch einmal eingegangen: *Am 1. November 1755 er-*

eignete sich das Erdbeben von Lissabon, und verbreitete über die in Frieden und Ruhe schon eingewohnte Welt einen ungeheuren Schrecken. Eine große prächtige Residenz, zugleich Handels- und Hafenstadt, wird ungewarnt von dem furchtbarsten Unglück betroffen. Die Erde bebt und schwankt, das Meer braust auf, die Schiffe schlagen zusammen, die Häuser stürzen ein, Kirchen und Türme darüber her, der königliche Palast zum Teil wird vom Meere verschlungen, die geborstene Erde scheint Flammen zu speien: denn überall meldet sich Rauch und Brand in den Ruinen. Sechzigtausend Menschen, einen Augenblick zuvor noch ruhig und behaglich, gehen miteinander zugrunde, und der Glücklichste darunter ist der zu nennen, dem keine Empfindung, keine Besinnung über das Unglück mehr gestattet ist ... Der Knabe, der alles dieses wiederholt vernehmen mußte, war nicht wenig betroffen. Gott, der Schöpfer und Erhalter Himmels und der Erden, den ihm die Erklärung des ersten Glaubensartikels so weise und gnädig vorstellte, hatte sich, indem er die Gerechten mit den Ungerechten gleichem Verderben preisgab, keinesfalls väterlich bewiesen.

Der junge, der ganz junge Goethe, der von seiner Mutter noch immer Wölfchen genannt wurde, legte die einmal gewonnene Zuversicht über seine Zweifel. Erdbeben sind schrecklich, sagte er sich, aber er war ja nicht getroffen worden, so wie ihn auch der Balken nicht getroffen hatte; eine geheime und gute Absicht lag dem zugrunde, zumindest was ihn anging, er mußte sich keine Sorgen machen. Sorgen mußte sich allerdings der Vater machen, dem in der Zwischenzeit nicht etwa das Geld ausgegangen war, sondern den die politischen Umstände ärgerten. Die Franzosen besetzten die Stadt. Im sogenannten Siebenjährigen Krieg kämpften sie in einer Allianz mit Österreich, Schweden und

Rußland gegen den Preußenkönig Friedrich den Großen und hatten gerade vorübergehendes Kriegsglück. Der Kaiserliche Rat, der an sich gar kein Kaiserfreund war, sondern ein Anhänger des Großen Friedrich, konnte nichts dagegen tun, daß sein inzwischen so großzügig erweitertes Haus von den Franzosen als Quartier genutzt wurde. Seine schlechte Laune wurde noch schlechter. Dabei behandelte ihn der französische Leutnant, den er mitsamt seinen Leuten aufnehmen mußte, mehr als freundlich. Graf Thoranc war ein merkwürdig hagerer, immer ein wenig verschmitzt dreinblickender Mensch, der im französischen Heer für die Schlichtung von Streitfällen zwischen Zivilisten und Soldaten zuständig war. Er legte Wert auf gute Umgangsformen und führte sich nicht wie ein Besatzungsoffizier auf. Madame Goethe küßte er die Hand, was die sich, wie Monsieur Goethe mißmutig feststellte, anscheinend ganz gern gefallen ließ. Er strich den Kindern über die Köpfe, behandelte die Dienstboten freundlicher, als es Dienstboten zukam, und versuchte sogar den Kaiserlichen Rat in liebenswürdige Plaudereien zu verwickeln. Thoranc tat dies geschickt, indem er weniger auf die Stärken und Schwächen der politischen Kräfte verwies, sondern höhere Notwendigkeiten beschwor: Es gehe nun mal auf und ab im Leben, auf Regen folge Sonne, und wer heute oben sei, könne morgen schon wieder unterliegen. Dagegen ließ sich nichts sagen. Der Kaiserliche Rat jedoch machte nicht mit. Er war stolz darauf, daß er mit Thoranc nur das Allernötigste sprach – das hielt er für deutschen Patriotismus, obwohl man Deutschland doch, in jener Zeit, allenfalls für eine politische Idee, nicht aber für ein reales Gebilde halten konnte, denn Deutschland war zersplittert, bestand aus einer Vielzahl von kleinen und kleinsten Ländern, in denen regionale Machthaber, oftmals aufgeblasen bis zur Lächerlichkeit, hofhielten. Am liebsten hätte der Kaiserliche Rat seinem Zwangsgast Thoranc auch die Hand seiner Frau entzogen, wenn der mal wieder zum Handkuß ansetzte, und daß er den Kindern über die Haare strich, paßte ihm ebenfalls nicht. Cornelia und Wölfchen aber fanden die Franzosen nett. Sie brachten Leben ins Haus, waren in einer Weise fröhlich, die sie nicht kannten und die irgendwie ansteckend wirkte. Es schien so, als ob diese Leute nicht soviel grübelten, dafür aber lieber einmal zuviel als zuwenig lachten; sie waren also das genaue Gegenteil des Kaiserlichen Rats. Thoranc machte sich besonders beliebt, als er den Kindern Freikarten fürs Theater schenkte, das damals von umherziehenden Theatergruppen besorgt wurde. Sie traten auf, wo man ihnen Platz zum Spielen ließ – bunte, oft märchenhaft gekleidete Gestalten, die ihre Künste darboten, als wäre das Leben eine einzige Übertreibung. Was sie sagten und taten, geschah auf wundersame Weise: Sie liebten und starben vor ihrem Publikum, sie lachten, weinten, schlugen Rad, rauften sich die Haare, rülpsten, furzten, sie waren gut oder böse, klug oder dämlich, schön oder häßlich, und immer taten sie so, als spielten sie nicht Theater, sondern führten das Leben selber auf. Bei einer dieser Aufführungen, die Wölfchen und seine Schwester zu sehen bekamen, ging es um ein Einhorn, das in unglücklicher Liebe zu einem Zweihorn entbrannt war. Die beiden gehörten eigentlich zusammen, jeder wußte das, und am Ende des Spiels würden sie sich auch kriegen, aber zuvor mußte noch etwas gezeigt werden fürs Geld. So beließ man es erst mal bei verliebten Blicken, die das Einhorn dem Zweihorn zuwarf, das durch seine beiden Hörner hindurch diese

Blicke, verstohlen und eindeutig zugleich, erwiderte. Dann galt es die Eltern der beiden zu überzeugen – die waren nämlich, wie Eltern manchmal so sind: stolz bis zur Dummheit, engstirnig, was besonders unangenehm auffällt, wenn die Eltern dabei noch behaupten, ausschließlich das Glück ihrer Kinder im Kopf zu haben. Sodann mußten die Liebenden sich in widrigen politischen Umständen behaupten: Ein Krieg brach aus und brachte die beiden vorübergehend auseinander. Echte Liebende aber kann so etwas nicht erschüttern; je stärker die Widerstände, desto stärker die Liebe. Schließlich nahte das glückliche Ende, und Einhorn und Zweihorn, die von einem Geschwisterpaar gespielt wurden, das nicht viel älter sein mochte als die beiden Goethe-Kinder, die in der ersten Reihe saßen, nahmen noch mal Tempo auf. Sie tanzten, sangen, hüpften über die Bühne, und als sie zu guter Letzt noch zum Radschlagen ansetzten, war das wohl etwas zuviel an Tempo: Die beiden gerieten, nahezu gleichzeitig, aus der Bahn, kamen von der Bühne ab, wobei sich ihre ohnehin nicht sehr stabil wirkenden Kostüme lösten; sie schlugen ihr letztes Rad sozusagen ins Publikum hinein, in die dortige erste Reihe, und saßen mit einem Mal auf den Knien der Goethe-Kinder: Wölfchen hielt also, ehe er sich's versah, ein dunkelhaariges Mädchen im Arm, und die heftig errötende Cornelia einen gertenschlanken Jungen. Das Publikum klatschte Beifall, johlte und freute sich; das Mädchen gab Wölfchen, der Junge Cornelia einen Kuß, die nun am liebsten im Erdboden versunken wäre, und dann sprangen die beiden Hauptdarsteller auch schon wieder auf und zur Bühne zurück. Kurz darauf war das Stück zu Ende, Einhorn, gespielt vom dunkelhaarigen Mädchen, bekam Zweihorn, und eines fernen Tages würden sie beide vielleicht sogar dreihörnige Kinder bekommen. Wölfchen und Cornelia ließen sich nach Hause bringen, sie sagten kein Wort. Eine merkwürdige Ahnung setzte ihnen zu, die sich, tastend und kreisend, auf jenes Wort zubewegte, um das die Erwachsenen so viel Aufhebens machten: die Liebe.

Im Jahre 1763 zogen sich die Franzosen aus Frankfurt zurück. Sie taten dies mindestens so fröhlich, wie sie gekommen waren, und es gab nicht wenige, die ihren Rückzug bedauerten. Wölfchen Goethe gehörte dazu, der, wie er fand, zwischenzeitlich mächtig gewachsen war, und nicht mehr Wölfchen genannt werden wollte. Er war nun vierzehn Jahre alt und ein hübscher Kerl, wie in der Verwandtschaft behauptet wurde. Der Blick in den Spiegel, den er sich noch einige Male am Tag gönnte, bot keine Abenteuer, keine Verformungen mehr, sondern machte ihm schlichte Mitteilung, wie er denn wohl aussah – im Blick anderer Leute. Das Gesicht schmal, doch eigentlich gut geschnitten, mußte man sagen, die Nase etwas zu lang, aber keineswegs störend in ebendieses Gesicht eingepaßt, die Augen dunkelbraun und groß. Mit Vergangenem mochte er sich nicht mehr aufhalten. Das Bild, das er jetzt warf, zählte. Überhaupt, und darüber dachte er allerdings manchmal nach, überhaupt ging die Zeit ja so eigenartig schnell vorbei, daß man nur mitbekam, was man mitbekommen wollte. Anderes jedoch, und nicht nur Unwesentliches, entging einem: Wie man größer wurde, beispielsweise, wie man sich veränderte, innerlich und äußerlich, wie die Gedanken in einem emporstiegen. Woher kamen sie eigentlich, die Gedanken, wohin verschwanden sie, wenn sie von anderen Gedanken verdrängt wurden? All das im Stillen Geschehende fand unterhalb der Aufmerksamkeit statt, das lautlose Kreisen des Blutes, das

Funktionieren des Körpers, der sich entwickelte, wie es in ihm angelegt war. Wenn der Körper nicht mitspielt, ist auch die geheimnisvolle Seele arm dran – so dachte er manchmal. Er hatte es damals gerne handgreiflich. Ein wenig eitel war er geworden, der Wolfgang, der nicht mehr Wölfchen heißen wollte; er trug jetzt öfters eine Perücke, weil alle vornehmen Männer eine Perücke trugen, und er hatte auch schon angefangen zu dichten. Was er niederschrieb, las er meist zuerst seiner Schwester Cornelia vor, die ihren Bruder noch immer liebte und deshalb auch fast immer Beifall spendete. Tatsächlich versetzten seine Verse sie nicht in Begeisterung, und des Bruders Tonfall klang ihr etwas zu forsch und zu hochfahrend.

Im Jahre 1764 wurde es feierlich in Frankfurt am Main. Der Kaiser des Heiligen Römischen Reiches Deutscher Nation, das weder besonders heilig noch römisch war und als deutsch nur im vagesten Sinn gelten konnte, sollte gekrönt werden. Joseph II. nannte er sich, war 24 Jahre alt, Sohn von Kaiser Franz I. und Kaiserin Maria Theresia, und nach Frankfurt kam er nur, weil dort von jeher die Kaiserkrönungen stattfanden. Die Herrschenden ließen sich das immer etwas kosten: Es gab Volksbelustigungen aller Art, die Stadt war geschmückt und beleuchtet. In der Nacht ließ man Feuerwerk aufsteigen. Die Fürsten, die dem neuen Kaiser huldigten, nutzten die Gelegenheit, sich für ein paar Tage großherzig zu zeigen. Die Jubelrufe, die zu hören waren, hielten sie für ehrlich. Der junge Goethe interessierte sich in diesen angeblich so bedeutsamen Tagen weniger für den Aufmarsch der Würdenträger, sondern vielmehr für eine junge Kellnerin, die er Gretchen nannte und in die er sich heftig verliebt zu haben glaubte. Er hatte ja nun, wie er meinte, eine Ahnung von der Liebe, und Gretchen paßte zu den Vorstellungen, die er sich machte. Sie war hübsch und flink auf den Beinen, aber leider auch zu anderen jungen Herren sehr freundlich. Es schien leicht, ihre Gunst zu erlangen, aber dann auch wieder nicht: Zudringlichkeiten, für die Wolfgang Goethe ohnehin noch zu schüchtern war, obwohl er sich neuerdings gern weltmännisch gab, wußte sie abzuwehren. Gretchen glaubte er zu lieben, seitdem sie sich in der Wirtschaft, in der sie bediente, einmal zu ihm heruntergebeugt hatte und dabei mit ihrem Haar seine Wange streifte – da erinnerte er sich an die Theateraufführung und wie das niedliche Einhorn auf seinem Schoß gesessen hatte. War Gretchen nicht mindestens genauso niedlich wie das Einhorn, und wenn sie ihn mit ihren grünblauen Augen ansah, wurde ihm da nicht so merkwürdig warm ums Herz? Ja, das mußte die Liebe sein, obwohl – ein bißchen mehr erwartete er sich schon von ihr. Für diesen Abend hatte er sich mit Gretchen verabredet, wobei es ihm gelungen war, der Konkurrenz zuvorzukommen. Er würde also, war zu hoffen, mit Gretchen allein sein. Zu Hause hatte er sich noch ausgiebig gepflegt, sein Spiegel verriet ihm, daß er gut aussah. Der Kaiserliche Rat, der die Kaiserlichen nicht mochte und deswegen lieber zu Hause blieb, betrachtete seinen Sohn argwöhnisch, er fand, daß der sich leider immer mehr zum Stutzer entwickelte. Der Sohn aber ging; unten auf der Straße grüßte er noch einmal lässig zum Elternhaus hinauf. Es war Abend, die Luft zitterte vom Lärm und den großen Erwartungen. Überall Menschen, die durch die Straßen und Gassen drängten, scheinbar ziellos die meisten und gerade deswegen zielsicher dorthin gelangend, wo es etwas umsonst gab: an den Wurst- und Brezelbuden etwa und an den

Schankständen. Dort im besonderen wurde schon nicht mehr getrunken, sondern gesoffen; die ersten Zecher waren bereits umgefallen, sie lagen auf der Erde, und man stieg ungerührt über sie hinweg. Goethe hatte Gretchen abgeholt, und er war schon glücklich, weil sie sich tatsächlich ihrer Verabredung erinnert hatte und brav am vereinbarten Treffpunkt auf ihn wartete. Sie lächelte, hängte sich bei ihm ein. Ab und zu sagte sie etwas, was er nicht verstand, er antwortete, und ihrem Gesicht war abzulesen, daß sie ihn ebenfalls nicht verstand. Es war wohl zu laut um sie her. Ein gutes Gefühl, dachte er, eine solche Frau am Arm zu haben. Stundenlang hätte er so mit ihr gehen können, obwohl ihn auch ein paar andere, ehe unschickliche Gedanken beschäftigten: Er hätte gern den Arm um sie gelegt, sie geküßt, und was dann kam, nun ja, dafür reichte seine Phantasie noch nicht ganz aus.

Sie gingen hinunter an den Main. Das Wasser war übersät mit Lichtpunkten – als ob die Sterne vom Himmel gefallen wären und nun im Fluß schwammen. Der Lärm der Menschen wich zurück. In der Ferne war ein leises Grollen zu hören. Vielleicht würde es ein Gewitter geben. Wolfgang schwieg. Was hätte er sagen sollen. In diesem Moment war ihm weh ums Herz. Er kam sich vor wie einer, der verabschiedet werden soll, obwohl es noch nicht an der Zeit ist. Eigentlich war es doch nie an der Zeit – für alles schien es eine Steigerung zu geben. Wenn man liebte, wollte man noch mehr lieben; wenn man etwas wußte, wollte man noch mehr wissen. Das Glück konnte gar nicht groß genug sein, als daß man sich nicht ein noch größeres Glück vorstellen konnte. Jetzt war er jung, aber nicht mehr jung genug, um noch alles vor sich zu haben. Das Leben, wie er es jetzt vor sich sah, schien nur aus Zwischenstadien zu bestehen. Immer gab es noch etwas, aber ehe man es richtig und wahrhaftig für sich haben konnte, wurde es schon zu etwas anderem. Oder konnte man sagen, daß es einem entrissen wurde? Vielleicht sogar von dem, der zugleich über ihn wachte? Das Leben war schön, aber es ließ sich nicht recht durchschauen. Man wurde nie ganz schlau aus ihm.

Woran denkst du? fragte Gretchen. Darauf wollte er nicht antworten, und so nahm er seinen ganzen Mut zusammen und legte den Arm um ihre Schulter. Sie ließ es geschehen. Aus den Augenwinkeln sah er, daß sie wohl eher traurig als glücklich aussah.

Wochen später hatte sich in ihm die Überzeugung gefestigt, daß er, ohne es eigentlich zu merken, erwachsen geworden war. Die Lehrer langweilten ihn, in der Liebe trat er auf der Stelle. Gretchen war seit jenem Abend verschwunden, auch ihre sonstigen Verehrer hatten sie nicht wiederauffinden können. So blieb Wolfgang nur die Schwester; er wußte, was er an ihr hatte. Der Kaiserliche Rat bestimmte, daß sein Sohn, der nun sechzehn Jahre alt war, die Rechtswissenschaften studieren sollte. Damit würde er etwas Handfestes lernen und in der Gesellschaft einen ausgezeichneten Platz finden. Hoffte er. Der Sohn wollte nach Göttingen, mußte aber dann mit Leipzig vorlieb nehmen. Egal. Er war froh, aus Frankfurt wegzukönnen, abzutauchen vor dem ewigstrengen Blick des Kaiserlichen Rats und der nicht zu ermüdenden Heiterkeit der Mutter. Daß Cornelia zurückbleiben mußte – nur das tat ihm leid.

Bevor Wolfgang aufbrach nach Leipzig, von dem er gehört hatte, daß die Einheimischen dort einen schier unverständlichen Dialekt sprächen, versuchte er sich noch einmal als Dichter – an den Abend mit Gretchen dachte er, an seine Gedanken unten am Wasser, und er schrieb: *Dieses ist das Bild der Welt, / Die man für die beste hält: / Fast wie eine Mördergrube, / Fast wie eines Burschen Stube, / Fast so wie ein Opernhaus, / Fast wie ein Magisterschmaus, / Fast wie Köpfe von Poeten, / Fast wie schöne Raritäten, / Fast wie abgesetztes Geld / Sieht sie aus, die beste Welt.*

Vorwärts und rückwärts

Der Mann sah aus wie der ewigdurstige Willi, und er fuhr wie der Henker. Wolfgang Goethe hatte bereits vor Fahrtantritt Bedenken gehabt: der Mann kam ihm betrunken vor, er hatte einen glasigen Blick, und als er um die Kutsche herumging, das Radwerk zu überprüfen, tat er das schwankend. Andererseits galt er als Routinier, man lobte ihn als einen der alteingesessenen Frankfurter Fahrensleute, die auf Grund ihrer Erfahrung nichts, aber auch gar nichts aus der Ruhe bringen könne. Das immerhin stimmte. Als die Kutsche dann nämlich wirklich fuhr, über Stock und Stein, und die Reisenden grün und gelb wurden im Gesicht, ließ er sich noch immer nicht aus der Ruhe bringen. Kompakt und schwerfällig saß er auf dem Bock, man konnte fast meinen, er schliefe. Die Pferde schienen auf Höchstgeschwindigkeit geeicht, man hörte kein Kommando zur Mäßigung oder zum Abbremsen der Fahrt. Goethe war speiübel, aber als Jüngster im Wageninnern wollte er nicht der erste sein, der das Kotzen bekam. Außerdem, wie kotzt man in voller Fahrt? Das dachten wohl auch seine Mitreisenden, zwei ältere Kaufleute, die sich die Bäuche hielten – aber nicht vor Lachen, sondern weil sie wohl ihren Mageninhalt festzuhalten versuchten, was zunächst noch gelang. Bei der ersten Rast jedoch bereits fielen sie mehr, als daß sie aus der Kutsche herabstiegen, und am Wegesrand verschafften sie sich Erleichterung. Der Mann auf dem Bock sah es ungerührt. Er blinzelte in die Sonne, die direkt über ihnen stand. Goethes Bitte, doch etwas gemäßigter zu fahren, ließ er unbeantwortet. Statt dessen holte er ein Fläschchen unter dem Kutschbock hervor und nahm einen kräftigen Schluck. Danach ließ er die Peitsche knallen, die Reisenden krochen ächzend zurück auf ihre Plätze, und die Fahrt ging weiter. Goethe schloß die Augen. Er versuchte zu schlafen, wobei er einen Trick bemühte, den er schon einige Male erfolgreich angewandt hatte: Er stellte sich etwas Schönes vor, ein schönes Mädchen beispielsweise, ein in sich vollendetes, von ihm selbst geschriebenes Gedicht, einen Sonnenuntergang am Wasser oder den wahr werdenden Traum von der Ferne. Aber dieses Schöne verlor alsbald seine Konturen, legte sich, wohltuend sanft, seinem Gemüt auf und wurde, ohne daß er es merkte, zum Schlummer. Diesmal allerdings klappte der Trick gar nicht; er war zwar müde, hielt die Augen fest geschlossen, hatte auch keine Mühe, sich das Schöne vorzustellen, aber zu grobschlächtig, zu sprunghaft war die Fahrt. Bei einem Schlagloch warf es ihn hoch unters Kutschendach, er stieß sich den Kopf, sah Sterne, und alles Schöne war ihm erst mal vergangen.

Irgendwie aber muß er dann doch noch in den Schlaf gesunken sein, denn als er erwachte und das Gefühl hatte, er hätte seit Monaten kein Auge mehr zubekommen, war es Nacht. Die Kutsche stand, sie stand sogar schräg. Eine Panne habe man, erfuhr er, als er sich vorsichtig aus dem Gefährt hinausbemühte und sich gleich die Schuhe im Morast beschmutzte. Der Kutscher hantierte an einem der Räder. Sein Fläschchen hatte er inzwischen gegen eine größere Flasche ausgetauscht, der er regelmäßig zusprach. Überhaupt sprach er jetzt – nicht mit den Fahrgästen, sondern mit sich selber, er brummte und brabbelte vor sich hin; seinen schwerverständlichen Worten konnte man immerhin entnehmen, daß er das Leben bescheiden fand, die Arbeit schwer und unnütz und daß ihm eigentlich nur noch der Schnaps ein paar gute Gefühle bereitete. Sie seien jedoch gar nicht mehr so weit weg von Leipzig, erfuhr Goethe immerhin. Über ihnen breitete sich ein bemerkenswerter Sternenhimmel aus, es war schon empfindlich kalt. Wenn man genauer hinaufschaute in den bemerkenswerten Sternenhimmel, dann sah man, daß er sich bewegte; es war, als ob sich einzelne Himmelsschichten herauslösten und davontrieben, während ihr Ersatz, die dazu passenden Sternenstraßen, schon nachrückten. Das alles blieb in einem einzigen, langanhaltenden Moment des Gleitens begriffen und aufgehoben. Dort oben, verborgen in einem ewigen Gepränge, war auch sein persönlicher Stern ausgehängt, der über seinem Leben wachte. Es war ein guter Stern, davon konnte ihn auch diese ärgerliche Panne nicht abbringen. Als sie dann weiterfuhren, wurde es tatsächlich noch schön. Ein heller Tag brach an, der Morast ging in festeres Gelände über, und der Kutscher, dem der Zwangsaufenthalt zu denken gab, befleißigte sich einer gemäßigteren Fahrweise. So erreichten sie denn Leipzig, das auf den ersten Blick einen günstigen Eindruck machte. Kein Vergleich zu Frankfurt. Viel großzügiger, offener wirkte diese Stadt, die damals um die 30 000 Einwohner hatte und *Klein-Paris* genannt wurde, weil es in ihr angeblich ähnlich freizügig zuging wie in der französischen Metropole. Johann Wolfgang Goethe bezog Quartier in der *Großen Feuerkugel*, einer verwinkelten Wohnanlage, die zur Rückseite einen geräumigen Hinterhof umschloß. In einem der oberen Stockwerke bewohnte er dreieinhalb Zimmer; der Kaiserliche Rat hatte sich großzügig gezeigt und dem Sohn Geld genug mitgegeben, damit der ein sorgenfreies Leben führen konnte. Dafür erwartete er Gegenleistungen: Der Sohn sollte eifrig studieren und an die Karriere denken, die der Vater für ihn im Auge hatte. Eltern wollen bekanntlich immer das Beste für ihre Kinder, auch wenn es nicht das Beste ist. Dabei möchten sie ihre Kinder besonders gern das verwirklichen lassen, was ihnen selber verwehrt geblieben ist. So hielt es auch der Kaiserliche Rat: Seinen Sohn stellte er sich als fähigen Doktor der Rechte vor, der nach Frankfurt zurückkehren und dort alsbald zu hohen Ämtern und Würden gelangen sollte – genau das, was ihm versagt geblieben war, denn ungeachtet seines schönen Titels hatte man immer versucht, ihn von den einflußreichen Kreisen der Stadt fernzuhalten. Daran also sollte sich Johann Wolfgang, sein Sohn, gefälligst erinnern: Er war dazu ausersehen, es besser zu machen als der Vater – und zwar so, wie es der Vater für richtig hielt.

Goethe jedoch ließ es ruhig angehen. Bevor er zu studieren begann, wollte er erst mal herausfinden, was Leipzig sonst noch zu bieten hatte. Die Mädchen zum Beispiel galten als hübsch, und es hieß, daß sie sich bei der Liebe nicht unnötig zierten. Das wollte er überprüfen. Er war ja nun ein Mann, obwohl er noch keine siebzehn war. Er fühlte sich stark. Schließlich gab es keinen mehr, der unmittelbar auf ihn aufpaßte, er konnte nun das tun, was er schon immer wollte, nämlich sein eigener Herr sein.

Er zog sich fein an, warf noch einen prüfenden Blick hinunter in den Hof der Großen Feuerkugel. Die Luft war klar, der Himmel, soweit er über den Häusern hereinragte, von Wolken freigefegt. Natürlich gab es auch in seiner neuen Wohnung Spiegel; einer davon, der größte, verriet ihm, daß er gut aussah, obwohl er ein leises Unbehagen dabei verspürte. Irgend etwas schien nicht zu stimmen, die Zufriedenheit mit sich wies einen leichten Riß auf. Er wollte sich jetzt aber keine Gedanken darüber machen. So verließ er das Haus, wurde unten an der Tür von einem anderen Studenten, einer langen, hageren Gestalt, etwas herablassend gegrüßt. Der Mann erinnerte ihn an den Grafen Thoranc in Frankfurt. Goethe hatte sich grob orientiert, wie er gehen mußte, um unter Leute zu kommen. Er erreichte alsbald eine breite Allee, die von zahlreichen Spaziergängern genutzt wurde. Hocherhobenen Hauptes ging er, schaute sich um, und tatsächlich sah er bereits innerhalb einer Viertelstunde mehr hübsche Mädchen als in seiner ganzen Frankfurter Zeit zusammen. So kam es ihm vor. Allerdings stimmte auch hier etwas nicht – man schien gewisse Schwierigkeiten mit seiner Person zu haben. Die Leute erwiderten zwar seinen Blick, schauten jedoch auch schnell wieder weg, nachdem sie ihn taxiert hatten. Von oben nach unten schauten sie, in Windeseile, und es kam ihm so vor, als wenn sie ein Lachen unterdrückten. Wieso eigentlich? Er mochte ja vieles sein, eine komische Figur war er nicht. Deswegen verschärfte er den Blick, sie sollten ihm gefälligst in die Augen sehen. Es half nichts, und ihm verging die Laune. Eigentlich hätte er sich gerne auf eine Bank gesetzt, um noch intensiver Ausschau zu halten nach den Schönen der Stadt, aber dazu fehlte es ihm jetzt an der Stimmung. Er trat den Rückzug an. Zurück in seiner neuen Behausung, gönnte er sich ein Glas Wein. Der tat ihm gut. Wein war ein edles Getränk, dem auch der Kaiserliche Rat regelmäßig zusprach. Außerdem wurde behauptet, daß Wein gesund sei; angeblich hätten ihn schon die alten Griechen zu gesundheitspolitischen Zwecken eingesetzt. Er gönnte sich ein zweites Glas und schaute aus dem Fenster hinunter in den Hof. Ihm war wohl und warm im Bauch, und die gute Laune kam zurück. Sollten sie doch über ihn lachen, diese komischen Leipziger; er würde ihnen zeigen, daß mit ihm nicht zu spaßen war.

Am nächsten Tag ging er zur Universität, es mußte ja wohl sein. Dort wurde ihm, ohne daß er es erwartet hätte, des Rätsels Lösung zuteil: Man lachte nämlich auch dort über ihn, sogar lauter und frecher, aber er erfuhr immerhin, was an ihm so heiter stimmte – seine Kleidung war's. Man gab ihm zu verstehen, daß alles komplett aus der Mode sei, was er da so am Leibe trage; er sehe aus wie ein reicher Bauernsohn, der die Anzüge seines Großvaters auftragen müsse. Das tat weh, und er wagte auch nicht, groß zu widersprechen. Die Leute hatten recht. Schließlich war seine Kleidung tatsächlich eine Sonderanfertigung – der Kaiserliche Rat hatte sie von einem ehemaligen Bediensteten herstellen lassen, einem zittrigen alten Herrn, der sich beim Nähen regelmäßig in die Finger stach und den es nicht die Bohne interessierte, was die Leute für modern hielten oder nicht. Dafür waren die Sachen, die er herstellte, äußerst strapazierfähig; die Hose des Ausgehanzugs beispielsweise, den Goethe tags zuvor getragen hatte, konnte er vor seinem Bett abstellen, dort stand sie, fest wie ein Denkmal, und fiel nicht um. Was nützte ihm jedoch stand- und strapazierfähige Kleidung, wenn sie von den Leuten belacht wurde? Also beschloß er, sich neu einkleiden zu lassen. Er fand einen Schneider, der ihm als hochmodern empfohlen wurde. Dieser Mann, der etwas affektiert sprach und sich in einer Parfümwolke einherbewegte, fertigte ihm eine Garderobe, die sich sehen lassen konnte. Nun war Goethe wieder auf der Höhe der Zeit, ja, er fand sogar, daß er an Chic seinen Kommilitonen voraus war. In den Blicken der Mädchen suchte er nach Bestätigung seines Selbstwertgefühls, und er fand dort, was er suchte. Er brauchte die Anerkennung – noch reichte ihm nicht, was er aus sich selbst an innerer Sicherheit gewann.

Das Studium der Rechtswissenschaft nahm er eher lustlos auf. Er hatte es vorher gewußt, und wußte es jetzt noch mehr: diese Wissenschaft taugte nicht für ihn. Was interessierte ihn die Welt der Paragraphen und trockenen Vorschriften – die wirkliche Welt interessierte ihn. Das Studium der Rechte lief darauf hinaus, daß man allgemeines Recht so drehte, wendete und knetete, bis es auf einen besonderen Fall paßte, der damit ab- und zugeschnürt wurde und im Recht zur Ruhe kam. Alles was Recht ist, dachte Goethe, es ist nichts für mich. Er wollte jedoch den Vater, der sich in finanzieller Hinsicht so großzügig gezeigt hatte, nicht unnötig enttäuschen. Also lernte er das Nötigste aus der Rechtskunde, wobei er sich vorwiegend an ein einziges nützliches Buch hielt, den *Kleinen Hoppe*, ein Sammelwerk, das die wichtigsten juristischen Regeln und Fälle zum Auswendiglernen bereithielt. Wofür er sich interessierte, waren Literatur und die schönen Künste. Das hatte sich in Frankfurt bereits angedeutet und setzte sich nun in Leipzig fort. Wenn die wirkliche Welt das eigentlich Spannende im Leben war, auf das man ständig reagieren und Antworten finden mußte, so gaben Literatur und schöne Künste die besten Beispiele dafür, wie sich solche Antworten finden ließen. Es waren Antworten, die von kreativen, manchmal auch genialen Menschen gegeben wurden. Sie reagierten auf das Leben, wie es Juristen nicht zuwege brachten: originell, unverwechselbar, phantasievoll. Das wollte er nachmachen, und er glaubte zu wissen, daß er das Talent dafür besaß. Große Talentproben hatte er allerdings bislang noch nicht abgelegt: ein paar Gedichte, Notizen, Aufzeichnungen. Die meiste Kraft legte er in seine Briefe, da zog er vom Leder und ließ auf dem Papier gerade die Welt erstehen, die er sich im Kopf, in dem es ständig glühte und schwirrte, zurechtgelegt hatte. Goethe lernte, daß es auf ihn ankam, auf seinen Kopf – und daß er nur dann zum originellen Kopf werden konnte, wenn er seinem Kopf etwas zutraute. Was die anderen ihm boten, war hingegen so berauschend nicht. Besonders die angeblichen Poeten an der Universität enttäuschten ihn. Da war zunächst der berühmte Gottsched, ein Dichter, der zum Gesetzgeber der Literatur geworden war. Er hatte der Dichtung Ordnung und Manieren beibringen wollen, und eine Zeitlang hielt man sich, wenn auch nur zögerlich, an die von ihm aufgestellten Regeln. Dann jedoch bröckelte seine Autorität, und er wurde als Pedant belächelt. Gottsched, ein Hüne von Mann, der sich einst nur durch Flucht vor den Soldatenwerbern des preußischen Königs in Sicherheit bringen konnte, die immer hinter großen Kerlen her waren, gab inzwischen, wie man meinte, nur noch eine unglückliche Figur ab. Goethe hatte den Professor in dessen Wohnung aufgesucht und einen gutmütigen, wegen seiner Körpergröße leicht gebückt gehenden Menschen vorgefunden, der auf seine Fragen ausweichend reagierte, merkwürdig zahnlos sprach und an seiner Perücke herumfingerte, die ihm mehr Sorgen zu machen schien als das Leben selbst. Nein, dieser Gottsched war keiner, von dem er etwas lernen konnte. Genauso enttäuschend kam ihm die andere Berühmtheit der Leipziger Universität vor: Gellert, der besonders als Fabeldichter bekannt geworden war und im Ausland als der Deutschen führender Poet galt. Gellert, im Vergleich zum Kollegen Gottsched ein eher schmächtiges Kerlchen, das früher eine überraschende Standfestigkeit den Mächtigen gegenüber bewiesen hatte, war inzwischen zahm geworden: Er dichtete vor sich hin, und meinte, daß das reichte – seinen Studenten hingegen versuchte er, die Poesie auszureden, sie sollten lieber etwas Anständiges lernen und brav zur Kirche gehen. Besonders letzterer Ratschlag war es, der Goethe ärgerte; er hatte nichts gegen die Kirche, hatte aber auch nichts mit ihr im Sinn. Er war auf der Suche nach sich selbst, nach dem Goethe, wie er war, wie er sein und werden sollte. Das mußte er mit sich selbst und mit der Welt ausmachen; Gott hatte damit nichts zu schaffen. Er fand es auch eine Zumutung, wenn man Gott, den ja noch keiner richtig zu Gesicht bekommen hatte, mit den Sorgen und Nöten eines winzigen Menschenlebens behelligte. Gott, wenn es ihn denn gab, hatte anderes zu tun. So sah er, der nunmehr flott gekleidete Johann Wolfgang Goethe, sich einmal mehr auf sich selbst gestellt. Die Professoren, zumindest die der Literatur, konnte er erst mal vergessen. Dafür widmete er sich einem Studium, das mindestens genauso lohnend war: der Liebe. Sie bedeutete ihm die wahre, die lebendige Poesie. Tatsächlich gab es ausnehmend viele und vor allem hübsche Mädchen in Leipzig; manchmal wußte er gar nicht, wo er zuerst hinschauen sollte. Die Mädchen, in einem langen Reigen an ihm vorbeitänzelnd, verschwammen vor seinen Augen und wurden zu einer einzigen flirrend schönen Frau. Er mußte sich konzentrieren – auf die Wirklichkeit, und die verlangte Entscheidungen. Goethe beriet sich mit seinen neuen Freunden, die er an der Universität gewonnen hatte, aber sie konnten ihm nicht weiterhelfen. Auch in der Liebe, so lernte er, ist man, wenn es denn ernst wird, allein. Es blieb ihm nichts anderes übrig, als wieder auf die eine höhere Gunst zu hoffen, die sein Leben begleitete. Und tatsächlich wurde ihm wieder ein Fingerzeig gegeben, der leicht zu verstehen war. Eine Bedienung nämlich, eine niedliche kleine Kellnerin, die wohl in manchem dem Frankfurter Gretchen ähnelte, stach ihm ins Auge. Diesmal hieß sie Anna Katharina, wurde Käthchen genannt und war eine Tochter des Ehepaars Schönkopf, das in Leipzig eine Pension führte, Wein ausschenkte und einen Mittagstisch für Studenten anbot. Als Goethe das erstemal bei den Schönkopfs war, fiel ihm Käthe noch nicht weiter auf. Er tauchte ein in das Halbdunkel des Raumes und ließ sich bedienen. Das Essen war deftig und schmeckte, der Wein ließ sich trinken. Ständiger Lärm herrschte hier, die Studenten führten das große Wort. Dabei tat sich besonders der lange Behrisch hervor, das war jene hagere Gestalt, der Goethe am ersten Tag seines Leipziger Aufenthalts unten in der Tür begegnet war. Inzwischen hatten sie sich näher kennengelernt und angefreundet. Behrisch war ein verrückter Kerl. Er tat so, als ob er alles schon erlebt hätte. Vor allem in der Liebe konnte man ihm angeblich nichts vormachen, was aber glatt gelogen war, wie sich herausstellte. Wenn man ihn allein ließ mit einem Fräulein, von dem er kurz zuvor noch groß getönt hatte, bekam er alsbald das Zittern. Er suchte nach einem Fluchtweg oder ließ sich entschuldigen. Die Liebe, fand er, war eigentlich zu kostbar und vor allem zu schwierig, als daß sie von zwei Leutchen allein bewältigt werden konnte. Gerade deswegen geizte er nicht mit guten Ratschlägen. Für Goethe hatte er ein anderes Fräulein im Auge. Käthchen Schönkopf war nicht vorgesehen. Dann aber nahmen die Dinge ihren Lauf, ohne daß der schlaue Behrisch sie beeinflussen konnte.

Am dritten Tag im Hause der Schönkopfs saß Goethe am Mittagstisch und trank gerade sein erstes Glas Wein, als eine Bedienung erschien, die er zuvor noch nicht richtig wahrgenommen hatte. Es war eine kleine, fast rundliche Person, die sich zu ihm herabbeugte und sich nach seinen Wünschen erkundigte. Dabei streifte sie seinen Arm, und eine Locke ihres Haares fiel ihr in die Stirn. Es war Neubeginn und Wiedererinnern zugleich; an Gretchen fühlte er sich erinnert und auch an das schöne schwarzhaarige Mädchen damals auf seinem Schoß. Blitzschnell ging das, eine Berührung, ein Signal, ein paar zusammentreibende Bilder in seinem Kopf, und er war aus dem Gleichgewicht gebracht. Im Gegensatz zu Freund Behrisch fand er die Liebe überhaupt nicht kompliziert – eher zu leicht und zu herrisch, denn wenn sie erst mal da war, die Liebe, duldete sie keinen Widerspruch. Was ihn an Käthchen entzückte, war ihre Art zu sprechen. Sie sprach den Dialekt der hiesigen Leute, den er an sich für mißglückt und halsbrecherisch hielt, aber so wie Käthchen ihn sprach, klang er wie Musik in seinen Ohren. Obendrein hatte sie schöne Augen. In schöne Augen konnte man schauen, in schönen Augen konnte man versinken. Er wollte beides. Liebe bedeutete auch Vergessen, das Loslassen des Hier und

Jetzt. Leider ließ sich daraus keine Ewigkeit zimmern, denn es gab immer wieder ein Erwachen, das dann ein weniger freundliches Antlitz zeigte: den Alltag. Mit dem wollte und konnte er sich nicht anfreunden, er wollte Liebe als schwebendes Glücksgefühl, das über den leidigen Alltag hinwegglitt. Da mochte Käthchen jedoch nicht mitspielen. Sie war, wie er erst herausfinden mußte, weitaus weniger poetisch und glücksversessen als er. Käthchen gefiel der junge Wolfgang, der sich so schön in alles hineinsteigern konnte. Seine Zuneigung, seine Liebesschwüre ließ sie sich gefallen – mehr jedoch war nicht. Wenn er ihr Szenen machte, ihr mit einer albernen, zudem völlig unbegründeten Eifersucht kam, ging er ihr auf die Nerven. Sie bat ihn zu gehen, erst sanft, dann deutlicher. Schließlich hat sie ihn auch zwei- oder dreimal rausgeschmissen, weil sie sein Gehabe nicht mehr ertragen konnte. Er spuckte und drohte, er wurde laut und böse, dann wieder machte er sich klein wie ein Bübchen und wollte in seinem eingebildeten Schmerz getröstet werden – und das alles nur, weil er einen Nebenbuhler entdeckt hatte, den er verdächtigte, Käthchen mit heimtückischen Mitteln den Kopf zu verdrehen. Das alles war anstrengend – und letztlich unnütz. Goethe begriff, daß sich die Liebe in ihrer anfänglichen Stärke nicht durchhalten läßt; man muß sich ihrer annehmen und etwas aus ihr machen. Mit Käthchen wurde das zunehmend schwierig, sie hatte wenig Elan, und wenn er seine großen Reden führte, über Gott und die Welt sprach, über seine Pläne und Träume, in denen er auch ihr, gnädigerweise, einen Platz einzuräumen gedachte, kam sie nicht recht mit, ja, sie wurde sogar müde, und einmal, nach einem langen Tag, der ihr arg viel Arbeit gebracht hatte, schlief sie ihm unter einer seiner Reden ein. Da war er dann beleidigt und nachdenklich zugleich, und es dämmerte ihm, daß es vielleicht noch andere Mittel und Wege gab, sich über seine Gefühle Klarheit zu verschaffen und ihnen bleibenden Ausdruck zu verleihen.

Als Dichter zum Beispiel, als Dichter konnte er Raum und Zeit verschieben, Glück und Unglück verkehren, da konnte er hineinhören, hineinschauen in sich, konnte herausfinden, was er von der Welt in sich aufgenommen und in eigene Wahrheit umgeformt hatte. Eines Nachts, als ein mächtiger, fast volltrunken wirkender Mond am Himmel stand und sein Licht gerade vor Goethes Fenster hinuntergoß in den Hinterhof der Feuerkugel, begann er zu schreiben; er saß am Fenster, hatte ein Weinglas vor sich, und die Gedanken und Ahnungen flogen ihm nur so zu. Traurig und glücklich war er, und er glaubte zu wissen, in diesem Augenblick, daß es Stimmungen wie diese sind, die, beim Wort genommen, zur Poesie werden müssen. *Schwester von dem ersten Licht,* / schrieb er, *Bild der Zärtlichkeit in Trauer! / Nebel schwimmt mit Silberschauer / Um dein reizendes Gesicht. / Deines leisen Fußes Lauf / Weckt aus tagverschlossnen Höhlen / Traurig abgeschiedne Seelen, / Mich und nächt'ge Vögel auf. / Forschend übersieht dein Blick / Eine großgemessne Weite.* Und tatsächlich sah er sie jetzt vor sich, Käthchen Schönkopf mit ihrem schönen Kopf und den noch schöneren Augen. Auch sie sah ihn an, aber besonders liebevoll war ihr Blick nicht, eher vorwurfsvoll, was hatte er ihr denn getan, doch nichts, gar nichts – und machte sie ihm etwa Vorwürfe, daß er seine Liebe zu ihr in ein Gedicht einfließen ließ, das, zugegeben, mehr traurig als fröhlich klang. Sie verstand ihn nicht, er verstand sie nicht; überhaupt war es vergebene Liebesmüh, wenn die Menschen einander verstehen wollten. Ich versteh' dich, sagte da eine Stimme, und eine Hand legte sich auf seine Schulter. Es war Behrisch, der unbemerkt ins Zimmer getreten war. Ich versteh' dich, flüsterte er noch einmal. Er stellte eine Flasche Wein auf die Fensterbank und ein Glas dazu, er schenkte sich und dem Freund ein. Zum Wohle, sagte er. Auf alle Weiber dieser Welt! Nein, sagte Goethe, nicht auf alle. Nur auf die, die uns lieben! Und der Mond draußen legte noch einmal zu, an Stärke, an Licht, der Hinterhof war jetzt fast taghell erleuchtet, doch dann, während sie tranken und redeten und sich stark und müde fühlten, wurde er schwächer; feine Wolkenstreifen überfielen ihn, die sich immer dicker machten und ihm den Glanz stahlen, und als Goethe langsam vom Stuhl rutschte, Behrisch war, den Kopf auf der Fensterbank, bereits eingeschlafen, brach der Morgen an, ein neuer Morgen, von dem man so viel erwarten durfte wie von allen gerade begonnenen Tagen zuvor.

Ansonsten aber war es nicht weit her mit der Poesie. Daß er keine Lehrer fand, von denen er etwas lernen konnte, machte ihn mißmutig. Gab es denn keinen, der über seinen Schatten sprang, keinen, der sich der Welt einschließlich Himmel und Hölle, der sich des Lebens und der Liebe annahm, um über sie schreiben zu können – in noch nicht dagewesener, in unerhörter Weise. Muß man denn alles selbst machen, dachte er manchmal wie zum Spaß, aber es war kein Spaß. – Besser kam er dafür mit der Kunst zurecht. Er hatte einen Kupferstecher namens Stock kennengelernt, der zwei anmutige Töchter sein eigen nannte. Von ihm lernte er tatsächlich etwas: das Kupferstechen eben, aber auch die Kunst, Radierungen und Holzschnitte herzustellen. Das machte Spaß, und daß die Töchter des Herrn Stock, die den

Vater im Talent schon übertrafen, beim Unterricht mit dabei waren, machte den Spaß noch größer. Auch in der Malerei ließ er sich unterrichten. Das besorgte der Professor Adam Oeser, der eigentlich aus Wien stammte und auch noch immer wie ein Wiener redete, was sich angenehm anhörte inmitten des merkwürdigen Leipziger Zungenschlags. Oeser hatte eine eigene Mal- und Zeichenschule, die Damen und Herren, Begabten und nicht so Begabten offenstand. Was er seinen Schülern beizubringen versuchte, war Harmonie und Stimmigkeit, die er auch dann aufs Bild brachte, wenn die Wirklichkeit, nach der man sich richtete, keineswegs harmonisch und stimmig war. Oeser ging es um inneren Wohlklang, dem nachzulauschen er nicht müde wurde. Schönheit, so fand er, ruhte in sich, ihr war im Grunde nichts mehr hinzuzufügen. Das hätten schon die alten Griechen gewußt, an die man sich, in diesen zerrissenen neuen Zeiten, gefälligst wieder erinnern sollte. Goethe malte also, und er bekam manches Lob vom Meister, der allerdings ohnehin freigebig war mit seinem Lob. Als er, der Schüler, ein vom Meister ausdrücklich belobigtes Landschaftsbild fertiggestellt hatte und es am Abend, im Schein von vier Kerzen, dem etwas stier dreinblickenden Behrisch zeigte, der gerade daranging, seine zweite Flasche Wein zu leeren, meinte der: Was für ein übertrieben liebliches, verwaschenes Land, Freund, wer möchte dort wohl schon wohnen. Ich, sagte Goethe, der ein wenig pikiert war. Ich. Dann hättest du die schiere Langeweile um dich herum, sagte Behrisch. Nur Watte, nur Säuseln, nur lauwarme Luft. Schrecklich. Du bist besoffen, Behrisch, sagte Goethe, und er ging, eine dritte und vierte Flasche Wein zu holen.

Mit der Zeit jedoch, ohne daß er's merkte, begann ihn das

Leipziger Dasein zu überfordern. All das Suchen, Forschen, Nachdenken; all die Mädchen, die sich erst lieblich gaben und dann zurückschreckten. Vor ihm, vor wem auch immer. Dann das ganze Leipziger Gesumm und Gebrumm, diese merkwürdigen Laute, die Sprache der Leute, ihre mal leeren, mal dreisten Blicke. Was suchten die denn – in ihm, und was suchte er – in diesem Leben, das noch nicht das seine war. Ständig hatte er jetzt Kopfschmerzen, er fror und er schwitzte. Der Wein half da nicht, auch nicht Freund Behrisch, der ohnehin andere Sorgen hatte, denn er war verliebt, ganz mächtig und ganz unglücklich. Von einem Arzt, den er befragte, bekam Goethe den Rat, er möge so oft wie möglich kalt baden und anschließend nicht etwa in ein warmes Bett kriechen, sondern sich auf dem blanken Fußboden hinstrecken. Ein anderer Arzt empfahl ihm das ungefähre Gegenteil, er solle dicke Kleidung tragen, sommers wie winters, und die entstehende Körperwärme noch zusätzlich anstauen, was soviel hieß wie: schwitzen und nicht klagen. Als er dann an einem Abend früher als sonst zu Bett ging und seine Kopfschmerzen geradezu innig verspürte, traf ihn, obwohl Fenster und Tür geschlossen waren, ein Windzug, der sich ihm, trotz mehrfacher Veränderung seiner Schlaflage, in die Stirn zu bohren schien. Da bekam er Angst, und Brust und Atem wurden ihm schwer. Er richtete sich auf, erschöpft, hellwach; etwas drängte aus dem Magenraum nach oben, warme, klebrige Flüssigkeit, er mußte sich übergeben, mußte kotzen. Es war – Blut.

Aber wie

Der Kaiserliche Rat bekam einen Schreck, als er den jungen Mann sah. Der stand vor ihm, bleich, schmal, fast schien er ein wenig zu zittern in der frühherbstlichen Sonne. Das sollte sein Sohn sein. Kaum zu glauben. Johann Wolfgang Goethe war Anfang September 1768 aus Leipzig nach Frankfurt zurückgekehrt. Er sah krank aus; er war auch krank. In Leipzig hatte er Blut gespuckt, und ein Arzt war gerufen worden, der eine *Hämorrhagie aus tuberkulöser Kaverne* feststellte. Aha, sagte Goethe. Und was soll das bitte sein? Eine Lungenblutung, die auf Grund einer tuberkulösen Infektion ausgebrochen ist, sagte der Arzt und wiegte sorgenvoll sein Haupt. Sie haben ungesund gelebt.

Ist das eine Frage oder eine Feststellung, sagte Goethe.

Ihr jungen Leute lebt alle ungesund, sagte der Arzt, und es klang fast, als wäre er neidisch. Er hatte den Patienten dann behandelt, ihm Tropfen und ein Klistier verabreicht und anschließend zur Ader gelassen. Goethe ließ alles über sich ergehen. Der Arzt schien ihm ratlos zu sein, aber die meisten Ärzte waren ja ratlos. Was den menschlichen Körper anging, so tappten sie meistens im Dunkeln. Das Naheliegende, hatte Goethe schon öfter gedacht, das Naheliegende weiß man nicht. Wie die Lebensmaschine funktioniert, zum Beispiel, wie Körper und Geist ineinander greifen. Er hatte Fieber bekommen, in den letzten Leipziger Tagen. Elendig lag er auf dem Bett und überlegte, daß es doch auch schön sein könnte, wenn man früh starb. Einfach die Augen zumachen und nicht mehr aufwachen. Das mußte doch ein angenehmer Tod sein; kaum anders als ein ruhiges Einschlafen. Außerdem hielt ihn ohnehin nichts mehr auf der Welt. Käthchen hatte ihm mitgeteilt, daß sie jetzt einem anderen versprochen sei; diesen Menschen werde sie auch wohl heiraten. Viel Glück, sagte Goethe und meinte auch: Viel Glück! Die Sache mit Käthchen war ausgestanden, sie tat nicht mehr weh. Trotzdem fühlte er sich wie jemand, dem man den schönsten seiner wiederkehrenden Träume entwendet hatte. So lag er denn, der Kranke, und je mehr er über Weltschmerz und Lebensüberdruß nachdachte, desto angenehmer wurden seine Gedanken. Er sah seine Beerdigung vor sich, unendlich viele weinende Menschen am offenen Grab. Erst jetzt ging ihnen auf, was sie an ihm gehabt hatten. Behrisch hielt die Totenrede, und er zog mächtig vom Leder. Als er gerade die vielen Herzen aufzählte, die der junge Goethe gebrochen hatte, wurde der wach und stellte fest, daß er noch lebte. Statt am offenen Grab stand Behrisch an seinem Bett und erzählte von einer neuen großen Liebe, die angeblich noch viel größer als seine letzte große Liebe war. Es tat gut, ihm zuzuhören, und Goethe schlief wieder ein.

Dann also – zurück nach Frankfurt. Der Kaiserliche Rat hatte die Rückkehr angemahnt; wenn der Sohn schon krank sei, woran der Vater irgendwie zu zweifeln schien, dann könne er sich auch daheim auskurieren. Die Fahrt verlief ohne Probleme und ohne Pannen. Der Kutscher fuhr ordentlich, nicht wie eine gesengte Sau. Trotzdem wurde man im Wageninnern durchgeschüttelt, das gehörte dazu. Ein älterer Herr machte sich Sorgen um Goethe; der sei doch arg blaß, und er müsse wohl sagen, daß die Jugend von heute nicht mehr so viel aushalte. Überhaupt sei früher alles besser gewesen. Goethe wurde es schlecht, aber er riß sich zusammen. Zu Hause angekommen, hatte er zunächst das Gefühl, überhaupt kein Zuhause mehr zu haben. Alles so fremd, so abweisend. Der Blick des Kaiserlichen Rats tat ein übriges. Er war besorgt, das schon, aber auch abschätzig –, vorwurfsvoll. So lange bist du weggeblieben, schien er sagen zu wollen, und dann kommst du mir als kränkelndes Gestell zurück. Dafür habe ich dir nicht mein gutes Geld überlassen. Die Mutter war herzlich wie immer. Sie herzte ihren Sohn, wollte ihn gar nicht wieder loslassen. Er machte sich klein unter ihrer Liebe. Alles wurde ihm, schon wieder, zuviel. Nur daß er die Schwester wieder in die Arme schließen durfte, freute ihn. Und es freute sie. Cornelia hatte Tränen in den Augen. Wie hatte sie den Bruder doch vermißt. Er war ihr Herzensvertrauter gewesen, und daran hatte sich nichts geändert. Keiner der anderen jungen Männer, die sie inzwischen kannte, war wie er. Leider. Goethe bemerkte, daß Cornelia schlecht aussah. Sie kränkelte wie er, war schmal, bleich, leidend. Der Kaiserliche Rat interessierte sich dafür nicht. Er mochte keine Krankheiten, und bei jungen Mädchen und Frauen erschienen sie ihm besonders fehl am Platz. Weiber, dachte der Kaiserliche Rat. Sie bringen die Kinder zur Welt, aber aus ihnen wird man nicht schlau. Seine eigene Frau, deren ständige gute Laune ihm schon immer verdächtig vorgekommen war, mochte er von diesem Urteil nicht ausnehmen; im Gegenteil.

Schon in den ersten Frankfurter Tagen wurde Goethe erneut krank. Es war merkwürdig: Er spürte die Krankheit förmlich heranschleichen. Sie näherte sich, und er war wie gelähmt. Er hatte das Gefühl, daß es kein Entkommen gab; allenfalls den Körperteil, auf dem sich die Krankheit niederlassen würde, konnte er sich noch aussuchen. Eines Nachmittags war es soweit; er wußte: Jetzt ist sie da. Er lag auf dem Bett, und er spürte, wie sie über ihn kam. Sie saugte sich an seinem Hals fest, die Krankheit war wie ein Vampir. Stunden später hatte er ein Geschwür am Hals. Es pochte und brannte. Cornelia kam in sein Zimmer, sagte: Wie siehst du denn aus! Er versuchte zu scherzen: Gut wie immer!, aber dabei hatte er schon Tränen in den Augen. Sein Kopf wurde warm und wärmer, schien auch an Umfang zuzunehmen. Das ist es also, wenn man sagt: Das Herz schlägt mir bis zum Halse, dachte er, und obwohl er hätte weinen mögen, war er auch zornig – auf sich selbst, auf die ganze, so überschätzte Menschheit. Wie elendig und erbärmlich war man doch, wenn man sich gegen eine herbeischleichende Krankheit nicht wehren konnte. Man kann immer nur machen, was einem vom Körper aus vorgegeben wird, dachte er noch, und: Schöne Freiheit, die gar keine Freiheit ist! Und dann war er auch schon eingeschlafen, mit glühendem Kopf und am Hals pochendem Herzen.

Als er aufwachte, stand der Kaiserliche Rat an seinem Bett. Er schien sich verdoppelt zu haben, sah aus wie zwei schwammige Kaiserliche Räte. Er sagte etwas, aber Goethe verstand nicht. Eine Tür fiel ins Schloß. Das nahm er als Zeichen und schloß wieder die Augen. Der erneute Schlaf tat ihm gut. Einen oder zwei Tage später fühlte er sich deutlich besser. Ein Arzt würde kommen, hieß es, und ihm das Geschwür am Hals entfernen. Mit einem scharfen Messer. Es schreckte ihn merkwürdigerweise nicht. Eher schon, daß sich sein Bauch wie aufgeblasen anfühlte. Wie eine Kugel. Auch im Innern des Bauches war diese Spannung da. Der Arzt, der wenig später kam und gleich sein Messer wetzte, erkannte eine hartnäckige Verstopfung. Er verschrieb ein pflanzliches Abführmittel. Dann setzte er das Messer an. Der Schmerz war scharf und stechend, aber für einen Moment dachte Goethe, daß er gar nicht ihm galt, sondern einem anderen. Er mußte nur herhalten, weil dieser andere sich aus dem Staub gemacht hatte. Das Blut lief in die bereitgelegten Tücher, der Arzt brabbelte etwas von baldiger Genesung, die um so erfreulicher sei, da das Leben an sich ja nur eine kurze Zeitspanne ausmache. Dann war er fertig; endlich. Goethe schlief ein. Als er erwachte, war es heller Tag, und er hatte das Gefühl, um einen Kopf kürzer gemacht worden zu sein. Cornelia saß an seinem Bett. Sie sah ihn sorgenvoll an. Schau nicht so, sagte er, noch lebe ich.

Kann ich etwas für dich tun? fragte sie.

Ja, sagte er, du kannst einen Brief für mich schreiben.

Sie holte Papier, Feder und Tinte, setzte sich an den Tisch. Ich höre, sagte sie.

Er räusperte sich, was wiederum einen Schmerz am Hals verursachte. *Lieber Behrisch!* sagte er. *Es ist viel mit mir vorgegangen, ich habe gelitten, aber das durchaus Scheissige meiner Situation* –

Das schreibe ich nicht, erklärte Cornelia. So etwas Unfeines.

Liebste Schwester, sagte er, das ganze Leben ist unfein.

Mag sein, sagte sie. Aber etwas Unfeines muß man nicht unfein beschreiben. Man kann sich auch feiner ausdrücken.

Kann man, sagte er, aber ich will es nicht. Wenn es dich aber zu sehr geniert, dann –

Nein, sagte sie. Sprich weiter.

Das durchaus Scheissige meiner Situation kann ich dir nicht wirklich mitteilen. Dazu wäre das Leben zu kurz und zu – scheissig. Hast du je, Behrisch, deinen Körper gefühlt wie eine ver-

quälte Last, die dir anwächst, obwohl du nichts anwachsen lassen willst? Im Moment nur soviel: Ich bin operiert worden, ein Chirurgus hat sein Saumesser gezückt und ging mir an den Hals, ob du's glaubst oder nicht. Er hat mir eine Geschwulst entfernt, und das hat er so geschickt getan, als wär ich ein Stück Vieh, ein Schwein oder Ochs. Wie er losschnitt, dachte ich, er wollt mir die Kehle durchschneiden, aber dazu ist es dann doch nicht gekommen. Ich lebe also noch, Behrisch, noch lebe ich. Aber wie. Mit meinem Hals ist's jetzt besser, aber dafür fühlt sich mein Bauch an wie ein Faß fetter stinkiger Fisch', es geht nichts mehr hinein und, noch schlimmer, nichts mehr hinaus. Der Arzt hat mir abführendes Mittel verordnet, aber noch spür ich nichts, kein unterirdisches Rumoren, kein Heilsamkeit anzeigendes Vulcanisieren –

Ich glaube, es reicht, sagte Cornelia, mehr will dein Freund gar nicht wissen.

Zwei Tage später wirkte das vom Arzt verschriebene Mittel, ein besonderes Abführsalz, und es wirkte so plötzlich, daß Goethe es gerade noch, in Windeseile und unter Aufbietung all seiner Geistesgegenwart, zum Abtritt schaffte. Dort saß er dann und tat, was er tun mußte. Im nächsten Brief an Behrisch, den er dieses Mal nicht diktierte, sondern selber schrieb, hieß es: *Weißt du, Freund, was Erleichterung heißt? Ich glaube, du weißt es nicht, kannst es nicht wissen, denn so wie ich bist du noch nicht erleichtert worden. Ich habe dabei feststellen müssen, daß große Taten nicht nur mit dem Kopf begangen werden, sondern auch mit anderen Organen. Und ich weiß jetzt, warum der Abtritt im Volksmund manchmal auch Donnerbalken genannt wird. Behrisch, wahrlich, ich habe es donnern lassen, und jetzt – wird alles wieder gut.* Tatsächlich ging es ihm besser. Die Blässe verschwand aus seinem Gesicht, sein Hals fühlte sich an wie ein ganz normaler Hals, der Druck im Bauch war ihm genommen. Er bekam wieder Lust auf das Leben, auch auf das Lesen und die Literatur. Und auf die Liebe. Cornelia stellte ihm eine Freundin vor, die ihm zu still war. Er hörte sich zwar gerne selber reden, aber ganz den Alleinunterhalter wollte er denn doch nicht geben. Eine zweite Freundin, die er kennenlernte, war das genaue Gegenteil, ein junges, durchaus hübsches Mädchen mit Namen Susette, das von Mutter Goethe, die es gern volkstümlich mochte, treffend als *Schlappmaul* bezeichnet wurde. Susette plapperte unaufhörlich, und das Erstaunliche war, daß sie redete, obwohl sie eigentlich nichts zu erzählen hatte. Ihr Leben war eintönig, sie hatte keine großen Reisen unternommen und noch nichts von der Welt gesehen. Es gab keinen Liebhaber, der sie entführt hatte, keine Krankheit, an der sie fast gestorben wäre, ihre Träume waren Schäume. Trotzdem stand ihr Schlappmaul nicht still, und Goethe, der zu jener Zeit eigentlich davon überzeugt war, daß die Frauen ihn mochten, gerade weil er zu reden verstand, mußte vor Susette klein beigeben. Er knickte ein unter ihrem Geschwätz und ergriff die Flucht. Der Bruder ihrer Freundin sei ja ganz nett, erklärte Susette danach, aber doch arg schüchtern. Die Gegenwart von Frauen bedrücke ihn wohl so sehr, daß er in Schweigen verfalle. Trotzdem könne sie sich eine Verbindung zu ihm vorstellen, denn er sei ja ein ganz hübscher Kerl – und sie selbst, Susette, wie man wisse, eine zurückhaltende, in sich gekehrte und wortkarge Natur.

Goethe hatte damit begonnen zu schreiben, und er schrieb, um in seinen eigenen Gedanken Klarheit zu schaffen. Und um festzuhalten, was sich ihm aufdrängte und wichtig machte. Dieses Schreiben machte ihm Spaß, er fand es nützlich für sich selbst. Man mußte ja nicht immer gleich ein großes, in sich geschlossenes Werk fabrizieren und darüber fast alles vergessen, was einen sonst noch bewegte und umtrieb. Sein Leben wurde farbiger. In der Krankheit war es schwarzweiß gewesen, eigentlich mehr schwarz als weiß und zumeist sogar anhaltend gräulich. Nun hellte es sich auf, die Zukunft wurde zu einem sich verbreiternden Schein, auf den er zugehen wollte. Überhaupt interessierte er sich für Farben, die ihm eine Herausforderung bedeuteten: Sind die Farben wirkliche Farben in einer wirklichen Welt, was man an sich vermutet, oder kommt es auf den Sehenden an, der die Farben wahrnimmt? Schließlich sehen die Menschen ja nicht gleich, es gibt Blinde, und es gibt Farbenblinde, für die Farben nicht leuchten. Das Auge, dachte Goethe, scheint eine wichtige Aufgabe zu erfüllen. Es schafft seine eigene Wirklichkeit, persönliche, ganz unverwechselbare Bilder, die einen Abglanz erhalten von dem einen großen Licht, das über allem liegt. Wer das Zusammenspiel von äußeren Vorgängen und innerer Betrachtung beschreiben will, muß genau hinsehen und sich selbst, das heißt auch der Stimme, die im eigenen Ich spricht, etwas zumuten – und er muß ihr: vertrauen.

Am 16. Januar 1770 hatte er eine Wanderung vor den Toren der Stadt unternommen. Ein leuchtender Wintertag, der den Schnee glitzern ließ, ging langsam zu Ende. Frankfurt lag vor ihm, eine im hellen Weiß jetzt noch dunkler daliegende Stadt, eine Festung im Schnee. Er schaute noch einmal zurück: Da standen die Taunusberge, die sich vor einem Himmel duckten, der über ihnen begann, die Farben der aufziehenden Nacht mit denen des noch standhaften Tages zu mischen. Goethe schaute, und obwohl ihm eigentlich schon kalt wurde, konnte er sich von dem Anblick kaum losreißen. Als er dann doch noch zu Hause ankam, notierte er in seinem Aufzeichnungsbuch: *Ein bläulich gelber Schein, wie er in der reinsten Sommernacht von dem Ort, wo die Sonne untergegangen ist, heraufscheint, nahm den vierten Teil des sichtbaren Himmels ein, darüber erschienen rubinrote Streifen, die sich, zwar etwas ungleich, nach dem lichten Gelb zuzogen ... Man sah schon die Sterne durchfunkeln. Auf beiden Seiten, von Abend und Norden, war es von dunklen Wolken eingefaßt, davon auch einige in dem gelben Scheine schwebten. Überhaupt war der Himmel rings umzogen. Die Röte war so stark, daß sie die Häuser und den Schnee färbte und dauerte ungefähr eine Stunde, von 6 bis 7 Uhr abends. Bald überzog sich der Himmel, und es fiel ein starker Schnee.*

Der Kaiserliche Rat sah, daß der Sohn gesund war, und er fand, daß nun wieder etwas getan werden müsse. Poesie und Literatur, private Aufzeichnungen, das Schielen nach den Mädchen – damit mußte erst mal wieder Schluß sein. Johann Wolfgang sollte gefälligst sein Studium zu Ende bringen, und zwar – in Straßburg im Elsaß. Die französische Stadt kannte der Kaiserliche Rat von früher her; eine angenehme Erinnerung verband sich mit ihr, wobei ihm entfallen war, ob es sich dabei um eine Liebelei oder ein Festmahl mit vorzüglichen Weinen oder um ganz etwas anderes gehandelt hatte. Auf jeden Fall besaß Straßburg auch eine Universität, an der man studieren konnte, ohne sich dabei überanstrengen zu müssen. Die Professoren quälten ihre Studenten nicht übermäßig, sie taten nur das Nötigste – was bedeutete, daß man in Straßburg früher als anderswo sein Examen ablegen konnte. Für seinen Sohn, der ja leider beim

Studium der Rechte keinen sonderlichen Fleiß an den Tag legte, war Straßburg genau die richtige Universität. Dort würde er seinen Doktor machen, hoffte der Kaiserliche Rat. Goethe war einverstanden. Er hatte ohnehin wieder genug von Frankfurt; das alte Gefühl setzte ihm zu: Die Stadt war zu eng, sie belastete ihn mehr, als daß sie ihn gefördert hätte.

Im April 1770 traf er in Straßburg ein, das damals immerhin an die fünfzigtausend Einwohner hatte und von Franzosen und Deutschen gleichermaßen geprägt wurde. Zwar gehörte die Stadt seit neunzig Jahren zu Frankreich, aber noch immer wohnten dort viele Deutsche, die ihren eigenen Lebensstil pflegten, der von den Franzosen geachtet wurde. Leben und leben lassen, war eine Devise, der man in Straßburg und im umgebenden Elsaß folgte. Man mochte keine Hektik, keine unnützen Aufregungen, man schätzte die *Gemütlichkeit*. Goethe bezog eine Wohnung am Fischmarkt. Dort war er mitten in der Innenstadt, das Leben fand vor seinen Fenstern statt. In Straßburg wurde es ihm leichter gemacht als in Leipzig. Er fand Anschluß, war inzwischen ja auch noch selbstsicherer geworden, was weniger auf äußeren Leistungen als auf einem inneren Gefühl beruhte, das ihm, allen Stimmungsschwankungen zum Trotz, immer wieder sagte: Du schaffst es. Und: Alles wird gut. Den Mittagstisch nahm er bei den Schwestern Lauth in der Knoblochgasse ein. Dort kam fast jeden Tag eine muntere Runde zusammen: Theologen, Mediziner, Juristen, der eine oder andere noch nicht sehr bekannte Künstler. Daß es nicht zu laut wurde, dafür sorgte ein würdevoller Mensch, der Rechtsassessor Salzmann. Er arbeitete am Gericht in Straßburg, war überzeugter Junggeselle und ein Freund der Jugend. Salzmann präsidierte der Mittagstafel, er brachte Gespräche in Gang oder zu Ende, er lobte und tadelte – und er griff ein, wenn die Jungmännergespräche zu laut oder zu schlüpfrig wurden. Dann setzte er ein nachsichtiges Lächeln auf – so als wollte er zeigen, daß ihm längst nichts mehr fremd war auf dieser Welt und daß er gerade deswegen das Recht hatte, einem Gespräch ein Ende zu machen, wenn es erforderlich war. Wenn Salzmann die Tafel verließ, etwa um den Wein wieder loszuwerden, dem er gern und in beachtlichen Mengen zusprach, wurde über ihn gelästert; man wärmte altbekannte Geschichten auf, die davon berichteten, daß der Junggeselle einst den beiden Schwestern Lauth nachgestiegen sei, erst der einen, dann der anderen. Als die Damen sich zierten, habe er mehrfach darauf verwiesen, daß er nicht mehr der jüngste sei, und schließlich eine Liaison zu dritt vorgeschlagen. Diese, behaupteten die einen, sei dann tatsächlich zustande gekommen und existiere noch immer, in klammheimlichen Stunden, während die anderen meinten, daß die ganze Unternehmung in einem Fiasko geendet habe, weshalb Meister Salzmann und die Schwestern die Liebe inzwischen nur noch als theoretisches Problem ansähen. Egal. Salzmann und die Schwestern taten so, als wüßten sie nicht, was über sie getuschelt wurde, und so wurde es bald wieder ruhig um sie. Es gab auch genügend anderen Klatsch, an den man sich halten konnte. Goethe hatte noch immer kein gesteigertes Interesse an der Rechtswissenschaft, und da er inzwischen einige Juristen kannte, denen es ebenso ging wie ihm, war nicht zu hoffen, daß sich das bald schon änderte. Er tat das Nötigste an der Universität, und juristische Fachfragen löste er noch immer mit Hilfe des *kleinen Hoppe*. Damit kam er hin. Ein Buch reichte; ein Buch fürs Leben – zumindest wenn man das Leben als reines Rechtsproblem betrachtete.

Spannender fand er inzwischen die Medizin, was auch damit zusammenhing, daß ein paar Mediziner zu den Mittagsgästen der Schwestern Lauth gehörten. Ihren Berichten konnte man entnehmen, daß die Medizin enorme Fortschritte machte, was nicht nur gut für die Kranken war, sondern auch für die Gesunden. Je mehr nämlich die Medizin über den Menschen herausfand, über das Funktionieren all seiner Teile, desto mehr wurde damit auch anderen Wissenschaften geholfen – der Philosophie zum Beispiel, die sich ja schon seit zweitausend Jahren vergeblich mühte, endgültige Klarheit über den Menschen zu gewinnen. Die Philosophen können nur spekulieren, sagte zum Beispiel der Mediziner Weyland, der mittags des öfteren neben ihm saß, wir aber schaffen Fakten. Wenn wir wissen, wie der Körper funktioniert –

Wißt ihr noch lange nicht, wie es der Seele geht, unterbrach ihn Goethe.

Welcher Seele? fragte Weyland. Hast du schon mal eine Seele gesehen? Ich nicht. Und außerdem: Eine gesunde Seele, so es sie denn gibt, hält es nur in einem gesunden Körper aus – mens sana in corpore sano, wie schon der alte Römer Juvenal wußte.

Mensch, sagte Goethe, du bist ja richtig gebildet. Und das als – Mediziner.

So gut wir können

Er besuchte dann selbst einige medizinische Vorlesungen. Das tat er nicht nur, um dazuzulernen, sondern auch, weil er seit kurzem das Gefühl hatte, sich Unangenehmes antun zu müssen. Er wollte sich abhärten, an Leib und Seele. Dafür mußte er sich weniger um die Schönheit kümmern, sondern mehr um die häßlichen Seiten des Lebens. Am häßlichsten wurde das Leben, wenn es zu Ende ging – wenn es sich vollendete im Tod. Mit dem konnte er nicht so gelassen und ungerührt umgehen wie andere. Der Tod empörte ihn, der Tod erlegte die Menschen wie ein feiger Jäger, der nur aus dem Hinterhalt zuschlug; der Tod brachte Leid und machte lebendige Menschen zu häßlichen Leichen. Gerade dieser Häßlichkeit wollte er sich aussetzen, und so ging er denn auch in einen Anatomiekurs. Er frühstückte gut, weil Weyland ihm das angeraten hatte; nur wer gut gefrühstückt habe, könne als Ungeübter den Anblick einer Leiche, der man mit dem Messer zu Leibe rückte, ertragen. Er selbst, Weyland, habe da keine Probleme, er sei ja längst nicht mehr ungeübt; ihm könne man eine Tote an seiner Seite im Bett ablegen, das mache ihm nichts aus.

Aber es muß eine Tote sein, sagte Goethe, ein Weibchen. Und wenn sie dir einen Toten hineinlegen?

Er hatte ein komisches Gefühl, als er den Anatomiesaal betrat. Das gute Frühstück lag ihm jetzt schon im Magen. Die Leiche, um die es ging, befand sich auf einer Bahre und war mit einem schwarzen Tuch bedeckt. Allmählich fanden sich die Studenten ein. Keiner von ihnen sah besonders glücklich aus. Der Professor erschien; er hatte eine Schürze umgebunden und ein Messer in der Hand. Sah er nicht eher aus wie ein Metzger? Er zog das schwarze Tuch ab. Das tat er so plötzlich und unvermittelt, daß sich die Leiche zu bewegen schien. Sie bäumte sich auf. Oder war es nur sein Magen, der sich aufbäumte? Goethe spürte, daß ihm die Knie weich wurden. Er schluckte. Zwang sich, hinzusehen. Die Leiche war ein Mann unschätzbaren Alters. Im Tod wird einem das Alter genommen, es zählt nicht mehr. Der Professor begann zu reden, seinen Worten verlieh er mit dem Messer Nachdruck. Goethe verstand nicht, was er sagte; er war damit beschäftigt, das Gleichgewicht zu halten. Keine unnötige Bewegung – jetzt. Immerhin konnte er noch einen unfreundlichen Gedanken an den abwesenden Weyland richten: Was für eine Schnapsidee, vor einer Leichenbeschau üppig zu frühstücken. Der Mageninhalt nämlich drängte sich ihm, hämisch langsam, immer weiter nach oben; jetzt stand er ihm schon bis zur Halskrause. Nur nicht bewegen. Der Professor sah ihn an, lächelte. Noch immer redete er. Mit dem Messer deutete er jetzt auf die Stelle, die er aufzuschneiden gedachte. Der Tote hatte mit einem Mal einen höhnischen Zug um den totenstarren, ewig eingekniffenen Mund. Es war, als ob er grinste. Dann fuhr ihm das Messer in die Bauchdecke, und das Grinsen verging ihm. Einer der Studenten stürzte hinaus; man hörte, daß er sich draußen übergab. Goethe wäre ihm am liebsten nachgelaufen und hätte mit ihm gekotzt. Aber diese Anstrengung traute er sich nicht zu; nur nicht bewegen – jetzt. Er dachte daran, daß eigentlich niemand wußte, ob der Tote nicht doch etwas fühlte. Man glaubt, daß mit dem Tod alles vorüber wäre – die Gefühle, Lust und Schmerz. Vielleicht aber war das gar nicht richtig, vielleicht hatten die Toten noch ihre Empfindungen, intensiv, still, nach innen genommen, und der Mann, den der Professor jetzt mit sichtbarem Vergnügen aufschnitt, schrie unentwegt, wissend wohl, daß es für ihn keine Hilfe gab.

Dann war die Lektion vorbei. Die Leiche wurde wieder zugeklappt, der Professor wischte das Blut ab, legte das Messer zur Seite. Man sah ihm an, daß er gerne noch weitergemacht hätte. Goethe bewegte sich, vorsichtig. Er meinte zu spüren, daß sein Mageninhalt aus der Halsgegend langsam wieder zurückrutschte zum Magen. Er schluckte. Eigentlich hatte er sich doch wacker gehalten, fand er. Er war nicht umgekippt, hatte nicht gekotzt. Er konnte stolz auf sich sein. Draußen, vor der Tür des Anatomiesaals, kam er an dem Studenten vorbei, dem es nicht so gut ergangen war. Bleich und zitternd lehnte der an der Wand. Ein paar Schritte weiter breitete sich eine grünlichgelbe Lache aus, und als Goethe die sah, verging ihm alles; eine Übelkeitswelle stieg in ihm auf, und er übergab sich. So schnell ging das, daß er nichts entgegenzusetzen hatte; es kam aus ihm heraus, und er mußte tun, was sein Körper von ihm verlangte. Dieses an sich peinliche Ereignis beschäftigte ihn danach noch länger und stimmte ihn nachdenklich: Es gab, mußte man vermuten, Leibeskräfte, die sich ihre Bahn brachen, rücksichtslos, und wenn sie wollten, wurden alle Gedanken, alle Gewißheiten des Kopfes und das ganze, ach so stolze Ich-Gefühl mit einem Mal hinfällig und unter einer Woge von dumpfem Elend begraben.

Dennoch machte er weiter. Er ging in den Anatomiekurs, als wenn nichts gewesen wäre. Das machte ihn hart, auch wenn ihm die weichen Knie blieben. Ein üppiges Frühstück nahm er vorher nicht mehr ein. Mit nüchternem Magen ertrugen sich Leichen und Leichengeruch besser. Dabei war eine Leiche nicht wie die andere. Die Unterschiede der Menschen wurden im Tod nicht aufgehoben, auch wenn sie alle dieser unangenehmen Starre verfielen. Wenn der Professor an einem alten Mann herumschnitt, sah Goethe das gelassen; der Mann, dachte er, hat sein Leben gelebt, er kann sich nicht beklagen. Einmal jedoch lag ein Kind auf der Bahre, das den plötzlichen Kindstod gestorben war. Es hatte ein Gesicht wie ein Engel. Mit erloschenen Augen, die ihm von den trauernden Eltern zugedrückt worden waren, schaute es zum Himmel. Dem Herrn Gott hatte es beliebt, ausgerechnet dieses Kind, das doch gänzlich unschuldig war, zu sich zu holen. Im Schlaf hatte er es überrascht und ihm das Leben entzogen. Goethe spürte eine hilflose Trauer in sich, als er das Kind sah. Und einen Zorn, der ihn an das Erdbeben von Lissabon erinnerte: Was war das für ein Gott, der so sinnlos wütete, im großen und im kleinen. Ganze Städte, Landstriche löschte er aus, und er war sich nicht mal zu schade, kleine Kinder dahinzuraffen. Letzteres, Goethe konnte sich nicht helfen, fand er feige. Kinder sind wehr- und hilflos; für die Rache, die der Herr Gott, je nach seiner Lust und Laune, an den Menschen verübt, die ja immerhin Gottes Sohn ans Kreuz geschlagen haben, sind Kinder die denkbar ungeeignetsten Opfer. Goethe erschrak über seine ketzerischen Gedanken. War Gott etwa nicht nur ein Hoher Herr, sondern im Grunde auch ein Feigling, der sich nicht zeigte und entweder wahllos oder aber mit tückischem Blick auf die Schwächsten seine unheimlichen Kräfte spielen ließ? Durfte man so etwas überhaupt denken? Unwillkürlich zog er den Kopf ein, so als erwarte er doch eine Strafe von oben, eine gigantische Kopfnuß etwa, die ihm alle Frechheiten aus dem Kopf trieb. Aber nichts dergleichen geschah. Der Herr Gott nahm ihn nicht zur Kenntnis. Den jungen Herrn Goethe und seine merkwürdigen Gedanken hatte er nicht auf der Rechnung.

Eine andere Mutprobe, die er sich antat, war, an Höhe zu gewinnen. Er hatte nämlich, schon aus Frankfurter Zeiten, eine Art Höhenangst. Dabei war er ja noch gar nicht hoch hinausgekommen, hatte keine Berge bestiegen, keine Abgründe überwunden. Trotzdem wurde ihm mulmig, wenn die Möglichkeit bestand, daß er stürzen könnte. Da reichte schon eine einfache Leiter aus, wie sie die Handwerker bestiegen, die im Frankfurter Haus am Hirschgraben die Renovierung besorgten. Willi der Vierschrötige hatte ihn auf eine solche Leiter mit hinaufnehmen wollen, aus Jux. Da war er, das damalige Wölfchen, aber gleich in ein Abwehrgeschrei verfallen. Er wollte auf keine Leiter, auch wenn er sicher sein konnte, daß man ihn oben festhielt. Einmal hatte er vom Dachboden des Elternhauses hinuntergespäht in die Gasse, und ihm wurde schwindlig. Ein Sausen bekam er ins Ohr, sein Herz klopfte, und der Boden unter seinen Füßen gab nach. Damals ist er wohl auch bleich im Gesicht gewesen, und Cornelia, die eine solche Höhenangst nicht kannte, fragte ihn besorgt nach seinem Befinden. Er hatte gemurmelt, daß ihm auf einmal ein wenig schlecht sei, womöglich von den vielen Pfirsichen, die sie in des Großvaters Garten genascht hätten. Nur keine Schwäche zeigen, dachte er damals, schon gar nicht vor einem Mädchen. Die Erinnerung aber an eben diese Schwäche war ihm geblieben, und nun, da er in Straßburg erfolgreich an sich selber arbeitete, wollte er auch der Höhenangst zu Leibe rücken. Da gab es ein naheliegendes Übungsgelände: das Straßburger Münster, jenes imposante, im Mittelalter errichtete Bauwerk, das zum Wahrzeichen der Stadt geworden war. Das Münster konnte bestiegen werden, über Hunderte von abgetretenen Stufen hinweg konnte man zum Himmel emporklettern, und von dort oben sah man, wenn der Mut ausreichte, hinunter auf den Münsterplatz, sah die winzigen Menschen, die sich dort unten bewegten – wie kleine rastlose Insekten. Das Straßburger Münster also wollte er ersteigen, das mußte sein. In Gedanken hatte er das Wagnis schon vorweggenommen, nun sollte die Tat folgen. Der Tag war sonnig. Als er auf dem Vorplatz stand und zu den fernen Kirchturmspitzen emporschaute, stachen ihm die Sonnenstrahlen direkt in die Augen. So als wollten sie ihm bedeuten, daß er für seinen Übermut gestraft werden könnte, wenn es einer noch höheren, der allerhöchsten Macht gefiel. Aber war es denn Übermut, dem er folgte? Im Grunde war es ja nicht mal Mut, denn den hatte er nicht, als er das Münster betrat. Ihm war flau im Magen – so als wartete da schon wieder eine Leiche auf ihn, die man aufschneiden wollte, diesmal weit oben, direkt unterhalb des großen gleichgültigen Himmels. Stille und Kühle im Gotteshaus. Er fror. Ob der Herr Gott auch fror – zumindest manchmal, wenn er, vermutlich gelangweilt, über das nachdachte, was er bislang so alles bewerkstelligt hatte? Goethe stieg die steinernen Treppen empor, am Anfang zählte er noch die Stufen, dann ließ er es bleiben. Es war ein nicht enden wollender Kreisgang. Ihm wurde warm. Er legte eine Pause ein. Alles war still. Dann löste sich ein Geräusch aus der Stille, das lauter wurde. Schritte. Sie kamen von oben. Ein eigenartiges Schleifen war in diesen Schritten – so als zöge der, der da von oben kam, ein Bein nach. Er wartete. Schließlich sah er die Gestalt, die zu den Schritten gehörte, ein verwachsener Mann, ganz in schwarzes Tuch gehüllt. Tatsächlich zog er ein Bein nach. Für einen Moment dachte Goethe, daß der Mann, der von der Körpergröße eher ein Männchen war, ein Messer ziehen würde – just in dem Moment, als sie aneinander vorbeimußten. Er grüßte. Das Männchen sagte nichts, nickte aber immerhin. Es verschwand in der nächsten Kehre, seine schleifenden Schritte verklangen. Goethe ging weiter, er beschleunigte den Schritt. Dieser schier endlose Kreisgang legte sich ihm aufs Gemüt, er hatte das Gefühl, daß sich ihm das Herz zusammenzog und das Münster, dieser gewaltige Bau, immer kleiner wurde. Stein für Stein schrumpfte es, und das schwindende Gewicht wurde auf ihn verlagert, so als sollte er erdrückt werden. Er schaute die sich über ihm hinaufschraubende Treppe empor. Oben, ganz weit oben meinte er einen Lichtschein zu erkennen. Er ging, mit schweren Beinen und dicken Füßen ging er, und er keuchte. Der Lichtschein kam näher, wurde breiter. Die Treppe endete vor einer schmalen Tür, die auch das Licht hereinließ. Er zwängte sich hindurch und stand nun ganz weit oben. So weit oben war er noch nie gewesen. Um ihn herum zog sich, etwa in Brusthöhe, eine steinerne Mauer. Jetzt kam der Augenblick der Wahrheit. Er zwang sich, hinunterzusehen. Es war wie befürchtet: Ein Sog schien ihn zu erfassen, ein Sog, der ihn über die Mauer hinweg ins Freie zog, in die klare Luft, in der er, wenn er denn nur spränge, dahinschweben würde wie ein Vogel. Laß dich fallen, flüsterte eine Stimme, und der Sog wurde stärker, ohne unangenehm zu werden. Eine sanfte Verrückung besorgte er, der Sog, mehr nicht, eine Verrückung, die ihn von den Füßen her anheben wollte. Er mußte nur mitmachen. Stell dich nicht so an, sagte die

Stimme, die so sanft klang, daß sie den ganzen steinernen Riesenbau zum Vibrieren brachte. Stell dich nicht so an! Was soll dir die lästige Erdschwere, wenn du doch fliegen könntest. Du mußt nur wollen. Eigentlich wollte er ja, aber die Stimme drängte ihn zu sehr, sie hatte nichts Nachlassendes, Verführerisches an sich. Er drückte die Füße an den Boden, stemmte sich zurück von der Mauer, über die er so leicht hätte hinweggleiten können. Um zu springen, zu fallen, hinaus – ins Freie. Nein. Er selber war frei. In diesem Moment. Er traf eine Entscheidung. Für sich selbst, für niemand anderen. Er löste den Blick von der Tiefe, dem geschrumpften Leben dort unten. Ihm war nicht mehr schwindlig, weil er im Kopf, mit den Augen alles wieder zurechtrückte. Statt dessen spürte er einen Luftzug um sich herum, ein Wolkenband hüllte das Münster ein. Blitzschnell ging das, ein Wolkenband, das sich aus dem unendlichen Himmel über ihm gelöst hatte und nun über die Kirchturmspitze hinwegtrieb, sich an ihr zerteilte und aufrieb. Ein Hauch von Nässe streifte ihn, dann war alles vorbei. Die Wolkenfetzen, die sich an der Spitze des Münsters geteilt hatten, kamen in der Ferne wieder zusammen und wurde zu einer einzigen dicken Wolke, die zurückstieg in den Himmel, der sich dort in der Ferne in Bewegung setzte. Weg trieb er, der Himmel, weg von ihm, weg, über die blauschwarzen Elsässer Berge hinaus; ein Himmelsdach, das sich bis ans Ende der Welt spannte. Goethe machte sich an den Abstieg. Er fühlte sich gut – wie jemand, der eine Angst überwunden hat, aber Wetten darauf, daß er von nun an keine Höhenangst mehr haben würde oder daß ihm in der Nähe einer Leiche nicht mehr schlecht werden könnte, hätte er nicht abschließen mögen.

Langweilig wurde ihm nicht in Straßburg. Das lag nicht

etwa daran, daß er so viel studierte. Im Gegenteil. Die Rechtswissenschaft war noch immer nicht spannender geworden für ihn, sie forderte ihn nicht, ließ ihn kalt. Er wußte, was zu tun war, wenn er sein Examen machen wollte. Bis dahin aber war noch Zeit. Warum also mehr arbeiten als nötig. Er stürzte sich lieber mitten hinein ins Leben, das er gern wieder mit einer Liebe bereichert hätte. In Straßburg gab es ja, ähnlich wie in Leipzig, genügend schöne Mädchen, eher zu viele als zu wenige, so daß man sich nicht recht entscheiden konnte, welcher man denn ernsthaft nachstellen sollte. Es fehlte auch nicht an Gelegenheiten. In Straßburg ging man seinen Vergnügungen nach, das war schon immer so gewesen. Es wurde gern gut gegessen und getrunken. Und getanzt. Man tat das öffentlich, in Tanzlokalen wie dem *Eisernen Hut* etwa, draußen vor den Toren der Stadt, und auf privaten Gesellschaften, bei denen man sich gerne kostümiert und maskiert zeigte, das erhöhte den Reiz und erlaubte manches, was man sonst wohl lieber gelassen hätte. Johann Wolfgang war kein guter Tänzer, und er beschloß, dagegen anzugehen. Eine weitere Mutprobe. Er nahm Tanzunterricht. Monsieur Keuper, der Tanzlehrer, erinnerte ihn an seinen Frankfurter Fechtmeister: der gleiche strenge, meist mißmutige Mensch, dem sein Beruf keine rechte Freude zu machen schien. Die Ähnlichkeit war so verblüffend, daß Goethe durcheinanderkam: Als er eine Schrittkombination nachmachen sollte, die Keuper ihm vorführte, verfiel er in einen Ausfallschritt und startete mit dem rechten Arm eine Attacke. Sie sind hier nicht beim Fechten, mein Herr!, sagte Keuper und sah noch strenger drein als sonst. Verzeihen Sie, sagte Goethe, und da ging die Tür auf, und zwei Mädchen erschienen. Sie waren hübsch und lächelten, und allein das reichte, um den Raum zu erhellen. Für einen Moment lächelte sogar Monsieur Keuper. Das Lächeln huschte über sein Gesicht und war gleich darauf schon wieder verschwunden. Er sagte etwas zu den beiden Mädchen; sie knicksten und gingen. An der Tür drehten sie sich noch einmal um; sie schauten den Tanzschüler an, dem unter ihren Blicken warm wurde ums Herz. Keuper bedeutete ihm, sich auf die Zehenspitzen zu stellen und zu drehen. Wer waren die bezaubernden jungen Damen? fragte Goethe, während er sich drehte. Meine Töchter, sagte Keuper. Sie sind zu steif in der Hüfte.

Wer? fragte Goethe. Ihre Töchter?

Nein, sagte der Tanzlehrer, Sie. Sie sind zu steif, Ihren Bewegungen fehlt die Anmut. Wenn Sie sich außerhalb des Üblichen bewegen, knacken Ihre Knochen. Das ist kein gutes Zeichen.

Mag sein, sagte Goethe, immerhin ist es erstaunlich, daß ein Mann wie Sie solche reizenden Geschöpfe hervorbringen konnte.

Was wollen Sie damit sagen?

Nun, man traut Ihnen das nicht zu, mit Verlaub. Ich hätte gedacht, Sie wären Junggeselle, ein alleinstehender Griesgram, der Erfinder der schlechten Laune oder was auch immer. Aber nicht Vater solch schöner Wesen –.

Wenn Sie unfreundlich zu mir sind, lasse ich Sie alleine tanzen, sagte Keuper. Überlegen Sie sich also gut, was Sie sagen.

Und wenn ich freundlich zu Ihnen bin? fragte Goethe. Was geschieht dann?

Dann dürfen Sie mit meinen Töchtern tanzen. Zu Übungszwecken, versteht sich.

Ich will sehr freundlich zu Ihnen sein, rief Goethe. Geradezu liebenswürdig. Was sind Sie doch für ein guter Tanzlehrer, ich fühle mich unendlich wohl bei Ihnen. Ihr Lächeln macht mir Mut.

Welches Lächeln? fragte Keuper.

Er ließ dann seine Töchter tatsächlich mittanzen. Sie hießen Emilie und Lucinde und waren so reizend, wie Goethe es vermutet hatte. Er tanzte mit ihnen wie ein junger Gott. Fand er, Keuper war anderer Meinung. Er stand im Hintergrund und nörgelte. Achten Sie auf Ihre Füße, sagte er beispielsweise, und weniger auf die Augen der Damen. Oder: Es hilft Ihnen nicht, wenn Sie Ihr Mädchen eng zu sich heranziehen. Dadurch tanzt einer wie Sie nicht unbedingt besser. Es war klar: Von Goethe als Tänzer hielt er nicht viel. Wenn Sie eines Tages so Recht sprechen wie Sie tanzen, wird es eine Anarchie geben, sagte er, was Goethe geflissentlich überhörte. Was sollte er auf den Alten hören, wenn er dessen junge Töchter im Arm halten konnte. Lucinde war die ältere und etwas hübschere der beiden. Sie hatte Augen, die im Halbdunkel des Tanzsaals zu glühen schienen. Überhaupt schien sie ein glühendes Kind zu sein, sie bestand nur aus Gefühl. Das wurde ihm ein wenig unheimlich. Von leidenschaftlicher Liebe hatte er gehört und gelesen; nun sah es so aus, als würde er Gelegenheit bekommen, sie leibhaftig zu erleben. Wenn der Vater einmal wegschaute oder den Raum verließ, kam Lucinde ihm nahe – so nahe, wie ihm noch kein Mädchen gewesen war. Sie preßte sich an ihn, ihr Mund bot sich ihm an, er spürte ihren Körper, den Duft ihrer Haare. Ihm wurde unbehaglich. Leidenschaft schien auch mit Beengung zu tun zu haben; sein Atem ging schneller, Schweißperlen standen ihm auf der Stirn. Lucinde, rief

Emilie, merkst du nicht, daß der Herr sich bedrängt fühlt? Ach was, sagte Lucinde und lachte. Sie schob seinen Arm in die Höhe und drehte sich, gehalten nur noch von seiner zitternden Hand. Immer schneller drehte sie sich, und er wußte nicht, was er tun sollte. Am liebsten hätte er sie losgelassen, aber das gehörte sich nicht. Er konnte auch nicht fliehen, das gehörte sich auch nicht. So mußte er warten, bis sie ihren Wirbel beendete. Sie tat es mit einem lauten Juchzer, und ehe er sich's versah, lag sie erschöpft in seinen Armen. Ihr erhitztes Gesicht mit den glühenden Augen, ihr Mund – jetzt hätte er sie küssen können. Aber da ging die Tür auf, und Keuper, der einem dringenden Bedürfnis nachgegangen war, kehrte zurück. Goethe erschien er wie ein rettender Engel. Werter Meister, rief er erleichtert und schob die in seinen Armen liegende Lucinde zurück in ihre Ausgangsposition. Werter Meister, was freue ich mich, Euer stets fröhliches Gesicht zu sehen. Der Tanz, so wurde mir gerade verdeutlicht, gerät aus der Ordnung, wenn man andere Zwecke mit ihm bewerkstelligen will, als für ihn vorgesehen sind.

So kam es, daß er sich für Emilie entschied. Niemand hatte ihn dazu aufgefordert, eine Entscheidung zu treffen, aber er selbst dachte, daß es besser sei, eine Wahl zu treffen. Er wollte klare Verhältnisse, obwohl er sich eigentlich, damals, nichts Reizvolleres vorstellen konnte, als mit beiden Mädchen zusammenzusein. Sie belegten seine Sinne, ließen ihn alles andere vergessen. Er dachte nicht an Tanzschritte, nicht an die Dichtkunst und schon gar nicht an die öde Jurisprudenz; die konnte ihm ohnehin gestohlen bleiben. Wenn er überhaupt an etwas dachte, war es die Schönheit; sie verkörperte sich in beiden, in Lucinde und Emilie, und in den wunderbaren Momenten, in denen er, ganz nah bei den

Mädchen, fast wie von Sinnen war, liebte er sie doch beide. Aber er sagte sich auch, daß es eine Ordnung haben mußte mit solchen Verhältnissen. Man durfte seine Gefühle nicht verstreuen und verschwenden; die wahre Liebe, die er allerdings nur vom Hörensagen kannte, erforderte die Konzentration auf eine Person, und die sollte Emilie sein. Emilie war, wie gesagt, nicht ganz so hübsch wie ihre Schwester, aber immer noch hübsch genug, um den Männern den Kopf zu verdrehen. Ihre Augen glühten nicht, sie glänzten, und sie waren auch nicht dunkel, sondern eher blau. Im Vergleich zu Lucinde erschien sie ein wenig runder, nicht ganz so schlank, nicht ganz so beweglich. Emilie war zurückhaltend, ohne deswegen schüchtern zu wirken. Unbekümmertes, ja ungeniertes Benehmen, wie es Lucinde ständig an den Tag legte, erlaubte sie sich nicht; die Erziehung zur Dame, die bei ihrer Schwester erfolglos geblieben war, hatte bei ihr gefruchtet. Dennoch war Goethe sich sicher, daß sie ihn mochte. Sie zeigte es durch ihre Blicke, in denen er zu lesen verstand. Bildete er sich ein. Sein Selbstvertrauen war in Straßburg nicht kleiner geworden. Von den Frauen verstand er etwas, man mußte sie nur zu nehmen wissen. Eine liebende Frau hat ein Leuchtfeuer in ihren Augen; wer es nicht sieht, ist ein Dummkopf. Er war kein Dummkopf, weiß Gott nicht. In jenen Tagen spürte er seine Jugend wie ein Geschenk, das jeden Tag erneuert wurde, ohne daß er sich dafür bedanken mußte; jeden Tag hätte er deswegen auch die Welt aus den Angeln heben können.

Er wollte sich Emilie erklären. Tanzlehrer Keuper, der es seit einigen Tagen an der Blase hatte, war wieder verschwunden, und Lucinde hatte sich verspätet; er war also allein mit Emilie. Sie stand vor ihm, sagte nichts. Sah sie ihn denn wenigstens an, oder sah sie, aus einer gewissen Verlegenheit heraus, an ihm vorbei? Die Erklärung, die er sich zurechtgelegt hatte, bröckelte in sich zusammen; daß es so schwierig sein kann, die richtigen Worte zum richtigen Zeitpunkt zu finden. Er räusperte sich. Emilie, sagte er dann, mit krächzender Stimme. Emilie, ich möchte Ihnen mitteilen, daß –. Ja, zum Teufel, so redete doch kein Mensch, kein liebesgewandter Poet, so redete allenfalls ein vorzeitig verknöcherter Jurist. Ich möchte Ihnen mitteilen; nein, geflüstert hätte er ihr am liebsten etwas, geflüstert in ihr niedliches Ohr und vielleicht noch dazu am Ohrläppchen genagt, Teufel auch, geflüstert, daß er sie liebe, und daß er –. Ja, genau das war der Punkt: Was macht man, wenn die Liebe erklärt ist und beide sich einig sind, was macht man dann – aus der Liebe? Das war doch die eine wiederkehrende, nie zu umgehende Schwierigkeit. Was macht man aus der Liebe, kann man sie noch größer machen, als sie ist, kann man sich in dieses Gefühl einschmiegen und die Zeit, einfach und schön, vergehen lassen? All das wußte er doch nicht, und so sah er wohl ein wenig ratlos aus, einfältig gar, in diesem einen wichtigen Moment, der doch der einen wichtigen Erklärung dienen sollte. Zum Glück war Emilie nicht auf den Kopf gefallen. Sie schien zu wissen, was er sagen wollte, ohne daß er es richtig sagen konnte, und so ergriff sie das Wort. Sie erklärte sich ihm – besser als er das je hinbekommen hätte. Seine Gefühle für sie seien ihr bekannt, schließlich habe sie Augen zu sehen und ein Herz, das fühle. Ja, sie fühle ähnlich, vielleicht, vielleicht aber auch nicht, wer könne schon die Liebe festmachen an einem einzigen Ort, sie dingfest machen, unverrückbar in der Zeit. Niemand kann das, die Liebe kommt und sie geht, damit muß man leben, nichts ist für die Ewigkeit. Und obwohl sie, Emilie, sich zu dem jungen Herrn Goethe durchaus und stark hingezogen fühle, müsse sie seine noch nicht ausgesprochenen Wünsche verneinen, sie sei nämlich einem anderen Herrn versprochen, der es gut mit ihr meine und ihr seine Liebe längst schon gestanden habe. Darum sei es besser, wenn der junge Herr Goethe seinen Tanzunterricht beende, er könne ja nun tanzen; leidlich. Einmal geweckte Gefühle, die nicht ausgelebt werden dürfen, verdienten Schonung, und deswegen sei es das beste, sagte die kluge Emilie, daß sie sich beide nicht mehr sähen. Wenn es dem jungen Herrn Goethe aber um die Liebe an sich gehe, um dieses großartigste aller großartigen Gefühle, dann könne er sich doch genausogut Lucinde zuwenden, denn die sei, das müsse mal gesagt werden, ordentlich in ihn verliebt, zumindest glaube sie das. Die Lucinde.

Goethe war beeindruckt. So viele kluge Worte hatte er Emilie gar nicht zugetraut. Und was sie von Lucinde sagte, gab ihm zu denken. Es tat ihm gut. Ihm und seiner Eitelkeit, denn daß er damals ein bißchen eitel war, hätte er wohl zugegeben. Er beugte sich vor und küßte Emilie auf die Stirn. Die ließ es sich gefallen, ja, legte ihren Kopf sogar an seine Brust, und er hielt sie, für einen schönen, eigentlich aus der Zeit herausfallenden Moment, in seinen Armen. Dann ging leider die Tür auf, und Lucinde erschien. Sie sah, was sie nicht sehen wollte: den jungen Herrn Goethe, wie er ihre Schwester, die immer so sittsam tat und es doch faustdick hinter den Ohren hatte, umarmte. Da glühte sie wieder, Lucinde, es war, als ob sie Fieber hätte. Sie sprang auf die beiden zu, riß sie auseinander, ihre Augen brannten. Du sollst ihn nicht haben, rief sie, du nicht!, und jetzt küßte sie ihn,

Lucinde, küßte ihn auf den Mund, vor der Schwester, die erschreckt zurückgewichen war. Du nicht! Ich verfluche dich, du Verräterin, Teufelin. Keine soll ihn haben, keine, und wer diese Lippen küßt, soll unglücklich werden! Goethe wußte nicht, wie ihm geschah. Erst hatte er geküßt, das war in Ordnung, dann wurde er geküßt, von Lucinde, wie im Sturmangriff nahm sie ihn, ehe er sich's versah, aber der Kuß, den sie ihm gab, war wie schwere, betäubende Musik. Nicht mehr denken konnte er in diesem Augenblick, wollte auch gar nicht mehr denken, er schloß die Augen, aber um zu genießen, hätte es still sein müssen. Statt dessen drang Lucindes schrille Stimme an sein Ohr, erst von fern, dann ganz aus der Nähe, und sie riß ihn aus allen Träumen. Dazu der Fluch, den sie ausstieß; er glaubte ja nicht an so etwas, aber man wußte ja nie –. Er öffnete die Augen, vorbei der ganze Zauber der letzten Tage. Alles hatte sich in Mißvergnügen aufgelöst. Lucinde stand vor ihm, ihre Brust hob und senkte sich; fast dachte er, daß sie sogar ein Messer unter ihrem Kleid haben könnte, mit dem sie gleich auf ihn einstechen würde. Oder auf ihre Schwester. Besser auf die Schwester. Goethe hielt es für richtig, den Rückzug anzutreten. Er deutete eine Verbeugung an und machte sich auf in Richtung Tür. Kein Messer kam hinter ihm hergeflogen. Dann war er draußen, endlich. Sollte er sich freuen, sollte er traurig sein, er wußte es nicht. Etwas war vergangen, noch bevor es zu leben begonnen hatte. Eine Liebe als Totgeburt. Und doch war sie schön gewesen, diese Liebe; vielleicht gerade deshalb, weil sie keine Wirklichkeit brauchte, um auf sich aufmerksam zu machen. Die Träume gehören zur Liebe, dachte er, ohne die Träume sieht die Liebe schnell alt aus. Und je älter man selbst wird, desto weniger braucht man vielleicht noch einen einzelnen Menschen, auf den sich die Liebe richtet; Liebe ist dann nur noch Glück, ein sanftes, alles auf sich beziehendes Gefühl.

Er war aber nicht alt, weiß Gott. Verdammt jung war er, und wenn er in seiner Straßburger Wohnung vor dem Spiegel stand, fand er sogar, daß er ruhig etwas älter aussehen könnte. Mehr wie ein Mann und nicht mehr so sehr wie ein Jüngling. Manchmal führte er sein Gesicht ganz dicht an den Spiegel heran, und dann entdeckte er erste Falten, zwei relativ langgezogene etwa, die von der Nase hinunter zu den Mundwinkeln verliefen. Oder eine querstehende auf der Stirn, oberhalb der dunklen Augenbrauen. Wie würde er in fünfzig Jahren aussehen? Lebte er dann überhaupt noch? Möglicherweise war er dann schon tot, zu seiner Zeit wurde ja schnell gestorben. Einen frühen Tod aber konnte er sich nicht recht vorstellen, er war sich sicher, daß er alt werden würde. Das Schicksal, das über ihn wachte, das *gute Ding*, hatte noch einiges mit ihm vor. Mit ihm meinte man es gut, oben im Himmel oder wo auch immer die Schicksalsmächte saßen. Warum war er sich da nur so verdammt sicher? – Über diese Gewißheit hätte er schreiben können; über so viele andere Dinge zwischen Himmel und Erde hätte er schreiben können. Aber er kam ja zu nichts. Das Leben forderte ihn – mit Tanzen und Geselligkeit, mit Gesprächen und Trinkgelagen, mit den Träumen von der Liebe. Dabei wußte er, daß sich etwas in ihm vorbereitete; bald würde er soweit sein, daß er ein großes Werk schrieb – es würde kommen wie die Liebe, unverhofft und stark. Er mußte dann nur noch aufschreiben, was sich in ihm vorbereitet und ausgebrütet hatte, mußte im Grunde nur noch auf die innere Stimme hören, die ihm sagte, was er zu tun und zu lassen hatte.

Zunächst einmal kam ihm aber eine äußere Stimme in die Quere, die ihm sagte, was er falsch und was er richtig machte. Eigentlich mehr falsch als richtig – wie sich herausstellte.

Ein einigermaßen bekannter Dichter, der auch als Philosoph galt, war nach Straßburg gekommen. Er hieß Johann Gottfried Herder, war fünf Jahre älter als Goethe und von Haus aus Theologe. Der Mann besaß ein gesundes Selbstbewußtsein und trat entsprechend auf. Man konnte vermuten, daß er sich für etwas Besseres hielt – obwohl er in der Welt draußen noch nicht die ganz großen Erfolge gefeiert hatte. Herder galt als Geheimtip; man raunte über seine Gelehrsamkeit, man sprach über seine poetischen Fertigkeiten, die so stark hinfließend waren, daß sie die ihnen zugedachten Formen überfluteten. Gedichte vermochten seine Gedanken nicht zu fassen, in philosophischen Abhandlungen verzettelte er sich, für lange Romane fehlte ihm die Geduld, Theaterstücke fand er eher fad. So war er, wie er auch selbst glaubte, eigentlich zu begabt für die schönen Künste. Man wurde ihm nicht gerecht, und das galt auch für die Kirchen, in denen die donnernden Predigten, die er auf Gläubige und Ungläubige herniedergehen ließ, ungehört verhallten. Über Herder wurde geredet und gemunkelt; kaum einer jedoch hatte wirklich etwas gelesen von ihm – seine *Fragmente über die neuere deutsche Literatur* etwa oder eine Schrift mit dem schönen Titel *Kritische Wälder*. Goethe hatte eine gewisse Ehrfurcht vor diesem Mann, wußte aber nicht, warum. Es lag wohl daran, daß er noch immer auf der Suche nach einem Menschen war, der ihm etwas beibringen konnte – nicht als Mensch, sondern als Dichter. Herder, so dachte er, könnte ein solcher Mensch sein. Er ließ sich bei ihm anmelden und bat darum, empfangen zu werden. Damals war das üblich: Berühmte Leute geruhten zu empfangen, wenn sie gnädig gestimmt waren und einigermaßen gute Laune hatten. Goethe hat später, als er selber berühmt war und in Weimar residierte, auch empfangen; er tat das sogar, wenn er schlechte Laune hatte, und die schlechte Laune ließ er dann an den Besuchern aus, was seine eigene Laune erheblich verbesserte, die der Besucher jedoch empfindlich eintrübte. Herder ließ ausrichten, der junge Herr könne ihn zwar besuchen, möge sich jedoch kurz fassen. Das ließ darauf schließen, daß der Dichter schlechte Laune hatte, und dem war auch so. Es gab allerdings einen triftigen Grund für seine anhaltend schlechte Laune: Herder litt unter einer quälenden Krankheit, einer sogenannten Tränenfistel, die ihm in Straßburg operativ entfernt werden sollte. Das rechte Auge war ständig entzündet, der Tränensack verstopft, so daß nichts abfließen konnte und üble, von den Augen nach innen bohrende Kopfschmerzen die Folge waren.

Der behandelnde Arzt, der ein Grinsen im Gesicht hatte, wollte sich gerade verabschieden, als Goethe erschien. Er war wohl stolz auf seine Taten: Den Tränensack des Dichters hatte er, zum wiederholten Mal, durchstochen und den angrenzenden Wangenknochen dabei nur gestreift. Herder, durch Branntwein zuvor noch ruhiggestellt, hatte vor Schmerzen geschrien, aber es nützte ihm nichts, er mußte leiden. Der Arzt packte seine Gerätschaften ein und wurde von Herders Diener hinausgeleitet. Goethe hatte ein ungutes Gefühl. Zum einen war es ihm unangenehm, zu einem Poeten vorgelassen zu werden, den man derartig gequält hatte; zum anderen erinnerte ihn der Arzt an seine eigene Krankenzeit in Frankfurt, und für einen Moment meinte er wieder das Messer am Hals zu spüren. Herder murmelte etwas, er hielt die Augen geschlossen. Goethe nahm das als Einladung, sich zu setzen. Der Dichter schwieg; ab und zu ächzte er, blies die Backen auf und ließ einen Luftschwall aus seinem geplagten Brustkorb entweichen. Wenn er nicht redet, muß ich reden, dachte Goethe. So stellte er sich vor, berichtete von seinem Studium, das ihm als notwendige Zwangsmaßnahme erscheine, die ihn zu einem soliden Broterwerb treibe. Als er erwähnte, daß seine wahre Liebe der Dichtkunst gelte, kam Leben in den Dichter Herder. Erst zuckte er zusammen, so als wäre er gerade empfindlich beleidigt worden; dann verstärkte er sein Ächzen, es wurde zu einem drohenden Knurren. Abrupt ergriff er das Wort. Wer heutzutage alles Dichter werden wolle, sagte er, geradezu lachhaft sei das ja. Als wenn man nicht längst genug hätte von all diesen verwöhnten Jüngelchen aus angeblich gutem Hause, die sich ihre überzüchtete Empfindsamkeit, ihr gekünsteltes Fühlen und versaubeuteltes Denken vom verzärtelten Leibe schrieben. Ekelhaft seien diese Gestalten, ganz unnütze Strauch- und Tagediebe. Dabei riß er zum erstenmal die Augen auf. Er fixierte den jungen Mann, der ihm gegenübersaß. Mit einem groß herausgewölbten, wie im Zorn geröteten Auge und einem kleinen, boshaft zusammengekniffenen Äuglein sah er Goethe an. Sie sind auch einer von denen, rief er.

Da irren Sie, sagte Goethe. Er wunderte sich, wie ruhig er war. Herder schien der Widerspruch zu gefallen; wahrscheinlich wagte ihm nur selten jemand zu widersprechen. Er hatte aber auch eine merkwürdige Art an sich, dieser Herder: Seine Sätze warf er wie Schlingen aus – zielsicher, überzeugt davon, daß sich etwas Wertvolles in ihnen verfing. Der Mann hatte Schmerzen, aber unter schwindendem Selbstbewußtsein litt er nicht. Eher schon besaß er zuviel davon; so etwas wirkt oft nicht sehr sympathisch. Allerdings kam er jetzt in Fahrt. Er hatte sich ein seidenes Taschentuch gegriffen, das er, während er redete, auf das eine groß herausgewölbte und zornesrote Auge drückte; mit dem anderen, dem zusammenkniffenen Äuglein stierte er Goethe an. Wissen Sie, der Sie ein Dichter sein wollen, überhaupt, was Poesie ist? fragte er.

Ja, sagte Goethe. Oder – nein. Manchmal weiß ich es, dann wieder nicht. Aber Sie werden mir sicher gleich sagen, was die Poesie Ihrer Meinung nach ist.

Meiner Meinung nach? rief Herder. Nicht meiner Meinung nach, sondern in Wahrheit, objektiv gesetzt und unwiderlegbar gemacht.

Der Mann ist ziemlich aufgeblasen, dachte Goethe, er ist auch nicht freundlich, weiß Gott nicht, aber zum Teufel, vielleicht hat er ja etwas für mich, was ich gebrauchen kann.

Poesie ist die Muttersprache des menschlichen Geschlechts, sagte Herder. *Ein tiefer Schlaf war die Ruhe unserer Urahnen, und ihre Bewegung ein taumelnder Tanz. Sieben Tage im Stillschweigen des Nachsinnens oder Erstaunens saßen sie; – und taten ihren Mund auf – zu geflügelten Sprüchen. Sinne und Leidenschaften reden und verstehen nichts als Bilder. In Bildern besteht der ganze Schatz menschlicher Erkenntnis und Glückseligkeit.*

Wenn er so redete, der Herr Herder, lebte er auf. Seine Schmerzen schien er zu vergessen; er redete, und es war ihm eine Freude, sich reden zu hören. Seinen Besucher übersah er; erst als der niesen wußte, weil ihm Staub in die Nase geraten war, schreckte er hoch. Wie meinen? fragte er.

Ich habe nichts gesagt, antwortete Goethe. Nur geniest. Wohlsein.

Jetzt fühlte sich der Dichter gestört, der Nieser hatte ihm die schlechte Laune zurückgeholt und seine Rede verdorben. Sie sollten jetzt gehen, sagte er. Ich habe noch zu tun.

Der Diener erschien, wie aufs Stichwort. Goethe verabschiedete sich. Die Gedanken schwirrten ihm im Kopf herum. Es war, als hätte dieser aufgeblasene Herr Herder in Windeseile all seine Arbeiten durchgesehen und für zu leicht befunden. Dabei hatte er ja in Wahrheit nichts gelesen von ihm, und Goethe war froh darüber. Vor Herders prüfendem Blick würden seine Gedichte, Gedanken, seine Aufzeichnungen keine Gnade finden, da war er sich sicher. Erstaunlicherweise aber deprimierte ihn das nicht; er wußte, mehr denn je in diesem Augenblick, daß seine wahre Stunde noch kommen würde. Man muß an sich selbst glauben, das ist man sich schuldig, dachte er.

Nach ein paar Tagen machte er dem noch immer leidenden Herder erneut seine Aufwartung, der, wie beim ersten Mal, im Lehnstuhl saß und in einen langen schwarzen Mantel gehüllt war. Sein rechtes Auge sah furchterregend aus, es glich einer roten Fruchtblase, die gleich platzen würde. Herder knurrte etwas. Danke, sagte Goethe und nahm Platz, Sie sind sehr freundlich. Ich höre Ihnen gerne zu.

Wieder knurrte Herder; er nahm ein braunes Tuch, das auf dem Tisch vor ihm lag, und preßte es auf das herausstehende Auge. Dazu ließ er die tief eingeatmete Luft ab, indem er die Backen aufblies und sie herauszischen ließ. Jetzt ist ihm wohler, dachte Goethe, jetzt könnte er anfangen. Aber Herder schwieg. Könnte man sagen, sagte Goethe, um überhaupt etwas zu sagen und ein Gespräch in Gang zu bringen, könnte man sagen, daß die Dichtkunst früher im Besseren betrieben wurde?

Herder nickte, unwillkürlich; mit dieser Frage schien er angesprochen zu sein. Und ob, rief er, und ob. *Damals, in jenen Zeiten, als noch die Seele der Dichter, die zu sprechen und nicht zu plappern gewohnt war, nicht nur schrieb, sondern sprach und auch schreibend lebendige Sprache tönen ließ; damals also, in jenen Zeiten, wo die Seele nicht nur las, sondern hörte und auch selbst im Lesen zu sehen und zu hören wußte, weil sie jeder Spur des wahren und natürlichen Ausdrucks offenstand – damals gab es noch wahre Wunder der Dichtkunst, über die wir heute nur staunen können oder schon wieder bezweifeln lassen müssen, von süßen Herrchen, von Jüngelchen, wie Sie es sind, die so gern alles verspotten und närrisch finden –.*

Mich können Sie nicht meinen, sagte Goethe. Ich bin kein Jüngelchen und auch kein süßes Herrchen. Wenn ich einen Hund hätte, den ich aber nicht habe und nicht haben will, weil ich keine Hunde mag – dann wäre ich sein Herrchen. So aber –.

So aber schwatzen Sie mir dazwischen, rief Herder. *Der ganze Verfall der Dichterei, den wir heute haben, rührt daher, daß man sie der Mutter Natur entführte, in das Land der Kunst brachte und jetzt als eine Tochter der Künstelei ansieht.*

Und das ist sie nicht? fragte Goethe.

Nein, sagte Herder und schlug mit der Faust auf den Tisch. Das ist sie nicht, und das darf sie nicht sein. Die Dichtkunst soll alles geben, nur keine Künstelei. Sie darf *keinen Zaun ziehen zwischen der gemeinen, ästhetischen und gelehrten Sprache.*

Das leuchtet mir ein, sagte Goethe. Verdammt noch mal.

Lesen Sie Shakespeare, rief Herder. Da finden Sie vorgeführt, wie ein Dichter das Leben behandeln soll. Er macht sich gleich mit ihm, und doch läßt er sich auch herab, läßt sich tief ein in das Leben, hört, was es zu sagen hat. Sie kennen Shakespeare, haben den Namen schon gehört? Shakespeare ist ein Engländer.

Werter Meister, sagte Goethe, Sie scheinen mich für dumm zu halten.

Nun ja, sagte Herder, und zum erstenmal konnte man so etwas wie ein Lächeln auf seinem Gesicht entdecken. Shakespeare ist als Engländer ein Nationalautor gewesen, und doch hat er zugleich die ganze Welt bedient. Auch das gehört zum wahren Dichter: Er muß den Boden kennen, auf dem er zu Hause ist. Ihm muß er treu bleiben, in ihn *kann er Machtwörter pflanzen, denn er kennt das Land; hier kann er Blumen pflücken, denn die Erde ist sein; hier kann er in die Tiefe graben und Gold suchen und Berge aufführen und Ströme leiten, denn er ist – Hausherr.*

Goethe nieste. Gesundheit, sagte er, es ist arg staubig bei Ihnen.

Halten Sie die Hand unter die Nase, wenn Sie niesen, sagte Herder.

Ich habe die Hand unter die Nase gehalten, sagte Goethe. Mit einem Auge können Sie das nur nicht sehen.

Die Lektion war damit beendet, aber sie sahen sich noch öfter. Später, als Goethe Minister in Weimar war, sorgte er dafür, daß Herder, der mit den Jahren keineswegs umgänglicher geworden war, zum Generalsuperintendenten ernannt und an den Hof des Herzogs Karl August von Sachsen-Weimar-Eisenach berufen wurde. Herders Plädoyer für eine Poesie, die sich unverfälscht gibt, die dem Volk aufs Maul schaut und zugleich das Große, das Erhabene nicht aus dem Blick verliert, gab Goethe zu denken. Dennoch wußte er, damals in Straßburg, daß er sich zum gelehrigen Schüler auf Dauer nicht eignete. Er mußte Anstöße bekommen; die Arbeit, seinen eigenen, seinen unverwechselbaren, nur ihm gehörigen Ausdruck zu finden, lag bei ihm. An einen Freund in Frankfurt schrieb er: *Lassen Sie uns unser Tagwerk verrichten und den Alten nicht in das Handwerk pfuschen. Die Sachen anzusehen, so gut wir können, sie in unser Gedächtnis schreiben, aufmerksam zu sein und keinen Tag, ohne etwas zu sammeln, vorbeigehen lassen. Dann, jenen Wissenschaften obliegen, die dem Geist eine gewisse Richtung geben, Dinge zu vergleichen, jedes an seinen Platz zu stellen, jeden Wert zu bestimmen –, das ist's, was wir jetzt zu tun haben. – Dabei müssen wir nichts sein, sondern alles werden wollen ...*

Ja, alles werden wollte er ja, noch immer oder sogar mehr denn je; am liebsten, das war ihm klargeworden, Dichter, da hatte er nur noch wenige Zweifel. Ein Dichter mußte ja nicht nur dichten, ein Dichter konnte und mußte mehr sein: ein Mann von Welt beispielsweise, der sich mitten hinein ins Leben begab und dort genau zuhörte, zuschaute; und nachdachte. Nachdenken, nachsinnen, auch zeitversetzt den Dingen nach-träumen – das gehört ebenfalls zu einem Dichter, der sich nicht mit dem begnügt, was ihm der erste Blick verrät. Mit anderen Augen sehen – vielleicht ist es das, was man als Dichter immer erst lernen muß. Aber lernen, immer – nur lernen. Da bleibt doch der Spaß auf der Strecke, und seinen Spaß wollte er haben. So hatte ihn sein Freund Weyland, der Theologe, überredet, mit ihm hinaus aufs Land zu reiten, in einen kleinen Ort namens Sesenheim. Dort sei er mit einer reizenden Pfarrersfamilie bekannt, die besonders reizende Töchter habe. Du wirst staunen, Goethe, wie schnell die dich auf andere Gedanken bringen – so blaß, wie du aussiehst, treibst dich alleweil zuviel in der Poesie herum. Schädlich ist das, schädlich. Man könnte ja fast meinen, daß du bald aussehen willst wie dein Meister Herder – mit chronisch verstopften Tränensäcken, einem Auge wie eine rot angestrichene Kanonenkugel und Launen, die selbst den Vöglein im Walde das Singen austreiben könnten.

Nein, sagte Goethe, so will ich nicht werden. Aber ich glaube auch nicht, daß Herder so ist, wie du ihn beschreibst, Weyland. Und – er wird auch nicht immer so sein.

Egal, wie er ist oder sein wird, sagte Weyland. Wir reiten.

Es war Sommer, die Sonne stand hoch am Himmel. Er dehnte sich, wuchs noch auf über ihren Köpfen. Wenn man hochsah, was sich beim Reiten allerdings nicht empfahl, glaubte man, daß dieser weite fugenlose Himmel mit einem zog, wohin auch immer. Das Elsässer Land schien zu erschauern unter dem Glanz von Sonne und Himmel, die Weinberge waren grün und wurden gelb, wenn man sie längere Zeit betrachtete; die Vogesen, blau und entrückt, bildeten mit dem Horizont eine verschwimmende Grenze. Bis dorthin und nicht weiter, schien diese Grenze zu bedeuten, aber so weit wollten sie ja auch nicht. Sesenheim war nah, und Weyland schwärmte von den Pfarrerstöchtern, die, soweit er wisse, alle ungewöhnlich willig seien.

Was meinst du damit? fragte Goethe.

Nun ja, sagte Weyland und räusperte sich. Du weißt schon –.

Nein, ich weiß nicht. Würde ich sonst fragen?

Diese Mädchen sind keine Kinder von Traurigkeit, so will ich einmal sagen. Für eine Liebelei sind sie immer zu haben, meinte Weyland.

Sprichst du aus Erfahrung?

Nicht ganz, sagte Weyland, aber ich habe verläßliche Zeugen.

Vielleicht will ich gar keine Liebelei, sagte Goethe. Vielleicht will ich endlich eine große Liebe.

Vielleicht gibt es gar keine große Liebe, sagte Weyland. Die beruht immer nur auf Einbildung. Deswegen soll man froh und dankbar sein für jede Liebelei – froh und dankbar, weil sie Geschenke für unsere Jugend sind. Wenn wir alt werden, wird die Liebe zum Märchenstück.

Meinst du, sagte Goethe. Dann sollte man wohl sterben, solange man noch jung ist.

Sie ritten in Sesenheim ein, als es Mittag war. Jetzt thronte die Sonne wie ein behäbiges Glutrad am Himmel, es war knüppelheiß. Kein Mensch war zu sehen, auch keine reizende Pfarrerstochter. Sogar die Hühner im Hof schwiegen, die Vögel hatten sich in schattige Baumkronen zurückgezogen. Ein Windhauch strich ihnen, so als wär's ein Versehen, über die glühenden Gesichter. Im Pfarrhaus wurden sie willkommen geheißen wie lange erwartete Gäste. Allerdings bedeutete das nicht viel, wie Goethe bald merkte, denn in diesem Haus hatte man anscheinend fast immer Gäste. Als er zusammen mit Weyland die Wohnstube betrat, verabschiedeten sich gerade zwei junge Männer. Sie warfen den Neuankömmlingen mißtrauische Blicke zu; fürchteten sie etwa die Konkurrenz? Pfarrer Brion, der Hausherr, saß am langen Tisch und ersuchte sie, Platz zu nehmen. Dabei sah er gar nicht auf. Gäste kamen und gingen, das machte ihn nicht mehr sonderlich neugierig. Er hatte ein Faltblatt vor sich, auf dem eine Art Grundriß zu sehen war, den er versonnen betrachtete; er plante einen Anbau für sein Pfarrhaus, das, wie er fand, längst zu klein geworden war. Neben dem Haupthaus gab es ja noch die alte Scheune, die könne man dafür verwenden. Auch einen Neubau habe er bereits in Erwägung gezogen, sagte Brion, aber Neubauten seien gleich um so vieles teurer. Man merkte, daß den Mann dieses Thema schon lange beschäftigte. Weyland wußte darauf nicht viel zu sagen, Goethe jedoch, der von seinem Freund als Theologiestudent vorgestellt worden war, ging auf den guten Brion ein. Er erzählte von dem Umbau, den sein Vater, der Kaiserliche Rat, an seinem Haus in Frankfurt veranlaßt hatte; das sei sehr mühsam und sehr zeitaufwendig gewesen, und es habe auch ein erkleckliches Sümmchen Geld gekostet. Aber es sei auch lohnend gewesen – für alle Beteiligten. Goethe beschrieb die größeren Räumlichkeiten, die man nun zur Verfügung habe; nun könne man wieder im Hause umhergehen, sich dort sogar verlaufen, wenn man nicht aufpasse, und eine Atmosphäre des freien Durchatmens sei entstanden, die niemand mehr missen möchte. Das alles erzählte er, ohne Namen zu nennen; die waren uninteressant, so wie es auch nicht von Interesse sein konnte, die Vermögensverhältnisse des Kaiserlichen Rats zu erwähnen, der sich ja zwei oder drei Umbauten und dazu noch den einen oder anderen Neubau hätte leisten können, ohne daß es eng geworden wäre in seiner Kasse. Pfarrer Brion hörte sich alles an und wiegte den Kopf. Jaja, sagte er dann. Wenn man als Gottes bescheidener Diener nur ein wenig mehr verdienen würde, dann hätte man wohl schon mit den Baumaßnahmen begonnen. Aber so –. Er lächelte Goethe an, und der lächelte zurück.

Eine anrührende Wärme lag in diesem Pfarrhaus, und die hatte nichts mit der draußen lauernden Hitze zu tun. Es war eine menschliche Wärme, der Goethe so noch nicht begegnet war. In diesem Haus ging man freundlich, ja liebenswürdig miteinander um, und Außenstehende wurden da ohne weiteres mit einbezogen, so daß sie ganz schnell keine Außenstehenden mehr waren. Diese Stimmung vertiefte sich noch, als er die anderen Familienmitglieder kennenlernte: Mutter Brion, fast noch freundlicher als ihr Mann, und die schon mehrfach erwähnten, vorab so gelobten Pfarrerstöchter. Weyland hatte nicht übertrieben. Die Mädchen, sie hießen Sophie, Friederike und Salome, waren niedlich, nicht unbedingt bildschön, aber das wollte er ohnehin nicht – Schönheit ohne Makel fand er beängstigend. Nachdem er sie alle gesehen und gesprochen hatte, überlegte er sich, welches von den Mädchen ihm am besten gefiele. Alle drei, dachte er, sie gefallen mir alle drei, und am liebsten würde ich in einem Kreis, den sie bilden, auf allen vieren kriechen, um sie alle um mich und über mir zu haben, um ihren Duft einzuatmen, um sie zu sehen, aus allernächster Nähe, mit geschlossenen Augen. Er erschrak über seine Gedanken. Dann setzte sich Friederike, die zweitälteste, ans Spinett und spielte, der Vater hatte sie darum gebeten. Inzwischen waren weitere Gäste erschienen: noch ein Student, ein blasses Kerlchen, und einige Vettern oder sonstige Verwandte, sie waren ihm vorgestellt worden, ohne daß er sich ihre Namen gemerkt hätte. Friederike spielte, und dazu sang sie; sie spielte nicht sonderlich gut, und sie sang auch nicht so, daß man von einem Kunstgenuß hätte sprechen können. Zudem war das Spinett ein altes Gerät, das dringend gestimmt werden mußte. Es klang, als wäre es immer wieder bei den Festen eingesetzt worden, die in diesem Haus so gern gefeiert wurden; man hatte ihm, dem Spinett, aus lauter Freude,

Wein eingegossen, oder es war bei den Spielen, die man spielte, immer mal wieder angerempelt, gestoßen, verschoben worden. Seiner Klangfarbe konnte das nicht guttun, aber es machte noch immer mit, brav, brav, und wie Friederike da saß, wie sie sang und spielte, ganz unbekümmert und eigentlich nur froh, daß das Leben so froh stimmte, da ging ihm der Anblick ans Herz. Eine junge Frau sah er da, ein Mädchen, das vom Sonnenlicht beglänzt wurde, das durch das Fenster hinter ihr einfiel. Die Sonnenstrahlen standen erst fest und fingen dann an, sich zu bewegen; sie tanzten um das Mädchen herum, glitten über seine blonden Haare und schienen sich zu guter Letzt in ihren Zöpfen zu verfangen, die, schimmernd wie kleine Lichtspeere, den Rhythmus der Musik mitzumachen suchten. Was für ein wunderbares Geschöpf, dachte er. Dieser Augenblick hätte dauern können, so und nicht anders, eine kleine Ewigkeit lang dauern, das hätte ihm schon genügt. Aber dann hatte Friederike ihr Lied beendet, sie lachte, ein wenig verlegen, und alle Anwesenden klatschten Beifall. Sie stand auf und kam an dem Stuhl vorbei, auf dem er saß. Dabei berührte sie, unabsichtlich natürlich, seinen Arm. Es war die Erinnerung, die ihn in diesem Moment befiel, das bemerkenswerte Gefühl, gleiches schon einmal erlebt zu haben, aber ehe er die dazugehörigen Namen und Bilder in sich ausbreiten konnte, bemerkte er ihren Blick; sie sah ihn an, Friederike, und ihre Augen sagten ihm, daß die Entscheidung, zu der er sich noch nicht hatte durchringen können, soeben für ihn getroffen worden war.

Das erwies sich als bequem – für ihn. Er mußte keine großen Worte mehr machen, sich nicht zeigen, nicht sonderlich witzig sein, nicht darauf achten, wie man ihn fand.

Friederike mochte ihn, das sprach sie zwar nicht aus, aber das sagten ihre Blicke, und ihre Blicke – ließen nicht nach.

Er kam jetzt öfter nach Sesenheim; manchmal hatte er das Gefühl, hier schon zu Hause zu sein. Er beriet den alten Brion, spann mit ihm seine Umbaupläne weiter, empfahl ihm, die alte Scheune durch einen Wohntrakt mit dem Pfarrhaus zu verbinden, das sei allemal besser und billiger, als neu zu bauen. Brion nickte, lächelte. Friederike kam, fragte, ob sie etwas zu trinken bringen solle. Geht nur, Kinder, sagte Brion, ihr habt sicher Besseres vor. Das war eigentlich keine Antwort auf Friederikes Frage, aber er hatte recht: sie hatten ja wirklich Besseres vor. Darüber wagten sie jedoch nicht unbedingt zu reden; wenn man verliebt ist und zudem ein wenig schüchtern, redet man nicht gern darüber, daß man verliebt ist. Das Ganze gleicht einem Spiel, in dem es gilt, herauszufinden, was der eine vom anderen will. Was Goethe von Friederike wollte, glaubte er zu wissen; was sie von ihm wollte und ob sie überhaupt etwas von ihm wollte, darüber war er sich nicht so im klaren. Vielleicht genügte ihr ja eine solche Liebelei, die alles so wunderbar in der Schwebe ließ – man konnte träumen und mit seinen Sehnsüchten spielen, bis sie so weh taten, daß sie von wirklichem Herzensglück nicht mehr zu unterscheiden waren. Goethe hatte auch schon darüber nachgedacht – über die Vorzüge, die es hat, wenn man eine Liebe bei den Träumen beläßt, wo sie sicher sind vor der schnöden Verwirklichung. Das hat einiges für sich, hatte er gedacht, man berauscht sich an einem Gefühl und macht es haltbar, indem man es nicht in die Realität herabfallen läßt, wo es sich verletzen und verunstalten könnte. Wo gibt es denn, dachte er, eine Liebe, die sich unbeschädigt durch die Jahre gebracht hätte? Wie gehen denn beispielsweise Eheleute, die man ja doch als ehemals Liebende ansehen darf, miteinander um? An seine Eltern dachte er dabei, beispielsweise, an den Kaiserlichen Rat, der seine Gattin förmlicher und meist auch kälter behandelte als die meisten seiner Dienstboten.

Sie schauen so ernst, sagte Friedrike, und das bei so einem Himmel. Sie waren hinuntergegangen zum Rhein, auf den die Sonne helle Streifen warf. Das Wasser zitterte in der Hitze, über seiner Fläche hing staubähnlicher Dunst. Es gab einen Platz, an dem sie schon öfter gewesen waren, ein lauschiges Fleckchen unter zwei alten, schief stehenden Weiden, deren Zweige wie schüttere Vorhänge herabhingen. Dort lagerten sie gern, hatten auch schon, zusammen mit Friederikes Schwestern, einigen Verwandten und Studenten aus Straßburg, ein ausgedehntes Picknick gefeiert. Kühler war es da gewesen, eigentlich angenehmer, und Goethe, obwohl auch da ganz in Friederikes Nähe, hatte sich wohler gefühlt. Die Spannung verlor sich, wenn noch andere zugegen waren; da konnte er sich ungezwungener geben. Jetzt aber waren sie allein, Friederike breitete eine Decke aus, sie sah ihn an, durfte man sagen – erwartungsvoll? Goethe versuchte, die Schnaken zu verscheuchen, die, damals wie heute, eine echte Plage waren. Friederike lachte. Wenn Sie so mit den Armen fuchteln, werden sie erst recht angelockt, sagte sie.

Ich bin nicht zum Mörder geeignet, antwortete er, aber bei diesem Viehzeug könnte ich zum Mörder werden.

Vielleicht wird es eines Tages ein Mittel gegen die Schnaken geben, sagte sie.

Das wäre der wahre Fortschritt.

Sie lagen nebeneinander, ihre Hand berührte die seine.

Er zuckte zurück. Ich habe ein Gedicht gemacht, sagte er und kratzte sich an einer frischen Einstichstelle.

Lesen Sie es mir vor. Bitte.

Sie werden sich langweilen, sagte er und fischte ein Stück Papier aus dem Hosenbund, entfaltete es, räusperte sich. *Kleine Blumen, kleine Blätter /*, sagte er dann, räusperte sich erneut, *kleine Blumen also, kleine Blätter, / Streuen mir mit leichter Hand / Gute junge Frühlingsgötter / Tändelnd auf ein luftig Band. – Zephir, nimm's auf deine Flügel, / Schling's um meiner Liebsten Kleid! Und so tritt sie vor den Spiegel / All in ihrer Munterkeit. – Sieht mit Rosen sich umgeben / Selbst wie eine Rose jung: / Einen Blick, geliebtes Leben! / Und ich bin belohnt genug. – Fühle, was dies Herz empfindet, / Reiche frei mir deine Hand, / Und das Band, das uns verbindet, / Sei kein schwaches Rosenband.* Friederike schwieg. Sie hatte sich aufgerichtet, und während er las, spürte er ihren Blick, der ihn abzutasten schien. Jetzt aber schaute sie über das Wasser. Er legte sich auf den Rücken, verschränkte die Arme unter dem Kopf, musterte den hellblauen Himmel, der sich über ihm aufwölbte wie ein unendlich luftiges Dach.

Schön. Das war so schön.

Er hatte noch einmal müde mit den Armen gefuchtelt, gegen die Schnaken, und als er die Augen schließen, das Schweigen annehmen wollte, da war Friederike auf einmal an ihm dran, er spürte sie, ihre Haare, ihre Wange, sie beugte sich zu ihm herab, küßte ihn – und er, er wußte nicht, wie ihm geschah. Ein Moment eigener Abwesenheit, süßer Abwesenheit, er spürte nur noch – sie, ihre Lippen, er vergaß sich selbst, doch dann riß dieser Moment auf, grausam geradezu und lächerlich: Drei Schnaken stachen auf einmal zu, oder waren es deren dreihundert, sie hatten sich zusammengerottet und ihren Angriff planmäßig koordiniert, die einen machten sich unten an ihm zu schaffen, in der Fersengegend, dort wo zwischen Beinkleid und Fuß ein Stück wehrloser, nur von Seidenstrümpfen bedeckter Haut lockte. Seide – das war doch kein Hindernis für sie. Die anderen stachen auf der seitlichen Wölbung der Stirn zu, zwei Nachzügler kamen noch und saugten sich in der Halsbeuge fest. Er ächzte, nein, er fluchte; was sollte das wohl für eine Liebe sein, die am Anfang schon so hemmungslos zerstochen wurde. Er konnte nicht ruhig liegen bleiben, fing wieder an zu fuchteln, auszuschlagen, und Friederike, die ihn so innig geküßt hatte, mußte es so vorkommen, als würde da auch nach ihr ausgeschlagen. Sie sah ihn an, erstaunt und – ein wenig traurig. Aber konnte er denn wirklich etwas dafür, er – das unschuldige Opfer, und was ihn im Innern zusätzlich empörte, war, daß anscheinend nur er gestochen worden war, nur er; um Friederike machten die Schnaken einen Bogen. Eine Ungerechtigkeit sondergleichen, fand er, und die Stiche fingen schon an zu jucken. Am anderen Rheinufer, herangeschoben von den fernen Bergen her, stand eine dunkle Wolke, die hatte sich gebildet, als sie beide ineinander versunken waren, unbeachtet, eine Wolke wie ein Sack, und es grollte am Horizont. Ein Gewitter würde kommen, es war besser zu gehen. Schweigend machten sie sich auf den Weg zurück. Wovon man doch abhängig ist in seinen Stimmungen, dachte er. Von ernsten Dingen, von großen Problemen, vom Leben an sich und – von argen Lächerlichkeiten.

Es gab dann tatsächlich ein Gewitter, erst ein kleines verschämtes – und dann, in der Nacht, ein großes rumpelndes Donnerwetter mit zuckenden Blitzen, welche die Nacht aufrissen und für Sekunden taghell erleuchteten. Vater Brion kam aus seinem Bett und hatte Angst um seine Scheune; wenn da der Blitz hineinfuhr und es lichterloh brannte, wäre er, unfreiwillig, von seinen Lieblingsplänen befreit worden. Keine Scheune mehr, kein Anbau. Als er nach unten kam, ins Wohnzimmer, saß da bereits sein liebster Gast, der junge Goethe, den der krachende Donner ebenfalls aus dem Bett geworfen hatte. Da hockte er nun, im fremden Haus, in dem er sich heimisch fühlte, und hatte sich ein stilles Lichtlein entzündet, in dessen Schein er schrieb.

Störe ich? fragte Vater Brion.

Aber nein, sagte Goethe und fügte, bekräftigend, hinzu: Sie sind hier doch zu Hause! Das war wohl wahr, und Vater Brion setzte sich. Er leckte sich die Lippen. Wir müssen etwas trinken, sagte er dann, bei einem solchen Unwetter muß man sich etwas Gutes tun. Er holte eine Karaffe mit rotem Landwein, dazu zwei Gläser, und er schenkte ein. Auf unser Wohl! sagte er. Ein Blitz riß die Nacht auf, sein Licht war gräulich bis bläulich, der Donner, mehr ein ordinäres Scheppern, folgte auf dem Fuße. Es ist direkt über uns, sagte Vater Brion sorgenvoll.

Die Scheune steht noch, meinte Goethe. Und sie wird auch dieses Gewitter überstehen. Der Herr Gott im Himmel läßt bei einem treuen Gefolgsmann, wie Sie es sind, verehrter Brion, doch keinen Blitz in eine Scheune fahren.

Da wäre ich mir nicht so sicher, sagte Brion und zog unwillkürlich den Kopf ein, denn wieder waren Blitz und Donner fast gleichzeitig über ihnen explodiert.

Ich denke, Sie sind sich Ihrer Sache sicher, sagte Goethe.
Welcher Sache?
Der Sache Gottes.

Da kann man sich leider nie ganz sicher sein, murmelte Brion. Das ist ja das Problem. Wäre Gott so verläßlich wie der verläßlichste Mensch, dann gäbe es keine Zweifler, keine Atheisten mehr, sondern nur noch Gläubige auf der Welt.

Wäre das nicht arg langweilig? fragte Goethe.

Vermutlich, sagte Brion. Wem sollte ich dann noch predigen? Ich könnte nur noch das sattsam Bekannte wiederholen, denn ein jeder wüßte längst Bescheid. So, wie es ist, ist es wohl besser: Gottes Wege sind wunderbar, seltsam, auch grausam verwirrend, und oft enden sie im unbegangenen, im gänzlich unsicheren Gelände. Das macht das Gehen auf ihnen zum Abenteuer. Man kann jederzeit straucheln, abrutschen, stürzen.

Darauf wollen wir trinken! sagte Goethe.

Woran schreiben Sie, junger Freund? fragte Brion. An einem Brief, an einem Gedicht?

Schwierig, sagte Goethe. Ich meine – es ist schwierig zu erklären.

Sie müssen mir nichts erklären, sagte Brion. Auf jeden Fall sehen Sie so aus, als hätten sich Zweifel in Ihnen aufgetan, mit denen Sie noch nicht recht umgehen mögen.

Es sind glückliche Zweifel, sagte Goethe, und sie rühren wohl daher, daß es mir zu gut geht.

Ach was, sagte Vater Brion, ist das möglich? Glückliche Zweifel. Wenn Ihr Glück größer ist als die Zweifel, guter Freund, lassen Sie es mein Friederikchen wissen; wenn Sie jedoch mehr zweifeln, als daß Sie glücklich sind, dann schweigen Sie lieber, sagen Sie ihr nichts davon – sie ist für diese Dinge nicht gewappnet.

Langsam wurde der Donner schwächer, die Blitze zuckten nicht mehr so unverschämt hell. Sie öffneten die Fenster, und frische Luft drang herein. Unter dahinjagenden Wolken sah man ein Stück vom Mond, das alsbald wieder verschwand. Wind kam auf, nicht stark, aber stark genug, um die Nässe über Bäume und Büsche zu verteilen, aus denen feine Nebelschleier aufstiegen. Die Blitze zogen weiter, sie erreichten die Berge am Horizont, und von dort, wo der Himmel sich in einem Feuerspalt öffnete, war der Donner nur noch wie ein schwächliches Grollen zu hören. Sie tranken ihren Wein aus und schwiegen. Die Stille war herrlich; eine wunderbare Musik.

Als es heller wurde und die ersten Vögel bereits den neuen Tag besangen, verabschiedete sich Vater Brion und ging ins Bett. Goethe blieb sitzen; er las, was er geschrieben hatte: *Lieber Freund! Der Kopf steht mir wie eine Wetterfahne, wenn ein Gewitter heraufzieht und die Windstöße veränderlich sind. – Sind nicht die Träume deiner Kindheit alle schon erfüllt? frag' ich mich manchmal, wenn sich mein Auge in diesem Horizont von Glückseligkeiten herumweidet. Sind das nicht die Liebes- und Feengärten, nach denen du dich einst sehntest? Sie sind es, sie sind's, ich fühl' es, mein Freund, und ich fühl' auch, daß man um kein Haar glücklicher ist, wenn man erlangt hat, was man wünschte. Die Zugabe! die Zugabe! ist's, die uns das Schicksal zu jeder Glückseligkeit dreingibt! An ihr hängt das Ungenügen, die Unzufriedenheit, die ich so sehr hasse. Kann man es denn nicht gut sein lassen, wenn alles gut ist – und nur genießen und nur zufrieden sein! Ach, Freund, es gehört viel Mut dazu, in der Welt nicht mißmutig zu werden.*

Die wiegende Empfindung

Er war hochgeschreckt. Um ihn herum stockfinstere Nacht. Wo war er? Er wußte es nicht. Er wußte nur, daß er kerzengerade im Bett saß, vermutlich standen ihm sämtliche Haare zu Berge. Dann fand er zurück zu sich selbst, ganz allmählich. Ihm fiel ein, wer er war, der junge Herr Goethe nämlich; beruhigend. An diesen Goethe hatte er sich gewöhnt, mit ihm kam er klar. Er wußte dann auch wieder, daß er in Frankfurt war, im alten erweiterten Haus am Hirschgraben, in dem sich die ganze Familie befand, der Kaiserliche Rat, der vermutlich allein in seinem Zimmer schnarchte, Mutter Goethe, die froh darüber war, daß sie sich das Schnarchen ihres Gatten nicht anhören mußte, und die Schwester Cornelia, die sich so sehr gefreut hatte, als ihr Bruder Wolfgang im August 1771 nach Frankfurt zurückgekehrt war. Das alles fiel ihm jetzt wieder ein, in dieser Nacht, die ihn mit einer dumpfen Stille einhüllte, die kein Geräusch zuließ, kein Knacken im Gebälk, keine scharrenden Mäusefüßchen, keine Betrunkenen, die draußen auf der Straße grölten; nicht mal die Kirchenglocken läuteten – vielleicht hatte man endlich eingesehen, daß der gewöhnliche Gottesdienst vergebliche Liebesmüh bedeutete: Gott ließ sich nicht bestechen, und er ließ anscheinend auch nicht mit sich reden. Es war warm und stickig, und die Stille wurde dadurch zur Last. Goethe wischte sich den Schweiß von der Stirn. Wenn er wenigstens etwas vom alten Clauer gehört hätte, dem verrückten Pensionär, der seit Jahren schon im Goethe-Haus zur Untermiete wohnte, seitdem man den Kaiserlichen Rat zu seinem Vormund ernannt hatte. Clauer war ein Verrückter mit Anfällen intensiver Hellsichtigkeit, der des öfteren unmotiviert aufschrie, Tisch und Stühle umwarf oder, wenn er besonders verzweifelt war, mit dem Kopf gegen die Wand schlug, Holz auf Stein sozusagen, und am nächsten Tag sah er immer so aus, als hätte er ein blutbeflecktes Brett vor dem Kopf. Aber auch Clauer war still in dieser Nacht; er lag wie ein Stück Vieh im Sackschlaf – oder er war gerade gestorben, abberufen worden in den Himmel, in dem es vermutlich eine Spezialabteilung für Verrückte gab.

Goethe ließ sich zurück aufs Bett fallen, er verschränkte die Arme im Nacken, lag steif da wie seine eigene Leiche. Die Augen hielt er offen, und das war gut so, denn offene Augen gewöhnen sich an eine stockdunkle Nacht. Allmählich sah er immer mehr, die Nacht in seinem Zimmer hellte sich auf. Ein Lichtstreif kam hinzu, er kletterte von der Straße hoch und verfing sich in seinem Fenster. Dort wurde er, in aller Milde, abgespiegelt und zu einem matten, ihn suchenden Strahl verwandelt, der sich alsbald über seinem Bett einnistete und schließlich direkt auf ihn herunterstach. Wie ein lange dünner Lichtdolch war der Strahl, aber er verletzte ihn nicht, sondern schien nur über ihn und seinen Halbschlaf wachen zu wollen. Verletzt worden war er vorher, der junge Herr Goethe – im Traum. Jetzt erinnerte er sich: Er war im Traum noch einmal von Straßburg nach Sesenheim hinausgeritten, in einem seltsamen Zwielicht. Der Himmel war nachtdunkel und doch lag noch ein Feuerschein in der Luft, so als wäre der Tag zuvor in ein Flammenmeer getaucht worden, das sich, obwohl längst gelöscht, der Dunkelheit nicht ergeben mochte. In Windeseile war er aufgebrochen, er hatte keinem von seinem Vorhaben erzählt. Was hatte er überhaupt vor? Hier wurde es schwierig, die Erinnerung ließ ihn da etwas im Stich. Er hatte wohl Sehnsucht gehabt, nach Friederike, aber zugleich war da der Wunsch, von ihr loszukommen – auf möglichst liebevolle Weise. Er war nicht für ein festes Liebesverhältnis geschaffen, das war ihm in Straßburg klargeworden. Liebe, wie man sie für gewöhnlich betrieb, wurde auf Zweisamkeit eingeengt, das konnte nichts werden. Schon gar nicht für einen wie ihn, der doch gerade dabei war, seiner Freiheit – und damit auch sich selbst auf den Grund zu kommen. Friederike war zu gut für diese Welt, vor allem zu gut für ihn, das mußte er ihr klarmachen. Und so ritt er, auf einem Pferd, das er sich auf die Schnelle bei einem Pferdeverleiher in Straßburg besorgt hatte, eine höllische Schindmähre, deren Fell unter ihm schon den Feuerschein angenommen hatte. Er ritt, und was er Friederike sagen wollte, nahm Klang an, es sprach zu ihm im Kopf und im Herzen, und es begleitete ihn im Rhythmus dieser unaufschiebbaren Jagd hinein in die Nacht. *Es schlug mein Herz. Geschwind, zu Pferde! / Und fort, wild wie ein Held zur Schlacht. / Der Abend wiegte schon die Erde, / Und an den Bergen hing die Nacht. / Schon stund im Nebelkleid die Eiche / Wie ein getürmter Riese da, / Wo Finsternis aus dem Gesträuche / Mit hundert schwarzen Augen sah. / – Der Mond von einem Wolkenhügel / Sah schläfrig aus dem Duft hervor, / Die Winde schwangen leise Flügel. / Umsausten schauerlich mein Ohr. / Die Nacht schuf tausend Ungeheuer, / Doch tausendfacher war mein Mut, / Mein Geist war ein verzehrend Feuer, / Mein ganzes Herz zerfloß in Glut. / – Ich sah dich, und die milde Freude / Floß aus dem süßen Blick auf mich. / Ganz war mein Herz an deiner Seite / Und jeder Atemzug für dich. / Ein rosenfarbenes Frühlingswetter / Lag auf dem lieblichen Gesicht / Und Zärtlichkeit für mich, ihr Götter, / Ich hofft' es, ich verdient' es nicht. / – Der Abschied, wie bedrängt, wie trübe! / Aus deinen Blicken sprach dein Herz. / In deinen Küssen welche Liebe, / O welche Wonne, welcher Schmerz! / Du gingst, ich stund und sah zur Erden / Und sah dir nach mit nassem Blick. / Und doch, welch Glück, geliebt zu werden, / Und lieben, Götter, welch ein Glück!*

Willkommen und Abschied hatte er dieses Gedicht genannt, und als er in dieser lautlosen Nacht auf seinem Bett lag und im Traum den Abschied nachholte, um den er sich in Straßburg noch gedrückt hatte, war es, als würde er durch die Erinnerung etwas wiedergutmachen. In Wirklichkeit hatte er die Sesenheimer Tage sang- und klanglos zu Ende gebracht; er hatte sich rar gemacht, war immer seltener im Hause Brion erschienen. Auf Nachfragen erklärte er, das juristische Examen werfe seinen trüben Schatten voraus, er müsse lernen und arbeiten, Gott sei's geklagt. Das war zwar nicht ganz gelogen, denn sein Examen stand wirklich bevor, aber daß er dafür auf einmal sonderlich viel gelernt hätte, stimmte nicht. Vater Brion schien seine Ausrede zu durchschauen; er schaute ihn an, traurig und um eine Hoffnung ärmer. Zugegeben, er, Goethe, fühlte sich schlecht, er kam sich ein wenig schäbig vor, aber eben auch nur – ein wenig. Er hatte sich nicht gerade mutig gezeigt; wahrscheinlich war er, wie er glaubte, ohnehin kein besonders mutiger Mensch. Er hätte sich in Freundschaft verabschieden können, das wäre der Herzlichkeit angemessen gewesen, mit der man ihn in Sesenheim aufgenommen hatte. Und danach? Traurigkeit, vorwurfsvolle Blicke, die eine oder andere Bemerkung. Er wollte sich das ersparen. Muß man es sich denn schwermachen, wenn es auch einfacher geht? sagte er sich. Und doch ließ sich sein schlechtes Gewissen zunächst nicht besänftigen. Übrigens hat später noch ein anderer Dichter, der junge Jakob Michael Reinhold Lenz, die Brions in Sesenheim besucht und sich für die von Goethe verlassene Friederike interessiert. In einem Gedicht, das er über sie schrieb, heißt es: *Denn immer, immer, immer doch / Schwebt ihr das Bild an Wänden noch, / Von einem Menschen, welcher kam / Und ihr als Kind das Herze nahm, / Fast ausgelöscht ist sein Gesicht, / Doch seiner Worte Kraft noch nicht, / Und jener Stunden Seligkeit, / Ach, jener Träume Wirklichkeit ...*

Goethe war nach Frankfurt zurückgekehrt und wurde dort von Leuten, die sich nicht so genau auskannten, als Doktor der Rechte angesprochen. Zum Doktor jedoch hatte es, genauer besehen, gar nicht gelangt. Seine Doktorarbeit in Straßburg war abgelehnt worden – frecherweise. Er ärgerte sich, aber nicht lange. Juristen waren Kleingeister, das wußte er doch längst; warum also sich aufregen. Noch war ja nichts verloren: Wenn es nicht zur Promotion langte, konnte er immer noch sein Lizentiat machen, das ging schneller, verlangte keine aufwendige Doktorarbeit und war fast genausoviel wert. In deutschen Landen zum Beispiel galt ein Lizentiat soviel wie der Doktortitel, man kannte den Unterschied gar nicht. Das hatte denn auch den Kaiserlichen Rat getröstet, der zuerst etwas pikiert gewesen war, daß es bei seinem Sohn nicht zum Doktor der Rechte langte. Aber das mußte man den Leuten ja nicht unbedingt auf die Nase binden. Johann Wolfgang Goethe wurde wie ein Doktor der Rechte behandelt, und er durfte als Rechtsanwalt praktizieren. Seine Kanzlei richtete er im Elternhaus ein, das war am einfachsten. Der Kaiserliche Rat sah es mit Vergnügen, er lebte noch einmal auf. Er stand dem Sohn zur

Seite, versorgte ihn mit gutgemeinten Ratschlägen, nahm ihm sogar einen Teil der unangenehmen Arbeit ab. Es war, als ob der Kaiserliche Rat einen seiner abgelegten Träume nachholen wollte, nämlich in einem Amt zu wirken, das nicht nur aus einem gekauften Titel bestand, sondern tatsächliche Einflußmöglichkeiten aufwies. Als Kaiserlicher Rat durfte er nicht direkt als Rechtsanwalt praktizieren; über seinen Sohn aber konnte er sich nun einmischen, und er tat es mit bemerkenswertem Eifer. Der Eifer jedoch färbte nicht auf den Sohn ab, leider, leider. Wolfgang fand die praktische Seite der Jurisprudenz ähnlich langweilig wie die theoretische, und obwohl er sich Mühe gab und bei den ersten beiden Prozessen, die er vor dem Frankfurter Schöffengericht zu führen hatte, noch mächtig vom Leder zog, war er wenig später bereits wieder bei seinem früheren Desinteresse angelangt. Was sollte er machen? Dem Vater zuliebe tat er seine Pflicht; mehr nicht. Lieber widmete er sich wieder der Literatur und den schönen Künsten. Er schrieb, er malte, er wälzte große Pläne in seinem Kopf. An den gestrengen Herder, den Erfinder des Frohsinns, hatte er ein paar kleinere Arbeiten geschickt. Herder schrieb ihm zurück und empfahl, die Absicht, Dichter zu werden, endgültig aufzugeben; er solle sich lieber auf den Rechtsanwaltsberuf konzentrieren, da könne er weniger Schaden anrichten. Goethe war gar nicht mal verärgert, als er den Brief las, er mußte sogar schmunzeln: Der gute Herder, er würde sich in diesem Leben wohl nicht mehr ändern. Immer grantig, immer von oben herab, der geborene Besserwisser. Und obwohl er, der Herr Herder, ja tatsächlich viel wußte, ließ sich Goethe davon nicht mehr so sehr beeindrucken. Nicht weil er selbst so viel gewußt hätte, nein; es war mehr eine starke Ahnung, eine sich ausbrütende Gewißheit, die besagen wollte, daß alles, was er brauchte, in ihm selbst vorbereitet wurde; von dort aus würde es zum Vorschein kommen, wenn es an der Zeit war.

Inzwischen hatte er sich auch von der Wahllosigkeit verabschiedet, mit der er zuvor noch geschrieben hatte, mal dieses, mal jenes, wie es ihm gerade so in den Sinn kam. Statt dessen war ein Thema über ihn gekommen, ein literarischer Stoff, der so herrisch und anmaßend wurde, daß er sich seiner nicht mehr erwehren konnte. Es ging um den fränkischen Ritter *Götz von Berlichingen*, der von 1480 bis 1562 gelebt hatte. Dem war bei der Belagerung von Landshut 1504 die rechte Hand abgeschossen worden, und seither trug er eine Prothese, weswegen er auch der *Ritter von der eisernen Hand* genannt wurde. Für Goethe war dieser Mann ein rechter Kerl, ein deutscher Haudegen, der sich nichts gefallen ließ. Er taugte zum Helden. Daß die Historiker den Götz nicht unbedingt für einen Helden hielten, mußte ihn nicht stören. Er war der Dichter, er konnte sich seine Helden selber aussuchen. Und vor allem: Er konnte sie nach seinem Bild formen. Das war ein wunderbares Gefühl. Ein anhaltender Rausch, der genau sechs Wochen anhielt; dann hatte er den *Götz* zu einem Schauspiel in fünf Akten gemacht. Danach fühlte er sich glücklich und leer; es war, als hätte er ein Stück Leben, ein Stück auch von sich selbst aufs Papier gebracht. Nur noch das Leben, das Geschehen zählte, von dem er berichtete, er selbst trat hinter seinen Figuren zurück und wurde nicht vermißt. Das also konnte Poesie sein: eine Welt für sich, die den Dichter, ihren Schöpfer, vergessen ließ.

Er saß in seinem Zimmer und starrte die Wand an. Draußen war Straßenlärm zu hören. Eigentlich hätte er jetzt aufstehen mögen, um hinauszuschauen, hinunter auf die Straße. Vielleicht hätte er auch ganz gern gespuckt, hinunter auf die Straße. Einen der Köpfe dort draußen hätte er bestimmt getroffen. Der Effekt wäre noch zu steigern gewesen, wenn er Wasser herabgegossen hätte, ein plötzlicher Sturzbach von oben, und der Getroffene hätte geflucht und nach oben geäugt, doch da wäre niemand zu sehen gewesen. Niemand. Es kam wie aus heiterem Himmel. Dieses Scherzchen hatte er sich schon früher erlaubt. Zusammen mit einem Freund hatte er die Leute bespuckt oder mit Wasser begossen, bis beim Kaiserlichen Rat Beschwerden eingegangen waren, worauf er seinen Sohn zur Rede stellte. Der hatte sich verteidigt und erklärt, daß er es doch gut mit den Leuten meine; im Sommer sei ein kalter Wasserguß höchst erfrischend, und im Winter, nun ja, da hätten sie immer warmes Wasser verwendet, auf daß sich dort unten in der Straße niemand verkühle. Jetzt aber war er, der gerade sein erstes Theaterstück geschrieben hatte, schon zu müde, um das Fenster zu öffnen. Zu müde auch, um zu spucken oder Wasser zu holen. Es klopfte an der Tür. Er sagte nichts. Die Tür ging auf und seine Schwester trat ein. Was machst du denn? fragte sie.

Nichts, antwortete er wahrheitsgemäß.

Kann ich dir dabei Gesellschaft leisten?

Wenn du mich nicht störst, ja.

Kann man denn jemanden beim Nichtstun stören, fragte Cornelia, das geht doch gar nicht.

Doch, das geht, sagte Goethe, du bist gerade dabei, es zu tun.

Eigentlich wollte ich dich bitten, mir etwas vorzulesen, sagte Cornelia. Aus deinem Theaterstück vom wilden Mann.

Du meinst den *Götz*?

Ja. Wenn er so heißt.

Er heißt so, und er ist kein wilder, sondern ein rechtschaffener Mann. Kein Lackaffe, kein Höfling, sondern ein aufrechter Kerl, der auch wie ein aufrechter Kerl redet.

Und wie reden sie – die aufrechten Kerle? fragte Cornelia.

Goethe sprang auf; mit einem Mal war sie weg, die ganze todähnliche Müdigkeit. Er stand vor seiner Schwester, die auf seinem Bett Platz genommen hatte. Die rechte Hand legte er aufs Herz, ließ sie dort für einen Moment, sah Cornelia lang und durchdringend an.

Geht's jetzt los? fragte sie, ein wenig verunsichert.

Er nahm die Hand vom Herzen, trat einen Schritt zurück. *Ich bin so krank, so schwach*, flüsterte er. *Alle meine Gebeine sind hohl. Ein elendes Fieber hat das Mark ausgefressen. Keine Ruh und Rast, weder Tag noch Nacht. Im halben Schlummer giftige Träume. Die vorige Nacht begegnete ich Götz im Wald. Er zog sein Schwert und forderte mich heraus. Ich faßte nach meinem, die Hand versagte mir. Da stieß er's in die Scheide, sah mich verächtlich an und ging hinter mich. – Er ist gefangen, und ich zittre vor ihm. Elender Mensch! Dein Wort hat ihn zum Tode verurteilt, und du bebst vor seiner Traumgestalt wie ein Missetäter! – Und soll er sterben? – Götz! Götz! – Wir Menschen führen uns nicht selbst; bösen Geistern ist Macht über uns gelassen, daß sie ihren höllischen Mutwillen an unserm Verderben üben.* Er setzte sich, faßte sich an die Stirn. *Matt! Matt! Wie sind meine Nägel so blau! – Ein kalter, kalter, verzehrender Schweiß lähmt mir jedes Glied. Es dreht mir alles vorm Gesicht* – Er fiel vom Stuhl. Gekrümmt lag er am Boden, hatte die Augen geschlossen, stöhnte. Cornelia sprang auf. Wolfgang, rief sie. Bruder. Um Gottes Willen! Sie beugte sich über ihn. Er schlug die Augen auf, lächelte. *Mit wem redet ihr*, sagte er. *Bin ich ein Räuber? Sag deinem Hauptmann: Vor Ihro Majestät, dem Kaiserlichen Rat, hab ich, wie immer, schuldigen Respekt. Er aber, sag's ihm, er kann mich im Arsche lecken!*

Und du, rief Cornelia, du mich auch. Mich so zu erschrecken.

Sie schlug die Tür hinter sich zu, und er hörte sie die Treppe hinunterlaufen. Arme Schwester. Sie ließ sich leicht verunsichern in letzter Zeit. Vielleicht hatte es damit zu tun, daß sie verlobt war. Der Mann ihres Herzens hieß Johann Georg Schlosser und stammte aus einer alten Frankfurter Familie. Die Goethes und die Schlossers kannten sich gut, und Johann Wolfgang und Johann Georg galten als Freunde. Sie hatten bereits in Leipzig zusammen studiert, wobei Schlosser sicher der fleißigere Student gewesen war. Die Rechtswissenschaften, fand Goethe, lagen Freund Schlosser, der den speziellen juristischen Verstand hatte. Die Juristenlaufbahn war wie geschaffen für ihn, er würde Karriere im Staats- und Verwaltungsdienst machen. Schlosser hielt sich allerdings auch für einen Künstler. Daß ihm dazu das Talent fehlte, hatte Goethe ihm noch nicht gesagt, warum auch; Schlosser war ein netter Kerl, er war verläßlich und hilfsbereit, man mußte ihn nicht unnötigerweise kränken. Zumal er ja der Schwester den Hof machte. Erst tat er es heimlich, dann wurde er kühner und wagte sich aus der Reserve. Goethe sah es mit einer gewissen Sorge, er hatte das Gefühl, daß beide, Schlosser und Cornelia, mit dem Herzen nicht bei der Sache waren. Schlosser suchte eine Frau, weil seine Familie es für richtig hielt, daß er heiratete. Ein angesehener Jurist, ein Mann von Stand, sollte verheiratet sein und Kinder haben. Dazu brauchte er eine Frau, die vorzeigbar und pflichtbewußt war. Cornelia galt als eine solche Frau; sie stammte aus gutem Hause, würde eine ebenso gute Mitgift bekommen und sich vermutlich klaglos in das Schicksal fügen, das für sie wie für so viele andere Frauen vorgesehen war. Genau das aber gab ihrem Bruder zu denken: Cornelia brauchte eigentlich keinen Mann und keine Familie, sie ruhte in sich selbst. Manchmal hatte er schon gedacht, daß er, der Bruder, ihr als Mann eigentlich genügte. Er war Freund, Geliebter, Kind in einer Person, was ihn einerseits ehrte, andererseits überforderte. Aber auch seine Schwester schien überfordert zu sein; seitdem sie sich mit Schlosser verlobt hatte, standen ihr die Zweifel ins Gesicht geschrieben, sie war reizbarer geworden, launischer, zwischen Spaß und Ernst konnte sie nicht mehr so wie früher unterscheiden. Deswegen war sie wohl jetzt auch aus dem Zimmer gestürzt, den Bruder, der vor ihren Augen den Sterbenden gemimt hatte, fand sie nicht mehr spaßig; das ganze Leben war kein Spaß mehr. Arme Cornelia. Er konnte ihr nicht helfen. Sollte er ihr empfehlen, die Verlobung mit Schlosser wieder zu lösen? Wem hätte das genützt; beide hätten sich Vorwürfen ausgesetzt gesehen, von Seiten der Eltern, der gemeinsamen Bekannten. Die Schwester war mitsamt ihrem Schlosser in eine Sackgasse geraten, es gab kein Zurück. Sie konnten nur noch versuchen, das Beste aus ihrer Situation zu machen, was darauf hinauslief, daß sie heirateten und sich danach alle Mühe gaben, vernünftig miteinander umzugehen. Goethe fiel ein Wort des Philosophen Sokrates ein, der einem seiner Schüler, welcher sich zu verehelichen gedachte und zuvor noch den Rat seines Meisters einholen wollte, geantwortet hatte: Was du auch tust, du wirst es bereuen!

In diesem Augenblick wurde ihm wieder einmal, in wunderbarer Deutlichkeit, klar, wie gut es ihm ging. Er war jung, er war nicht verheiratet, er hatte Ideen und Pläne. Die ganze Welt stand ihm offen. Die ganze Welt, die überall war – nur nicht in Frankfurt. Er stand vor dem Spiegel, seine Müdigkeit war endgültig verflogen. Er rückte die Perücke zurecht, er sah sich in die Augen. War es vermessen, wenn er sich für gutaussehend hielt? Wahrscheinlich – aber warum sollte er sich schlechter machen, als er war. Selbstbewußt wollte er sein, selbstbewußt – bis an die Grenzen der Bescheidenheit. Er würde hinüberreiten nach Darmstadt. Dort gab es Freunde, mit denen er gerne zu tun hatte. Darmstadt, knappe dreißig Kilometer von Frankfurt entfernt, gehörte zu Hessen-Darmstadt, einem der vielen Kleinstaaten in deutschen Landen. Offiziell regierte dort der Landgraf Ludwig IX., der sich aber meistens bei seinen Soldaten in Pirmasens aufhielt und seiner Frau Caroline das Regieren überließ. Das war gut so, denn Caroline förderte die schönen Künste, während Ludwig ein arger Klotz war, von dem man nicht mal glauben mochte, daß er lesen und schreiben konnte. Eine sogenannte *Gemeinschaft der Heiligen* hatte sich in Darmstadt gebildet, ein hochempfindsamer Zirkel von Damen und Herren, die der Literatur, dem Schönen, der Innigkeit zugetan waren. Man lebte für seine Gefühle, die zur Schau gestellt wurden: Küßchen hier, Küßchen dort, und bei jeder passenden und auch unpassenden Gelegenheit flossen die Tränen. Man liebte sich selbst, man liebte die Natur, die greifbarer, vertrauensfördernder war als der große Unbekannte im Himmel. Manchmal gingen sie ihm schon auf die Nerven, die Heiligen, aber sie schätzten ihn als genialischen Dichter, und das tat ihm gut. Besonders die Damen spendeten ihm Beifall; Caroline Flachsland etwa, die Verlobte des grimmigen Herder, der sich inzwischen aus der Ferne gemäßigter, ja fast freundschaftlich gab. Für grobe Worte, für Kritik wurde nun Johann Heinrich Merck zuständig. Er sah sich als Oberhaupt der Heiligen, was ihn über manchen Mißerfolg, den er ansonsten im Leben hatte, hinwegtröstete. Merck war scharfsinnig, ein kluger Kopf, der sich manchmal im Ton vergriff. Er konnte verletzend sein, was weniger die Damen als die Herren zu spüren bekamen. Auch Goethe hatte von Merck schon einiges zu hören bekommen; er nahm es gelassen. Manche von Mercks Anregungen waren nützlich, andere sehr entbehrlich. Auf eine längere Auseinandersetzung mit ihm wollte er sich nicht einlassen; ein Glückskind, so dachte er, sollte sich nicht mit einem Pechvogel streiten.

Goethe ritt, er hatte die Stadtmauern von Frankfurt hinter sich gelassen. Einen Blick zurück wagte er, was während des Reitens nicht so ganz einfach war, denn die Schläge des Weges übertrugen sich vom Pferd in den Sattel und von dort hinauf, schmerzstechend, in seine Nackenpartie, die durch das Drehen des Kopfes und die innere Anspannung zusätzlich gereizt wurde. Nun ja, er war kein sonderlich guter Reiter, das konnte man nicht behaupten, am liebsten ließ er sich von einem friedliebenden Gaul, der es gemächlich mochte, dahintragen; der gestreckte Galopp, die wilde, verwegene Jagd war seine Sache nicht. Zwei-, dreimal hatte es ihn vom Pferd gerissen, ohne größere Schäden, aber ein Stück Angst war doch zurückgeblieben, und meist saß er etwas verkrampft im Sattel. So auch jetzt, wo er den Blick zurück wagte: Frankfurt, einmal hintangelassen, sah direkt eindrucksvoll aus; aus der Ferne glich es einer großen, aufstrebenden Stadt, die Mauern waren gewichen und kaum noch zu sehen, die Türme ragten in einen blassen Himmel hinein, und das Land selbst wurde weit und weiter. Er schaute wieder nach vorn, sein Pferd, ohnehin nicht mehr das jüngste, hielt es für richtig, das Tempo noch etwas herabzusetzen. Ob diese Art der Fortbewegung bereits der Weisheit letzter Schluß ist? hatte er schon manchmal gedacht. Wahrscheinlich nicht. Schließlich hatte menschlicher Erfindungsreichtum so viel schon erreicht; warum sollte da die Benutzung von Pferd und Wagen das einzige Mittel bleiben, um auf dem Landweg vorwärtszukommen. Phantasievolle Köpfe, der geniale Leonardo da Vinci zum Beispiel vor mehr als dreihundert Jahren, hatten sich doch schon Geräte ausgedacht, mit denen man fliegen oder unter dem Wasser schwimmen konnte. Warum sollte das nicht eines Tages wirklich werden?

Er ritt jetzt durch ein Waldstück, das die Helligkeit des Tages schluckte. Das Licht wurde abgedrängt und stand nur noch als schwacher, gitterförmiger Schein zwischen den Bäumen. Ein wenig unheimlich war ihm zumute, man konnte auch sagen: er hatte Angst. Schließlich hatte man von einzelnen Überfällen gehört, die in den Wäldern zwischen Frankfurt und Darmstadt begangen worden waren. Räuber trieben sich da herum, ehemalige Soldaten, Deserteure, die im normalen Leben nicht mehr unterkamen. Er ärgerte sich, daß er nicht aufgepaßt hatte und von der Hauptstraße abgekommen war. Vergeblich versuchte er, sein Pferd zu einer schnelleren Gangart zu bewegen, es hatte keine Lust. Gemächlich trabte es dahin, der Waldboden verschluckte seine Schritte. Vor ihm stiegen Krähen aus den Baumkronen auf. Er schaute sich um. Niemand zu sehen. Doch, da war ein Schatten, ein gewaltiger Schatten, der sich hinter ihm löste. Keine Einbildung. Er gab seinem Pferd die Sporen, feuerte es an. Tatsächlich wurde es schneller, es schien zu merken, daß Gefahr im Verzug war. Der eine gewaltige Schatten hatte sich aufgelöst, war zu mehreren kleineren Schatten geworden, die heimtückisch hinter ihm hertrieben. Ja, sie trieben, sie trieben ihn, jagten ihn vor sich her, es waren Räuber, Ganoven, Halunken, wie viele, wußte er nicht. Er hörte den Galopp ihrer Pferde, und er meinte auch ihr höhnisches Gelächter zu hören, aber dann dachte er, daß es wohl auch die Krähen sein könnten, die über dem Wald flogen und heisere Schreie ausstießen. Er mochte keine Krähen. Vor ihm, hinter einer kleinen Erhebung, wurde es heller, dort schien eine Lichtung zu sein. Oder der Wald endete dort und ging in freies Gelände über. Ob er dort schneller wäre? Eigentlich mußten sie ihn jeden Moment eingeholt haben. Sie würden ihn einkreisen. Er überlegte, was er an Wertsachen bei sich hatte. Nicht viel, eigentlich nur das, was er am Leibe trug. Das konnten sie haben, er würde sich nicht wehren. Zum Helden war er nicht geschaffen. Wenn er die Herren Räuber höflich behandelte, würden sie ihn laufen lassen; vielleicht nahmen sie ihm das Pferd, aber das Leben würden sie ihm nicht nehmen. Was sollten sie mit seinem Leben. Er lächelte. Ihm konnte ja nichts passieren; sein Schicksal meinte es gut mit ihm. Einen so kläglichen Einfall, wie ihn unter die Räuber fallen und dort umkommen zu lassen, konnte es sich gar nicht leisten. Er war ein Glückskind, da wollte er gar nichts Gegenteiliges hören. Seine Angst verflog – oder etwa nicht. Noch immer pochte ihm das Herz bis zum Hals, und er war außer Atem, so als hätte er sich selbst im Galopp durch die Wälder getragen. Sich selbst und sein Pferd obendrauf. Der Schweiß stand ihm auf der Stirn. Ganz ruhig! sagte er zu sich selbst. Ganz ruhig! Machte man das – mit sich selber sprechen, wenn man Angst hatte? Er hatte doch beschlossen, keine Angst zu haben, er war doch – die Ruhe in Person. Ich bin die Ruhe in Person! wiederholte er; er hörte sein eigenes Gemurmel, wie es an sein Ohr drang. Bin ich etwa ein altes Weib, daß ich schon anfange, mit mir selbst zu sprechen? Eigentlich tat es ihm gut, die eigene Stimme zu hören. In dieser Umgebung. Jawohl, in dieser Umgebung, wiederholte er. In diesen gottverdammten, verfluchten Wäldern, in denen es nur Geschmeiß und alberne Räuber gibt. Er wurde lauter. Im Wald, da sind die Räuber, rief er und verfiel in Gesang, weil ihm einfiel, daß diese Zeile zu einem Lied gehörte, an das er sich erinnerte – im Wald, da sind die Räuber, halli, hallo, die Räuber. Ruckartig blieb sein Pferd stehen, es stemmte förmlich die Hufe in den Waldboden, und man konnte es fast bremsen hören. Man hätte meinen können, daß es sich durch seinen Gesang beleidigt fühlte.

Für einen Moment war es ganz still im Wald. Keine Vögel, keine Räuber, kein verdächtiges Rascheln, nur sein Atem und das verhaltene Schnaufen des Pferdes. Ich glaube, wir haben es geschafft, Kamerad, sagte er. Sie sind weg, die vermaledeiten Räuber. Vielleicht war alles nur ein Hirngespinst, ein übler und unnützer Tagtraum. Doch in diesem Augenblick war es vorbei mit der Ruhe. Lärm brach auf, er kam von drei Seiten gleichzeitig. Es war, als ob Reiter im Gebüsch gewartet hätten und nun, auf Kommando, herauspreschten. Zweige knackten und splitterten, die Baumstämme erbebten unter dem Schlag der Hufe. Er glaubte Rufe zu hören, fremde Stimmen, die Drohungen in einer fremden

Sprache ausstießen. Nur weg hier, Kamerad, brüllte er seinem Pferd zu. Jetzt reiten wir um unser Leben! Es hatte verstanden, jagte los. Wie schnell doch ein alter Gaul noch werden kann, wenn es ihm an den Kragen geht! Ihm und mir, dachte Goethe, wenn sie ihn erwischen, haben sie auch mich. Sie ritten wie der Teufel, so gut hatte er überhaupt noch nie auf einem Pferd gesessen, so langgestreckt und kleingemacht, daß er kaum Widerstand bot für den Wind. Er achtete nicht mehr darauf, was sich hinter ihm tat, und ob sich überhaupt noch etwas tat. Wo blieben die Räuber, Ganoven, Halunken, hatte er sich etwa schon wieder alles nur eingebildet? Egal. Nur weg, dachte längst auch sein braves altes Pferd, sie ritten und ritten – und ehe sie sich's versahen, waren sie in Darmstadt. In den Schloßpark, in dem sich die Heiligen zu treffen pflegten, kam er hereingepresscht, und wer schon da war, begab sich fluchtartig in Deckung. Nur der wackere Merck nicht; der stand da, groß, hager, hakennasig, und er fing Goethes Pferd ab, nahm es am Zügel, brachte es zum Stehen. Ruhig, ganz ruhig! rief er, und da fiel ihm der Reiter, der noch auf Goethes Pferd hockte, schon entgegen, er fiel ihm – direkt in die Arme. Freund Goethe, sagte Merck zärtlich, ich wußte ja gar nicht, daß du mich so liebst!

Die Damen, die zu den Heiligen gehörten, hatten alle ein Herz für ihn, ihren Goethe. Er konnte so schön erzählen, er sah ihnen so schön in die Augen. Jeder einzelnen, er mochte sie alle. Richtig glutäugig schaute er drein, und wenn er mit seiner dunklen Stimme ein Gedicht vortrug, egal ob's von ihm selbst war oder nicht, dann spürten sie das, was allgemein als Liebe gehandelt wurde. Dieses eine gewaltige, welt- und herzumspannende Gefühl, um das sich alles, fast alles drehte. Die Liebe war eine Himmelsmacht, und deswegen verdrehte sie die Köpfe auf Erden. Man seufzte unter dem Ansturm der Gefühle, es war – so wunderbar. Die Heiligen verband eine stillschweigende Übereinkunft, die besagte, daß man die Liebe nicht unbedingt auf eine konkrete Person richten mußte. Das war ganz nach Goethes Geschmack. Seit der Geschichte mit Friederike wollte er sich nicht mehr binden; ein Mädchen allein kann meine Gefühle nicht aushalten, sagte er sich. Und ich allein auch nicht. So mußten die Heiligen Damen daran glauben, und manchmal hatte er ein richtig boshaftes Gesicht, wenn er den Liebenden spielte. Er warf sich auf die Knie, etwa vor Caroline Flachsland, Herders Braut, die so fein errötete, wenn man ihr ein leidenschaftliches Gedicht, das anscheinend nur für sie allein geschrieben worden war, vortrug. Und noch mehr errötete sie, wenn man ihr anschließend eine kleine Anzüglichkeit ins Ohr flüsterte, die nur sie hören konnte. Wenn Merck daneben stand und Goethes Flüstern vernahm, ohne verstehen zu können, was der sagte, drohte er ihm mit dem Finger. Bruder, treib's nicht so toll, hatte er ihm schon mehrere Male gesagt. Die Damen nehmen ernst, was du ihnen flüsterst. Und sie können sich doch so schlecht wehren.

Sie wehren sich, indem sie uns verliebt machen, antwortete Goethe. Die Liebe ist ihre stärkste Waffe. Das klang überzeugend, fand er, glaubte aber selbst nicht an das, was er sagte. Nicht mehr. In Wirklichkeit war es doch umgekehrt; Liebe ist eine kolossale Schwäche. Man wird weich, am Kopf, am Herzen. In den Knien. Wenn du liebst, gehst du wie auf Eiern, hatte Behrisch gesagt, der von sich glaubte, daß er es wissen mußte. Du gehst wie auf Eiern, aber in Wahrheit ist es der herrlichste Schwebegang. Du bewegst dich über der dampfenden Erde und bist zugleich ganz nah am Himmel. Jaja. Diese selbsternannten Liebes-Experten. Behrisch zum Beispiel. Ein Maulheld, wie er im Buche stand. Und Freund Merck war auch nicht viel besser. Mit den Frauen kam er nur rhetorisch zurecht. Trotzdem tat er so, als wäre er der größte Liebhaber zwischen Hessen-Darmstadt und Sachsen-Weimar. Goethe hingegen glaubte, für sich *die Lösung* gefunden zu haben. In Liebesdingen. Er verteilte, er verschwendete seine Gefühle. So wirkte er wie einer, der mittendrin hockt im Geschehen und doch unberührt davon bleibt. Er verteidigte die Liebe als Himmelsmacht, besonders vor den Damen, die bei solchen Reden glänzende Augen bekamen. Seit seiner Sesenheimer Zeit war er der Meinung, daß ein Liebhaber zur schwachen Figur wird, wenn er nicht gegensteuert. An eine Vertraute in Worms hatte er geschrieben: *Welch Glück ist's, ein leichtes, ein freies Herz zu haben! Mut treibt uns an Beschwerlichkeit, an Gefahren; aber große Freuden werden nur mit großer Mühe erworben. Und das ist vielleicht das meiste, was ich gegen die Liebe habe. Man sagt, sie mache mutig. Nimmermehr. Sobald unser Herz weich ist, ist es schwach. Wenn es ganz warm an seine Brust schlägt und die Kehle wie zugeschnürt ist, und man Tränen aus den Augen zu drücken sucht, und in einer unbegreiflichen Wonne dasitzt, wenn sie fließen – o da sind wir so schwach, daß uns Blumenketten fesseln, nicht weil sie durch irgendeine Zauberkraft stark sind, sondern weil wir zittern, sie zu zerreißen. – Mutig wird wohl der Liebhaber, der in Gefahr kommt, sein Mädchen zu verlieren; aber das ist nicht mehr Liebe, das ist Neid. Wenn ich Liebe sage, so versteh ich die wiegende Empfindung, in der unser Herz schwimmt, immer auf einem Fleck sich hin und her bewegt, wenn irgendein Reiz es aus der gewöhnli-*

chen Bahn der Gleichgültigkeit gerückt hat. Wir sind wie Kinder auf dem Schaukelpferd immer in Bewegung, immer in Arbeit. Das ist das wahrste Bild eines Liebhabers. – Ich kenne einen guten Freund, dessen Mädchen oft die Gefälligkeit hatte, bei Tisch des Liebsten Füße zum Schemel der ihrigen zu machen. Es geschah am Abend, daß er aufstehen wollte, eh es ihr gelegen war; sie drückte ihren Fuß auf den seinigen, um ihn durch diese Schmeichelei festzuhalten; unglücklicherweise kam sie mit dem Absatz auf seine Zehen, er stand viel Schmerzen aus, und doch kannte er den Wert einer Gunstbezeugung zu sehr, um seinen Fuß zurückzuziehen.

Die letzte Begebenheit hatte er sich ausgedacht. Sie war ihm noch in den Sinn gekommen, als er den Brief eigentlich schon mit dem *wahrsten Bild eines Liebhabers* beenden wollte. Den erwähnten Freund gab es nicht, auch nicht dessen herrische Gespielin; in dem Bild der Dame, die ihrem Herrchen ständig auf den Füßen stand, fand er jedoch einen Wesenszug der Liebe dargestellt, vor dem er die größten Bedenken hatte: ihren Besitzanspruch und Ausschließlichkeitswahn. Wenn die Liebe erst mal zur offiziellen Sache, zur bürgerlichen Veranstaltung wird, bei der einem die andern über die Schulter schauen, hatte er irgendwo gelesen, dann geht sie ein bei lebendem Leib –.

Der Kaiserliche Rat hatte unterdessen das Treiben seines Sohnes mit Mißtrauen verfolgt. Es gefiel ihm nicht. Erst hatte er sich ja noch ganz gut angelassen, der Herr Sohn: Nach seiner Rückkehr aus Straßburg war er, für seine Verhältnisse, recht emsig gewesen, hatte den Rechtsanwalt gespielt und vor Gericht einige Male geglänzt – allerdings nur vordergründig. Die Leute bekamen schnell das Gefühl, daß da ein junger Mann zu Werke ging, der sich gerne reden hörte; die Sache selbst schien ihn nicht so sehr zu interessieren. Er verlor den einen Prozeß, gewann dafür, eher zufällig, einen anderen; beides schien ihm gleich recht oder unrecht zu sein. Danach hatte sein Eifer deutlich nachgelassen; statt dessen trat er wieder als Dichter und Genie auf, was den Kaiserlichen Rat, der nicht gerne laut wurde, in milder Form wütend machte. Kapierte dieser Sohn denn nie, um was es ging im Leben? All diese Flausen, die Wolfgang sich in den Kopf gesetzt hatte, waren doch pure Schöngeistereien; vor der Realität, in der es um Geld und Macht, um geordnete Besitzverhältnisse und rechtschaffenes Tätigsein zum Wohle des Ganzen ging, mußten sie zerplatzen wie kindische Seifenblasen.

Vielleicht auch nicht! sagte seine Mutter. Vielleicht wird er *ein Genieteuffel* und erobert die Welt. Unser Sohn.

Was du wieder redest! sagte der Kaiserliche Rat. Dein Sohn soll etwas Nützliches tun und dem Recht dienen. Ohne Recht gehen die Menschen auf dieser Welt zugrunde.

Mit Recht auch, sagte die Frau Aja, Goethes Mutter. Frau Aja wurde sie von ihren Freunden genannt – und sie hatte viele Freunde. Zu viele, wie der Kaiserliche Rat fand. Seine Frau war in einer Weise beliebt, die ihm nicht schmeckte. Catharina Elisabeth, so hieß sie wirklich, nahm das Leben leicht; sie lachte gern – am liebsten über ihre eigenen Witze. Die waren meistens gut, das mußte man zugeben, Frau Aja hätte als Erfinderin des Mutterwitzes gelten können. Mit zunehmendem Alter jedoch ging ihrem Mann, dem Kaiserlichen Rat, der Spaß zu weit; die Frohnatur seiner Frau empfand er mehr und mehr als Belästigung. Außerdem ließ es die Gattin am nötigen Respekt vor den Respektspersonen fehlen, niemand war vor ihren Scherzen sicher. Auch der

Sohn nicht, der selber gern seine Witze machte. Vielleicht behielt er deshalb eine gewisse Distanz zur Mutter bei, von der er wußte, daß sie ihn innig liebte. Sie konnte witziger sein als er, und das hatte er nicht so gern. Er mochte keine Konkurrenz auf den Gebieten, in denen er selbst glänzen wollte. Überdies konnte die Frau Aja auch über die Frau Aja lachen, ihr Spott machte vor der eigenen Person nicht halt. Damit hatte der Sohn seine Schwierigkeit; mit der Kunst, über sich selbst zu lachen, von der jeder gute Humor abhängig ist, konnte er sich nicht recht anfreunden. Er lachte lieber über andere, über die Welt an sich, über – das ganze merkwürdige, in sich so quertreiberische Leben. Und es gab noch etwas, was ihm die Mutter oft befremdlich erscheinen ließ: ihre Gefühlsstärke. Sie vertraute ihren Gefühlen, die ihr sagten, was richtig und falsch, was wichtig und unwichtig, was zu tun und zu lassen war. Grübeleien, stures Bedenken, übertriebene Zweifel mochte sie nicht, darauf konnte sie verzichten. Vor dem Kopf kam bei ihr das Herz, und das Herz hatte sie, wie jedermann bestätigen konnte, auf dem rechten Fleck. Der Sohn hingegen rechnete, was andere anging, gern mit dem Schlimmsten; schließlich konnte nicht jeder, so wie er, zum Glückskind werden. Für den Ernst des Lebens blieb damit genügend Spielraum. Auch daß die Gefühle seiner Mutter sich so oft auf ihn richteten und ihn einengten, behagte ihm nicht. Es wäre ihm lieber gewesen, wenn die anderen Familienmitglieder ihren Teil davon abbekommen hätten – der Kaiserliche Rat vor allem, der es vermied, mit seiner Frau länger als unbedingt nötig in einem Raum zu sein, oder eben Cornelia, die Schwester, an der sich, je älter sie mit ihren jungen Jahren wurde, immer mehr die Schwermut zu schaffen machte. Nein. Gefühle sollten wohl verteilt sein, es kam einer Überwältigung gleich, wenn man sie auf einzelne Personen abhäufte. Auch an seiner Mutter sah Goethe bestätigt, was seine Meinung in Liebesdingen geworden war.

Er muß noch mal rangenommen werden, dein Sohn, sagte der Kaiserliche Rat. Ich werde ihn nach Wetzlar schicken.

Wenn du meinst, sagte die Frau Aja. Und wenn er will.

Er hat zu wollen! sagte der Kaiserliche Rat und verließ das Zimmer, schon wieder war er zu lange mit seiner Frau auf engem Raum zusammengewesen. Er bekam dann immer diese eigenartige Platzangst.

Goethe wurde davon in Kenntnis gesetzt, daß er als Praktikant an das Reichskammergericht nach Wetzlar gehen sollte. Es war ihm recht. Mal wieder raus aus Frankfurt, raus aus diesem – Nest. Eigentlich jedoch war Wetzlar das Nest, gemessen an Frankfurt. Eine kleine, in bewaldete Hügel eingebettete Stadt, etwa fünfzig Kilometer von Frankfurt entfernt. Wetzlar lebte vom Reichskammergericht, der höchsten Justizbehörde des Römischen Reiches Deutscher Nation, das, wie man wußte, seine Glanzzeiten längst hinter sich hatte. Warum diese Behörde ausgerechnet in das verschlafene Wetzlar geraten war, wußten nur Eingeweihte. Goethe besorgte sich seine eigenen Informationen, und die waren nicht ungünstig: Am Reichskammergericht, so erfuhr er, wurde nicht gerade heftig gearbeitet, manche Akten lagen dort schon mehr als vier Jahre oder gingen ganz verloren; zudem hatten angeblich auch die Wetzlarer Mütter schöne Töchter, womit eine gewisse Abwechslung und angenehmer Zeitvertreib in Blickweite gerieten. Und auch seine Heiligen blieben in Blickweite; wenn man wollte, konnte man von Wetzlar nach Darmstadt hinüberreiten, möglichst durch offenes Gelände, nicht wieder durch ominöse Wälder, in denen die Räuber hausten. Oder er konnte sich von Merck und den Heiligen Damen besuchen lassen. Kurzum: die Aussichten waren gar nicht so schlecht. Der Kaiserliche Rat zeigte sich enttäuscht, wie gelassen sein Sohn den väterlichen Befehl zur Ortsveränderung entgegennahm; eine säuerliche Miene hätte er schon erwartet oder zumindest ein leises Murren. Statt dessen meldete die Tochter Protest an, auf ihre Art, damenhaft und leise. Warum denn der Wolfgang schon wieder gehen müsse, sagte sie, und ihre Augen schimmerten. Die Augen waren überhaupt das Schönste an Cornelia Goethe, fand der Bruder; in einem fast immer kränklich aussehenden Gesicht zeigten sie sich als Fixsterne. Diese Augen konnten einem liebenden Mann heimleuchten, aber wo war er, der liebende Mann? Er blieb in Cornelias Träumen. Sie würde Schlosser heiraten und ihn fernhalten von ihren Träumen, in denen hatte er nichts verloren. Ihr Glück war beschlossene Sache, es stand ihr ins Gesicht geschrieben wie ein Unglück, für das niemand etwas konnte. – Ich bin doch nicht aus der Welt, sagte er und nahm seine Schwester in den Arm. Für einen Moment, der nicht enden sollte, legte sie den Kopf an seine Schulter.

Dann war alles wieder so wie zuvor. In der Nacht hatte Clauer, der wahnwitzige Untermieter und Schutzbefohlene des Kaiserlichen Rates, einen Anfall, der länger währte als sonst. Eigentlich waren es mehrere Anfälle, die sich aber im Ausdruck und Stimmaufwand, den Clauer betrieb, ähnelten, so daß es den unfreiwilligen Zuhörern seines Leidens wie eine einzige, kaum unterbrochene Tortur vorkam. Zunächst hatte er nur, sich ständig steigernd, geseufzt, was jedoch nichts Neues war, weswegen es auch kaum zur Kenntnis genommen wurde. Dann jedoch war er in eine Art Jaulen und Bellen verfallen, so als befielen ihn mit einem Mal Erinnerungen an sein früheres Leben als Hund. Schließlich gab es dumpfe Schläge, fast rhythmisch zu nennen; Clauer, so stand zu vermuten, schlug wieder mit dem Kopf gegen die Wand, auch das war ja bekanntlich schon passiert, und einmal hatte man am nächsten Morgen sogar den Arzt rufen müssen, der seine Kopfwunden versorgte. Neu allerdings war in dieser Nacht, daß Clauer nach Seufzen, Jaulen, Bellen und den Kopfstößen, die er der Wand verabreichte, in eine merkwürdige Starre verfiel. Für einen arg langen Moment war es ruhig, totenstill sozusagen, aber jedermann, der sich als Zeuge dieses Geschehens begreifen mußte, ahnte, daß alles an dieser Ruhe trügerisch war. Man hatte das Gefühl einer zum Unguten wachsenden Spannung; Clauer lag vermutlich zitternd auf seinem Bett, einem Epileptiker ähnlich, der auf den nächsten Schub wartet, dem sein Körper ausgeliefert wird. Die Frage war nur, wann das passierte. Goethe stand am Fenster, in dieser Nacht, er schaute hinaus. Schlafen konnte er nicht, was nicht nur am armen Clauer lag. So viele Gedanken strichen ihm durch den Kopf, es war, als ob er wieder Zeuge eines Gesprächs wurde, das in ihm selbst stattfand und keinen Anfang und kein Ende hatte. In dieser Nacht hätte er vierzig Protokollanten an seinem Bett stehen haben mögen, und er hätte ihnen die tollsten Einfälle zurufen können, die sie gar nicht so schnell aufschreiben konnten, wie sie in ihm aufstiegen. Bekannte und Unbekannte lugten aus diesen Einfällen hervor, der Ritter *Götz* mit der eisernen Hand etwa, der ihm, Goethe, von der Höhe seiner Burg herab zurief: *Gewiß ist der allein glücklich und groß, der weder zu herrschen noch zu gehorchen braucht, um et-*

was zu sein! Aber der Götz wurde alsbald verdrängt, andere Figuren kamen und warfen ihn von der Burg. Das waren die neuen Geschöpfe, die Goethe im Kopf herumgingen, in dieser Nacht – der Herr *Faust* zum Beispiel, den er in einem Puppenspiel entdeckt hatte. *Faust* war einer wie er, er wollte leben, unbändig leben, er wollte den Dingen auf den Grund gehen und den Augenblick auskosten bis zur Neige. So als würden sich aus einem großen Augenblick unendlich viele kleine herausschälen lassen, die alle zusammengehörten und die Zeit umzingelten und einschlossen, bis sie genug hatte von so vielen großen und kleinen Augenblicken und sich ergab: Das war dann die Ewigkeit, die Ewigkeit mitten im Leben, und die – die wollte er *einmal erleben*. Ein Vers, der dazu paßte, war ihm eingefallen, er summte in ihm nach wie der Refrain eines Liedes: *Werd ich zum Augenblicke sagen: / Verweile doch! du bist so schön! / Dann magst du mich in Fesseln schlagen, / Dann will ich gern zugrunde gehn!*

Wie dieser Augenblick sein würde, wußte er nicht in dieser Nacht. Er erinnerte sich nur an die dazugehörige Geschichte, die vor ihm stand wie eine Erinnerung aus der Zukunft. Der Doktor Faust kam darin vor, dazu der Teufel, der aber nicht wie ein Teufel aussah, sondern wie ein ganz normaler Mensch; ein schönes Mädchen war noch dabei, oder waren es mehrere schöne Mädchen, je mehr, desto besser, das konnte nicht schaden. Er schloß die Augen, am Fenster, in dieser Nacht. Durch seine geschlossenen Augen sah er, wie die Nacht sich langsam zum Morgen hin aufhellte. Ein leichter Wind kam auf, ein Sausen in der Luft vor seinem Fenster. Fast wäre er eingeschlafen, aber da tat es einen derben Schlag, und er wußte, ohne dafür die Augen wieder aufmachen zu müssen, daß Clauer aus dem Bett gefallen war.

Der brabbelte, ächzte, fluchte, versuchte sich zurückzuhieven auf seine Liegestatt. Auch das würde sich wiederholen – in dieser Nacht. Wie sich überhaupt alles wiederholt im Leben, dachte Goethe. Ein Kreisgang ist unser Leben, aber wir sind listig genug, ihn so zu gehen, daß er immer wieder neu anmutet. Ewigkeit; der erfüllte Augenblick in der Zeit. Nebenan war die Fallsucht über Clauer gekommen, es hatte ihn schon wieder aus dem Bett gehoben. Diesmal fiel er jedoch sanfter, zumindest hörte es sich so an. Am Boden lag er, stieß Verwünschungen aus, die den anonymen himmlischen Mächten galten, welche ihn zum Spielball ihrer Willkür machten. Goethe stand am Fenster, in dieser Nacht, er hörte den Wind, das Sausen in der Luft, die Qualen des armen Clauer, seine Stürze, die er registrierte wie ein unbeteiligter Zahlmeister, und er machte all das zur Hintergrundmusik für den Strom seiner Gedanken im Kopf. Er stellte sich die Welt als ein Dorf namens Plundersweilern vor, und das Leben, das dort stattfand, als ein endloses Jahrmarktsfest. Alles ging durcheinander auf diesem Fest und war doch geordnet. Wenn einer Pech hatte und fiel, einer wie der unglückliche Clauer etwa, wurde er für andere, die obenauf waren, nützlich; sie konnten sich lustig machen über ihn, das tat gut. Was wäre das Leben doch fad gewesen ohne Deppen und Tölpel, in deren Gegenwart man erst genießen konnte, wie gut es einem ging. Einer, der am lautesten lachte auf dem Jahrmarktsfest, einer, der förmlich wieherte vor Schadenfreude, war ein gutaussehender junger Mann mit dunklen Augen und sorgfältig gepuderter Perücke, der sich vor den Mädchen produzierte. Einem Buckligen, der gestürzt war, half er auf aus dem Staub – und ließ ihn anschließend gleich wieder fallen; war das lustig. Ein unangenehmer Kerl, dachte Goethe, dieser junge Spund da, der sollte doch selbst mal fallen und merken, wie es ist, wenn die andern sich auf seine Kosten amüsieren. Doch dann sah er, daß er selbst dieser Kerl war. Das Lachen erstarb ihm im Hals. Auch über *das Jahrmarktsfest von Plundersweilern* wollte er noch schreiben, über *Prometheus*, der den Göttern in die Suppe spuckte, über *Clavigo* und andere mehr – später, wenn diese Nacht zu Ende ging. Aber noch dauerte sie ja an, diese Nacht, der Doktor Faustus kam zurück und hielt den Götz an der eisernen Hand, und sie lachten wie blöd. Sogar Clauer und die armen Schweine, die so wie er waren, lachten wie blöd, und sie zeigten mit langen, knochigen Fingern auf ihn. Na, wie fühlst du dich jetzt? riefen sie, und er gab ihnen, unhörbar, die Antwort: Wie ein Arsch fühle ich mich, und vielleicht heiß' ich ja auch so, Arsch, *Hans Arsch von Rippach*. Da hörten sie auf zu lachen, sie hatten ihn wieder in Ehren aufgenommen. Herder erschien dafür auf dem Plan, er sah noch grimmiger aus als sonst, wahrscheinlich hatte ihn seine Braut Caroline über die Anzüglichkeiten informiert, die ihr von Goethe ins Öhrchen geflüstert worden waren. Bester Freund, sagte Goethe beschwichtigend, denn er wollte keinen Krach mit Herder, bester Freund, lassen Sie sich nichts vormachen. Was wir wollen, ist doch das Können, die wahre Meisterschaft, von der ich Ihnen Mitteilung gab, man könne sie etwa so beschreiben: *Wenn du kühn im Wagen stehst, und vier neue Pferde wild unordentlich sich an deinen Zügeln bäumen, du ihre Kraft lenkst, den Austretenden herbei-, den Aufbäumenden hinabpeitschest, und jagst und lenkst, und wendest, peitschest, hältst, und wieder ausjagst, bis alle sechzehn Füße in einem Takt ans Ziel tragen – das ist Meisterschaft, Virtuosität.* Und hinzugefügt hab' ich, mein Schimpfprediger Herder, erinnern Sie sich!, daß Meisterschaft wächst, wachsen muß, sich nur am Großen noch größer machen kann, schließlich fällt kein Meister vom Himmel, wie schon der Volksmund sagt. Am Ende wähnst du dich im wunderbaren Einklang mit dir und der Welt, Ewigkeit des erfüllten Augenblicks – und alles, wirklich alles scheint wie für dich geschaffen, so daß ich Ihnen, ewig brummelnder Herder, schreiben konnte: *Wenn mir im Grunde der Seele nicht noch so vieles ahndete, manchmal nur aufschwebte, daß ich hoffen könnte, wenn Schönheit und Größe sich mehr in dein Gefühl webt, wirst du Gutes und Schönes tun, reden und schreiben, ohne daß du weißt, warum –. Lebt wohl.*

Ja, leben sollten sie, *wohl leben*, seine Gestalten, die sich nun, mit dem Morgengrauen, zurückzogen. Goethe stand immer noch am Fenster. Der Wind hatte sich gelegt, das Sausen in der Luft war verstummt. In dieser Nacht. Eine vollkommene Stille. Aber ehe alles zu vollkommen wurde und zu still, kehrte die Wirklichkeit zurück, und Clauer fiel noch einmal derb aus dem Bett. Zum elften Mal. In dieser Nacht. Er hatte mitgezählt.

Gewalt der Herrlichkeit

Es wurde Sommer, ein gewaltiger Sommer. Das spürte er. Alles hatte sich noch einmal gesteigert, die Luft war wie aufgeladen, die Farben leuchteten, als wollten sie den noch entfernten Herbst schon in den bevorstehenden Sommer hineinzwängen. Er dachte dann an den alten Kumpel Behrisch, der, wenn es ihm denn schon mal gutging, geäußert hatte, er fühle sich wie eine Sau in der Senke, *sauwohl* eben, und wenn er in einem solchen Zustand auf ein Ziel lossteuere, könne er vor Kraft kaum laufen. So ähnlich erging es jetzt ihm, Goethe, der in Wetzlar war und sich dieses gewaltigen Sommers annahm, als wäre er dessen erster und einziger Pächter. Dabei war ja noch Mai, aber der Frühling zählte nicht mehr, er dankte ab. Ins Bild paßte auch, daß die anderen Leute nicht so aussahen, als wollten sie seine Hochgefühle teilen. Sie durchpflügten den Wetzlarer Alltag, allen voran die zahllosen Juristen, die allesamt wie Juristen aussahen und immer messerscharf zu überlegen schienen, wie sie ihrer Langeweile und Faulheit Herr werden könnten. Dann die Einheimischen; sie schauten nicht sehr wach, diese Leute, sie bewegten sich schleppend, und irgendwie warteten sie alle auf ein erlösendes Ereignis, das Ende der Welt beispielsweise, den Einsturz des Himmels oder die Wiederkunft eines Herrschers, der ihnen bis ins kleinste, für jedes Minütchen ihrer elend langen Tage, auftrug, was sie zu tun und zu lassen hatten. Aber all das störte ihn nicht im geringsten. Er hatte für sich selbst, gleich nach seiner Ankunft, einen Zustandsbericht angefertigt und ihn anschließend aus seinem Gedächtnis gestrichen. Was soll's, sagte er sich, ich bin nicht hier, um schwermütig zu werden, sondern um zu nehmen, anzunehmen, was da kommt. Daß etwas kommen, über ihn kommen würde, wußte er; er war sich seiner Sache sicher. Eine eigenartige Spannung machte sich in ihm breit, ein Hochgefühl, das ihn beherrschte. Manchmal wurde es komisch mit diesem Hochgefühl, dann hätte er zugleich jubeln, jauchzen und jammern können. Und weinen; schade nur, daß ihn noch keine der Heiligen Damen besucht hatte – denen hätte er etwas vorgeheult, daß sie vor Neid erblaßt wären.

Er war in einem zum Städtchen passenden Quartier untergekommen, einem dunklen Haus, zwischen zwei Misthaufen gelegen. Dieses Haus, in dem noch zwei andere Rechtsreferendare wohnten, die am sogenannten Reichskammergericht praktizierten, speicherte den Schatten. Von der Sonne, die ansonsten freimütig über dem Wetzlarer Land stand, blieb es nahezu unberührt. Tief unten im Keller lagerten die Referendare ihren Wein. Das Haus war also doch zu etwas gut. Sein Besitzer, ein Wetzlarer Metzger und Gastwirt, wohnte anderswo, er wußte, warum. Wenn man jedoch viel draußen war, im Freien, und erst spätabends zurückkehrte und gleich ein Fläschchen Wein mit aufs Zimmer nahm, um die nötige Bettschwere zu erlangen, konnte man es aushalten im kalten Haus. Goethe ließ sich zu Beginn einige Male bei Gericht sehen, das gehörte sich so. Als ihm ein hämischer Mensch, der es wissen mußte, erzählte, daß genau 16 144 unerledigte Fälle als staubige Akten irgendwo in den Gerichtsgewölben lagerten, zog er es vor, sich gleich wieder zu verabschieden. Er trat hinaus ins Helle. Dort wollte er bleiben. Einige Dichter und Künstler hatte er kennengelernt, die ihm aber nicht so sehr zusagten. Die Künstler hatten sich alle selbst zu Künstlern ernannt, die Dichter ächzten unter der Last ihrer Gefühle und schwerfälligen Verse. Wenn sie redeten, redeten sie entweder laut und in einem Überschwang, der auf die Nerven ging, oder sie säuselten vor sich hin. Dann waren sie noch heiliger als die Darmstädter Heiligen, und das wollte schon etwas heißen. Jede Zeit hat die Dichter, die sie verdient, hatte er irgendwo gelesen. Aber war diese Zeit wirklich so schlecht, daß sie solche Dichter verdiente? Er tröstete sich damit, daß es ja auch einige wenige gute Dichter gab. Ihn zum Beispiel. Ein

Kerl wie er ersetzte zwanzig erbärmliche Schreiberlinge, mindestens. Dabei hatte er ja eigentlich einen Dämpfer erhalten: Als es ihm nämlich eingefallen war, im Kreise der neuen Bekannten aus seinem *Götz* vorzulesen, hatte man auf unverschämte Weise mit dem Beifall gegeizt. Ja, eigentlich war überhaupt kein Beifall zu vernehmen gewesen, dafür ein dezentes Schnarchen, daß zu einem Maler namens Beckmann gehörte, der während seiner Lesung doch glatt eingeschlafen war. Eine Frechheit. Diesen Beckmann hätte man in einen der Wetzlarer Kuhställe wegschließen sollen, auf ewig. Er war ein Dummkopf, ein erbärmlicher Nichtskönner. Auch und gerade als Maler; Goethe malte besser als der, ach, daß es letztlich doch so arg viele von diesen Wichten gab, unfähig und dumm und zu nichts zu gebrauchen als zum Fressen und Saufen. Und Schnarchen. Goethe hatte seine Lesung beendet, abrupt, und prompt war Beckmann aufgewacht. Er klatschte dreimal dezent in die Hände, gähnte. Ein großartiges Werk, sagte er dann, ich habe ihm innigst gelauscht, und nun fühle ich mich erfrischt und gestärkt wie nach einem wohltuenden Schlaf.

Manchmal, wenn er Gestalten wie diesem Beckmann begegnete – oder auch einem Dichter, der sich Philipp von der Lahn nannte, wie ein Iltis stank und unentwegt Gedichte absonderte, die er so spuckend verbreitete, daß man sich ihm, mitten im Sommer, nur mit einem Regenschirm nähern mochte –, manchmal zog er dann doch die Gesellschaft grundsolider Juristen vor. Die besten, die annehmbarsten unter ihnen hatten zwar wenig Phantasie, dafür waren sie verläßlich. Sie konnten zuhören und Bewunderung äußern; auch das ist ja für einen wahren Dichter nicht ganz ohne Bedeutung. Einer dieser soliden Juristen war Johann Christian

Kestner. Er stammte aus Hannover und arbeitete als Sekretär für eine Gesandtschaft des Herzogtums Bremen. Kestner arbeitete wirklich, er ging regelmäßig zum Gericht, er studierte die Akten und verfertigte Schriftsätze. Den meisten anderen Juristen, die sich in Wetzlar herumtrieben, hätte er als Vorbild dienen können. Kestner war einer wie Schlosser. Ein prinzipientreuer, allen Schlichen des Rechtswesens gewachsener Mensch, der einen kaum nachvollziehbaren Spaß dabei empfand, juristische Fälle aufzurollen, zu entwirren oder zusätzlich zu verkomplizieren. Wenn es mit rechten Dingen zuging, würde Kestner Karriere machen – wie Schlosser, irgendwo im Staats- oder Verwaltungsdienst, am Hof eines Zwergfürsten, in einer Behörde, die in sich selber ruhte. Ob Kestner auch eine unglückliche Verlobte hatte? fragte sich Goethe. Das war, als er Kestner kennenlernte, an einem sonnigen Tag, an dem er schon früh das dunkle Haus verlassen hatte. Er war zu einer Wanderung aufgebrochen, die ihn hinausführte ins Land. Die Sonne stand hoch, und der Himmel dehnte sich über ihm wie ein Sprungtuch aus Glas. Er marschierte ohne bestimmtes Ziel, alle Wege waren gut. Als er Durst bekam, erreichte er ein Dorf, das Garben- oder Gurkenheim hieß, er verstand den Einheimischen, den er danach fragte, nicht so genau. Im einzigen Gasthaus am Ort trank er Wasser und Wein. Danach wurde er müde, und er legte sich unter einen alten Baum am Rande des Dorfes. Er verschränkte die Arme unter dem Kopf, schaute hinauf in den hellblauen Himmel, der sich über ihm nun noch mehr zu dehnen schien. Mit einem Mal stand ein Mann vor dem Himmel, nahm ihm das Licht. Für einen Moment fühlte Goethe sich bedroht, er war wohl doch kurz zuvor eingenickt, und nun riß ihn der Kerl aus seiner Tagträumerei. Erst dachte er, es wäre ein Räuber, einer aus den üblen Darmstädter Wäldern, der ihn nach langer zäher Verfolgungsjagd doch noch gefunden hatte; dann kam es ihm vor, als würde sich Schlosser über ihn beugen. Der Mann aber, der ihn von oben herab anlächelte, war nicht Schlosser und auch kein Räuber. Er grüßte freundlich, und Goethe, der nicht von oben herab belächelt werden wollte, erhob sich. Er klopfte den Staub aus den Kleidern. Der Mann stellte sich vor, er hieß Kestner und hatte sich Sorgen gemacht, ob der Schlafende da unter dem Baum nicht vielleicht tot sein könnte. Nein, sagte Goethe, ich bin nicht tot, noch nicht. Er lächelte. Der Mann gefiel ihm, jetzt, da er stand und auf gleicher Höhe mit ihm war. Er scheint sich wirklich und wahrhaftig Sorgen um mich gemacht zu haben, dachte Goethe. Und er sieht richtig treuherzig aus. Das also war Kestner, den er anschließend ins Gasthaus, dort in Garben- oder Gurkenheim, einlud: Der Wirt schenkte Wein aus, und sie tranken. Aber nur ein Glas! sagte Kestner. Es ist hellichter Tag. Ich muß noch studieren.

Ich nicht, sagte Goethe. Dann muß ich wohl für dich mittrinken.

Der Wirt nickte, schenkte nach. In die an sich düstere Gaststube kam Licht, es drang durch alle Ritzen und erhellte den Raum, als ob jemand durchsichtigen Bühnennebel hereingeblasen hätte. Kestner, der an jenem Tag nur ein Glas mit ihm trank, danach ging er tatsächlich noch studieren, erwies sich als zuverlässiger Mensch. Über seine erste Begegnung mit Goethe schrieb er später: *Im Frühjahr 1772 kam ein gewisser Goethe aus Frankfurt, seiner Hantierung nach Dr. Iuris, 23 Jahre alt, einziger Sohn eines sehr reichen Vaters, um sich hier in Wetzlar – dies war seines Vaters Absicht – in*

Praxi umzusehen ... Ich lernte ihn kennen, als ich ihn in dem Dorf Garbenheim im Grase unter einem Baum auf dem Rükken liegen fand ... Er hat sich nachher darüber gefreuet, daß ich ihn in einer solchen Stellung kennengelernt habe ... Ehe ich weitergehe, muß ich eine Schilderung von ihm versuchen: Er hat sehr viel Talent, ist ein wahres Genie und ein Mensch von Charakter. Besitzt eine außerordentlich lebhafte Einbildungskraft, daher er sich meistens unter Bildern und Gleichnissen ausdrückt. Er ist in allen seinen Affekten heftig; hat jedoch oft Gewalt über sich. Seine Denkungsart ist edel; von Vorurteilen frei, handelt er, wie es ihm einfällt, ohne sich darum zu bekümmern, ob es andern gefällt, ob es Mode ist, ob es die Lebensart erlaubt. Aller Zwang ist ihm verhaßt. Er liebt die Kinder und kann sich mit ihnen sehr beschäftigen. Er ist bizarr und hat in seinem Betragen, seinem Äußerlichen Verschiedenes, das ihn unangenehm machen könnte. Aber bei Kindern, bei Frauenzimmern und vielen andern ist er doch wohl angeschrieben. Vor dem weiblichen Geschlecht hat er sehr viel Hochachtung. –

Was Kestner tat, tat er in Maßen. Er trank nicht zuviel, er fraß sich nicht voll, er ging pünktlich zum Dienst. Wenn er gähnte, hielt er die Hand vor den Mund; wenn er sich schneuzte, benutzte er dazu nicht zwei Finger, mit deren Hilfe er den Rotz von der Nase abschlug, das hatte Goethe sich leider angewöhnt, sondern er holte sein Taschentuch hervor und verschaffte sich dezent, nicht zu laut und nicht zu leise, Erleichterung. Ein wenig aus sich heraus ging Kestner nur, wenn er von seiner Freundin erzählte. Die hieß Charlotte Buff, aber er nannte sie, mit einer für ihn eigentlich untypischen Zärtlichkeit, Lottchen. Lottchen war gerade achtzehn geworden, hatte, nach Kestners Auskunft, *die wunderbarsten blauen Augen*, die man sich denken konnte, und sorgte für ihre elf Geschwister *wie eine zärtliche Mutter*. Das mußte sie wohl auch, denn ihrem Vater, dem Amtmann Buff, war schon früh die Frau gestorben, und allein, ohne die Hilfe seiner Ältesten, tat er sich schwer. Die vielköpfige Familie bewohnte das sogenannte Deutsche Haus, eine Art erweiterten Bauernhof, der den Deutschordensrittern gehörte, deren Liegenschaften der Amtmann Buff zu verwalten hatte. Das alles erfuhr Goethe zunächst aus Kestners Berichten. Er wurde neugierig. Wenn einer wie Kestner, der in seiner Perücke manchmal tatsächlich Aktenstaub statt Haarpuder hatte, auf seine Art so ins Schwärmen geriet, dann mußte schon etwas dahinterstecken. Eine andere Form von Glück womöglich, ein Glück, das mehr mit Behaglichkeit zu tun hatte als mit Leidenschaft. Goethe, der in diesem sich anbahnenden Sommer mal wieder an Liebe und Leidenschaft dachte, wollte auch das andere Glück, die Behaglichkeit, kennenlernen. Ohnehin wollte er alles kennenlernen. Ob er Lottchen einmal vorgestellt werden könne, fragte er Kestner. Und auch in ihre wunderbaren blauen Augen schauen dürfe. Kestner sagte nichts, er sah Goethe mißtrauisch an. Wie er denn das zu verstehen habe, brummelte er dann.

Aber Freund, sagte Goethe. Erst schwärmt Ihr mir unentwegt von einem Mädel vor, dessen Talente gar nicht erschöpfend aufgezählt werden können, und nun schaut Ihr mich scheel an, wenn ich darum ersuche, einmal seine Bekanntschaft machen zu dürfen. In aller Ehrbarkeit, mein Guter, versteht Ihr. Ich bin doch neugierig, arg neugierig, und da sind mir wunderbare blaue Augen ebenso recht wie eine muntere Kinderschar, ein großes Haus oder ein Amtmann, der das Beste für die Seinen versucht.

Also nicht nur Lotte, sagte Kestner, sondern die ganze

Familie. Das läßt sich machen. Er schien beruhigt zu sein. Dieser Goethe war zwar nett, aber irgendwie traute er ihm doch nicht über den Weg. Der hatte so ein Feuer in den Augen, wenn er ein hübsches Mädchen sah; der war imstande, den Verstand zu verlieren, dieser Goethe. Außerdem traute er ihm zu, daß er versuchen würde, ihm Lottchen auszuspannen, nur so, aus Spaß. Man muß sich beweisen im Leben, hatte Goethe gesagt, gerade auch vor den Weibern. Da war er zwar einigermaßen betrunken gewesen, der Goethe, mindestens anderthalb Liter Wein hatte er bereits in sich hineingeschüttet, aber was er sagte, mit schwerer Zunge, entsprach ja wohl der Wahrheit. Seiner Wahrheit. Das Leben empfand er als Herausforderung, und vor dieser Herausforderung gab es kein Kneifen, kein Zurück, sie mußte angenommen werden. Und das Abenteuer besteht darin, herauszufinden, wie man auf die Herausforderung Leben reagiert; welche Antworten man dafür findet, und die Antworten sind dann zugleich die Antworten, die man sich selbst gibt, auf die immerwährenden Fragen, die in jedem einzelnen Menschen erhoben werden. Ein Selbstgespräch, Kestner, verstehst du, wir sind ein immerwährendes Selbstgespräch, ein endloses Gemurmel, in uns wird es nie still, hatte er noch gerufen, dann war ihm der Kopf heruntergesackt, in die Arme, die er rechtzeitig auf dem Tisch ausgebreitet hatte, und ehe Kestner etwas sagen oder eingreifen konnte, war er eingeschlafen. Der Kerl trinkt zuviel, hatte Kestner schon des öfteren gedacht, und der alte Spruch fiel ihm ein, der da besagt, daß Genie säuft, und Dummheit frißt. Und ich? dachte er noch, ich trinke nicht, ich fresse nicht, ich bin kein Genie. Dann brachte er Goethe heim, der an ihm hing wie ein nasser Sack. Kestner versuchte sich vorzustellen, wie Lottchen auf diesen Goethe reagieren würde. Er hatte da gewisse Befürchtungen.

Schließlich konnte die Probe aufs Exempel gemacht werden. In Volpertshausen, einem Dorf, knappe zwei Stunden von Wetzlar entfernt, sollte ein Ball stattfinden, zu dem Kestner und auch Goethe eingeladen worden waren. Ein lauer Sommerabend lag über dem Wetzlarer Land, das so eigenartig lieblich sein konnte, wenn man den richtigen Blick dafür hatte. Der Himmel, tagsüber noch blaßblau, wurde dunkler, ohne daß die Nacht zu ahnen gewesen wäre. Am Horizont war ein Feuerschein, über den sich langsam feine, rosarote Wolken legten. Die etwas bessere Gesellschaft fuhr vor, vielmehr: ließ sich vorfahren, die Damen in langen, aufgeplusterten Kleidern, die Herren in ihrer besten Abendgarderobe. Goethe wußte nicht, wer den Ball veranstaltete, irgendeine örtliche Wichtigkeit. Er grüßte hier, er grüßte dort, außer Kestner kannte er aber keinen. Es war einer dieser Abende, an dem die Gesichter, die einen nicht interessieren, sich sehr schnell ineinanderschieben und zu einer einzigen Visage werden, die einem ebenso vertraut wie fremd vorkommt. Er registrierte die Blicke der Damen; wie die ihn ansahen. Kestner hatte ihn begrüßt und zwei bedeutenden Herren vorgestellt, deren Namen ihm gleich wieder entfallen waren. Sie sprachen mit ihm, er hörte zu und verstand nichts. Als er für einen Moment zum Himmel aufschaute, glaubte er einen Stern zu sehen, der direkt über ihm stand. Die beiden Herren, die noch redeten, waren irritiert; was schaute dieser Mensch zum Himmel, das gehörte sich nicht, wenn man Konversation betrieb. Sie deuteten eine Verbeugung an, beide, das sah aus wie einstudiert, ihre gepuderten Köpfe ruckten zur gleichen Zeit. Dann gingen sie, und auch Kestner war mit einem Mal verschwunden. Die Musikanten begannen zu spielen, es war ein Wetzlarer Streichquartett, das manchmal auch auf Bauernhochzeiten fiedelte. Entsprechend war ihre Musik, die sie mit hochroten Köpfen darboten. Sie plagte der Durst, das konnte man sehen. Ein Bediensteter schob ihnen einen gewaltigen Krug dunkles Bier zu, aus dem sie reihum tranken, ohne deswegen ihr Spiel zu unterbrechen. Anschließend hatten sie alle Schaum vorm Maul, das paßte zur Farbe ihrer schief sitzenden Perücken. Vielleicht wird's ja ganz lustig, dachte Goethe. Er hatte sich einen Becher Wein gegriffen und in einem Zug geleert. Das reichte nicht, er brauchte Nachschub.

In diesem Augenblick kam Kestner, er schob sich durch die Menschen, die zur Seite wichen. Das lag weniger an ihm, sondern an der Frau, die neben ihm ging. Die Frau an seiner Seite. Sie ging nicht, sie schwebte, und eigentlich war die Frau auch keine Frau, sondern eher ein Mädchen. Das mußte Lottchen sein, kein Zweifel. Sie kamen näher, Kestner und Lottchen, und jedermann konnte sehen, daß Kestner vor Stolz eigentlich kaum laufen konnte. Sein Gesicht glühte, der Mund stand ihm halb offen, er spähte aus den Augenwinkeln, schielte, ob er und sein Mädchen gebührend beachtet wurden. Eigentlich sah er jetzt ein bißchen dämlich aus, der stolze Kestner. Und Lottchen? Als sie vor Goethe stand und ihm die Hand gab, war der ein wenig enttäuscht. Warum, konnte er nicht sagen. Lottchen war hübsch, wenn man sie wohlwollend betrachtete; hübsch, nicht – schön. Was hatte er erwartet. Er wußte es nicht. Ihm fiel wieder ein, was er ja längst herausgefunden hatte: Die Vorstellung verblaßt vor der Wirklichkeit; manchmal verblaßt die Wirklichkeit auch vor der Vorstellung, die inniger ist, persönlicher. Auf jeden

Fall sind sie nur selten zusammenzubringen, Vorstellung und Wirklichkeit, und das wirkliche Lottchen, das jetzt vor ihm stand und etwas Nettes sagte, entsprach nicht der Vorstellung, die er sich von ihr gemacht hatte; sie blieb dahinter zurück. Übertrieben schlank ist sie nicht, dachte er. Wenn sie den Kopf neigt, hat sie Pausbäckchen. Das ist niedlich, zweifellos; wenn man denn Pausbäckchen mag. Ihre Augen jedoch hatten es in sich. Sie waren von einem merkwürdig haltlosen Blau, das sich im Blick des Betrachters zu verwandeln schien. Als er es wagte, dem Mädchen tief in die Augen zu schauen, verdunkelten sie sich, sie wurden erst tiefblau, dann zusehends heller und blitzten schließlich, als sollte ihm ein Licht aufgesteckt werden. Er hätte versinken können in diesen Augen. Solche Augen brachten ihn zum Träumen. Er dachte an Friederike. Die hatte doch auch schöne Augen gehabt, oder etwa nicht? Er mußte sich zu seiner Schande eingestehen, daß er es schon nicht mehr wußte. Friederikes Bild war verblaßt, sie sah jetzt aus wie dieses Lottchen. Mußte man sie überhaupt Lottchen nennen, war das nicht zu niedlich und zu harmlos? Aber Lotte klang auch nicht besonders, der Name wollte ihm nicht gefallen. Und Charlotte? Das hörte sich nach einer gesetzten Frau an; unter einer Charlotte konnte er sich allenfalls eine schon etwas ältere Dame mit schmalem Gesicht vorstellen, die vielleicht früher einmal schön gewesen war und nun die Zeit damit verbrachte, ihrer abhanden gekommenen Schönheit nachzusinnen. Was machte er sich da für Gedanken, schließlich war Lottchen nicht seine Verlobte. Er mußte sich doch nicht Kestners Kopf zerbrechen. Waren die beiden überhaupt verlobt? Kestner hatte sich da, ganz gegen seine Gewohnheit, nur recht gewunden ausgedrückt, er sprach von *seinem Mädchen* und daß sie *so gut wie verlobt* seien. Was sollte das heißen, so gut wie –, waren sie nun verlobt oder nicht?

Sie haben eine steile Falte auf der Stirn, sagte Lottchen. Man könnte meinen, Sie wären ärgerlich.

Wer in Ihre Augen schaut, kann sich nicht ärgern, nie mehr, sagte Goethe. Kestner räusperte sich. Dann bat er sein Lottchen zum Tanz. Goethe schaute sich um. Sollte er auch zum Tanzen auffordern? Aber wen? Die Damen sahen alle gleich aus, sie hatten mit einem Mal etwas Lauerndes im Blick. Er ging, um sich noch einen Wein zu holen. Dem Bediensteten, der die Getränke an ihm vorbeitrug, nahm er gleich eine ganze Karaffe vom Tablett. Besten Dank, sagte er. Er schenkte sich ein, ging mit Karaffe und Becher vor die Tür, prostete dem inzwischen eingedunkelten Himmel zu. Sein Stern stand immer noch über ihm, blinzelte ihm zu. Guter Stern, murmelte er, was wirst du von mir noch zu sehen bekommen. Er setzte sich auf eine Steinmauer und trank; seine Gedanken waren jetzt nicht mehr hochfahrend, sondern träge. Er dachte an Schlaf, an ein Erwachen in ganz anderen Gefilden, er dachte an – Lotte. Das Mädchen hatte etwas, das die Phantasie bewegte; man konnte sie sich in allen möglichen Rollen vorstellen, als liebliches Geschöpf, dem man zu Füßen saß, als Mutter, die für ihre Kinder sorgte, als Frau, die sich auf die Kunst des bedingungslosen Zuhörens verstand, als Gastgeberin, die ihre zahllosen Gäste geradezu unerbittlich versorgte, als lächelnde Geliebte. Konnte sie überhaupt lieben, konnte sie leidenschaftlich sein? Immer war eine Ruhe um sie, Lotte bewegte sich kaum in seinen trägen Gedanken. Vielleicht war sie nicht für eine Liebe bestimmt, die Grenzen verletzte; sie würde für Kestner dasein, ihn versorgen, ein Leben lang. Das war ihre Bestimmung. Armes Lottchen. Er gähnte, und wieder zwinkerte ihm sein Stern vom hohen Himmel herab zu. Am liebsten wäre er jetzt nach Hause gewankt. Die Liebe ist schön, dachte er, aber noch schöner ist das Alleinsein. Es ist die Urform unseres Existierens. Wer lieben will, muß allein sein können. Mühsam erhob er sich, klopfte den Staub von der Hose. Die Musik drinnen war lauter geworden. Und fordernder. Dunstschwaden schlugen ihm entgegen, als er wieder den Saal betrat.

Das Quartett hörte auf zu spielen. Das heißt, nicht ganz. Einer der Herren, der besonders stark schwitzte, hatte nicht mitbekommen, daß eine Pause gemacht werden sollte. Er fiedelte weiter, mit stierem Blick. Es störte ihn nicht, daß er allein spielte. Man gab ihm Zeichen, vergeblich. Dann wurde ein gewaltiger Krug Bier neben ihm abgesetzt, und sofort ließ er sein Instrument sinken. Nein, er ließ es fallen, die Geige krachte zu Boden, ein Stück vom Rahmen splitterte ab. Den Musikus interessierte das nicht, er hatte Wichtigeres zu tun. Er trank den Krug aus, in einem Zug, wischte sich den Schaum vom Mund. Danach schien er noch etwas sagen oder rufen zu wollen, aber außer einer schwachen Handbewegung brachte er nichts mehr zustande; er rutschte vom Stuhl und blieb liegen. Goethe begab sich zum Ausgang. Durch die geöffnete Tür drang kühle Luft. Er trat hinaus, ging eine Treppe hinunter, atmete tief durch. Sein Stern war schon vorgewandert und wartete auf ihn. Auf einmal hörte er eine Stimme. Er drehte sich um. Ich würde mich freuen, wenn Sie uns morgen einmal besuchten, sagte Lottchen. Sie stand erhöht, beglänzt vom Licht. Ihre hochgesteckten Haare leuchteten wie ein Heiligenschein. Er ging zurück, gab ihr die Hand. Eigentlich wollte er doch nur noch mal ihre

Augen sehen. Im Halbdunkel funkelten sie wie die Augen einer Katze.

Ich komme gern, sagte er, und ich danke für die Einladung. Ihm war schwindlig, ein Wirbel aus kalter und miefiger Luft orgelte um seinen Kopf herum. Seine Knie wackelten; er hätte sich gerne festgehalten, am liebsten an Lottchen. Sie sagte noch etwas, es klang zärtlich und sehr weit entfernt. Gute Nacht, murmelte er, und die Nacht nahm ihn auf. Tatsächlich wußte er dann, am nächsten Tag, nicht, wie er nach Hause gekommen war. Irgend jemand hatte ihn wohl aufgefangen und mitgenommen. Auf jeden Fall waren seine Kleider beschmutzt, vermutlich hatte er zwischenzeitlich in einem Graben gelegen und dort eine Mütze Schlaf genommen. An die Einladung jedoch konnte er sich noch erinnern. Auch an Lotte, wie sie in der Tür stand, mit ihrem Heiligenschein und den vermaledeiten Katzenaugen.

Nachdem er sich einigermaßen wieder hergerichtet hatte, ging er zum Deutschordenshaus. Die Sonne schien, und es war, als ob sie nur auf dieses eine Haus und seine Bewohner ihr Licht warf. Lotte hieß ihn willkommen, sie sah ganz anders aus als in der Nacht zuvor. Kleiner wirkte sie, auch ein wenig zarter, und ihre Haare hatten einen rötlichen Schimmer. Sie sagte, daß sie sich freue, eigentlich habe sie ja nicht daran geglaubt, daß er käme. Nun aber –

Hier bin ich, sagte er. Sie bot ihm einen Platz an, und da mußte er sich an einen langen Tisch setzen, an dem schon zehn oder noch mehr Kinder hockten. Sie lachten und lärmten, scharrten mit den Füßen. Als er sich setzte, wurde es für einen Moment still; sie beäugten ihn, tuschelten. Er lächelte, stemmte die Ellbogen auf die Tischkante, stützte den Kopf in beide Hände, schloß die Augen, tat so, als würde er schlafen. Und schnarchte. Kurz darauf rutschten ihm die Ellbogen vom Tisch, er zuckte zusammen, riß die Augen auf, schüttelte so heftig den Kopf, daß ihm die Backen schlotterten, er spielte den außerordentlichen Idioten – und die Kinder lachten. Er deutete eine Verbeugung an. Lottchen, die am oberen Ende des Tisches Platz genommen hatte, lächelte ihm zu. Mit diesem Lächeln möchte ich leben, dachte er. Vorsichtig schaute er sich um. Er hatte Kestner noch gar nicht gesehen. Er kommt später, sagte Lottchen, er muß noch arbeiten.

Sie hatte Brot aufgeschnitten und bestrich es mit Butter, unermüdlich. Zwischendurch schenkte sie Milch aus. Jedes der Kinder, die allesamt ihre Geschwister waren, hatte Hunger und Durst, und jedes wollte versorgt sein. Wenn die Älteren aufgegessen hatten, verlangten sie gleich Nachschub; die Jüngeren, die nicht so schnell waren, fühlten sich hintergangen und protestierten. Lottchen blieb ruhig, sie redete mit jedem, erklärte, daß genug für alle da sei. Auch für Sie! sagte sie über den Tisch hinweg zu ihm.

Er will nichts essen, rief eines der Kinder. Er ist müde und muß gleich wieder schlafen.

So ist es, sagte er, ich bin ja so müde! Er ließ den Kopf auf die Brust sinken, machte die Augen zu. Er soll schnarchen, flüsterte jemand, und er tat, was von ihm verlangt wurde. Mit jedem Schnarcher rutschte er weiter vom Stuhl. Halt, Sie fallen, rief ein kleines Mädchen. Er erschrak und konnte sich gerade noch an der Tischkante festhalten. Sind Sie wirklich so müde, oder spielen Sie uns nur etwas vor? fragte ein Junge, der zu den Älteren gehörte.

Er spielt, sagte Lottchen.

Dann ist er ein Schauspieler? fragte der Junge.

So etwas Ähnliches, sagte Goethe. Ich bin ein Dichter.
Ach ja. Dann müssen Sie uns etwas vorlesen.
Wollt ihr, daß er euch vorliest, oder wollt ihr lieber noch etwas essen? fragte Lottchen.
Lieber essen, sagte der Junge.
Lottchen setzte die Speisung der Geschwister fort. Noch immer gab sie kein Zeichen von Ungeduld zu erkennen. Ein feiner Lichtstrahl glitt über ihr Gesicht. Sie machte eine Handbewegung, als wollte sie den Lichtstrahl verscheuchen. Der geht nicht weg, rief ein Kind und sah dabei Goethe an. Die anderen lachten. Ein merkwürdiges Wohlbehagen war in ihm, es kam ihm so vor, als gehörte er zur Familie. Hier stimmte alles, an das Leben mußte man hier keine großen Fragen stellen. Lotte gab ihm ein Gefühl, als gäbe es die Liebe auch in einer anderen Form: Sie konnte ruhig sein, die Liebe, selbstsicher, eins mit sich, ein Empfinden, das keine Leidenschaftlichkeit brauchte, um sich bestätigt zu sehen. Lottchen, Charlotte, Lotte, die dort oben am Tisch saß, behelligt noch immer von dem Lichtstrahl, der sich zu ihr hingezogen fühlte. Ja, das war's, man fühlte sich zu ihr hingezogen, man konnte, man mußte sie lieben, und die Welt geriet deshalb nicht aus den Angeln. Eine Geschichte kam ihm in den Kopf, ein Roman, der dazu paßte. Wie die Geschichte begann, wie sie sich fortspann, wußte er schon; nur der Schluß, über den mußte er noch nachdenken. Am besten war ein tragischer Schluß, ein Finale, das die Leute zu Tränen rührte. Sie sollten aufgerüttelt werden, herausgerissen aus ihrem dumpfen Trott. Heulen und Zähneklappern sollten sie, vielleicht sogar sich das Leben nehmen. Oder Purzelbäume schlagen vor Glück. All das kann die Literatur doch, dachte er, wenn sie nur gut ist – und zu Herzen geht.

Woran denkst du? fragte der Junge.

An die Liebe, sagte Goethe, an das Leben.

Lottchen sah ihn an. Der rötliche Schimmer, der auf ihrem Haar lag, zog hinab auf ihr Gesicht. Ob sie etwa seinetwegen rot wurde? Er wollte sich das nicht näher ausmalen, jetzt; er war ja glücklich, hockte am Tisch wie ein zufriedener Bettelmönch, dem es genügt, in der warmen Sonne zu sitzen und glückliche Menschen um sich zu haben.

Das Leben kenne ich, sagte der Junge, aber die Liebe – nicht.

Die kommt noch, sagte Goethe, früher oder später.

Lieber später, sagte der Junge.

Dann erschien der Amtmann Buff auf der Bildfläche, freudig begrüßt von seinen Kindern. Er war ein freundlicher älterer Herr, der Charlotte ansah, als wäre sie seine Braut und nicht seine Tochter. Sie stellte ihm den jungen Herrn Goethe vor. Ein Rechtsgelehrter, vermute ich, sagte Buff, in Wetzlar ist ja fast jeder ein Rechtsgelehrter.

Ich bin nur ein kleiner Praktikant am hiesigen Reichskammergericht, sagte Goethe, ein kleiner unter vielen Kleinen.

Macht nichts, sagte Amtmann Buff, macht gar nichts.

Außerdem ist er ein Dichter, sagte der Junge, und eine seiner Schwestern ergänzte: Ein Dichter, der schnarchen kann.

Er war dann öfter im Deutschordenshaus zu Besuch. Man hieß ihn willkommen, und das Gefühl war wieder da, zu einer großen Familie zu gehören. Manchmal glaubte er sich an Sesenheim erinnert, sehr innig sogar. Dann saß er nur da, hatte seinen träumerischen Blick, von dem die Kinder vermuteten, er zeige seine Bereitschaft an, gleich wieder zum Schnarchhahn zu werden, und er schaute auf Lotte, die sich unter seinem träumerischen Blick einschmiegte und manchmal wie eine Friederike aussah, an die er sich noch erinnerte. Oder wie ein Mädchen, das er noch gar nicht kannte. Er war glücklich, aber sein Glück, das aus der Wirklichkeit, vor seinen Augen, entsprang, hatte sich über ebendiese Wirklichkeit schon erhoben. Die Geschichte, die ihm in den Kopf gekommen war, lag wie auf einer Karte eingezeichnet in ihm, er mußte ihr nur noch nachgehen und sie beim Wort nehmen. Einen Roman würde er schreiben, das wußte er, einen Liebesroman, der vom Glück handelte, das ja auch eine Art Unglück ist, eine wunderbare Traurigkeit, und am Ende, nun ja, da blitzte und donnerte es, und seine Leser würden dasitzen, mit offenem Maul – und sich wundern. Die Augen würden sie sich reiben, verdutzt, weil man ja alles auch anders sehen kann, und manch einer hätte dann wohl, ein für allemal, begriffen, daß sich jedes Gefühl in sein Gegenteil verkehren kann, gedankenschnell, in nur einem Augenblick. Zu guter Letzt bricht dem das Herz, der all das nicht mehr aushalten kann, es geht ihm entzwei, und er stirbt, weil er sterben will, sterben muß, noch vor seiner Zeit. Wenig später wurde der Roman tatsächlich geschrieben. Sein Held, ein junger Mann namens *Werther*, ersäuft am Übermaß des Gefühls, das ihm zugemutet wird. Werther ahnt, was ihn erwartet, aber es nützt ihm nichts, er kommt nicht davon, sein Autor läßt ihn in Liebe untergehen: *Wenn das liebe Tal um mich dampft und die hohe Sonne an der Oberfläche der undurchdringlichen Finsternis meines Waldes ruht, und nur einzelne Strahlen sich in das innere Heiligtum stehlen, ich dann im hohen Grase am fallenden Bache liege, und näher an der Erde tausend mannigfaltige Gräschen mir merkwürdig werden; wenn ich das Wimmeln der kleinen*

Welt zwischen Halmen, die unzähligen, unergründlichen Gestalten der Würmchen, der Mückchen näher an meinem Herzen fühle, und fühle die Gegenwart des Allmächtigen, der uns nach seinem Bilde schuf, das Wehen des Alliebenden, der uns in ewiger Wonne schwebend trägt und erhält; mein Freund! wenn's dann um meine Augen dämmert, und die Welt um mich her und der Himmel ganz in meiner Seele ruhn wie die Gestalt einer Geliebten – dann sehne ich mich oft und denke: Ach könntest du das wieder ausdrücken, könntest du dem Papiere das einhauchen, was so voll, so warm in dir lebt, daß es würde der Spiegel deiner Seele, wie deine Seele ist der Spiegel des unendlichen Gottes! – Mein Freund – Aber ich gehe darüber zugrunde, ich erliege unter der Gewalt der Herrlichkeit dieser Erscheinungen.

ZWEITES BUCH

Licht und Schatten

Der stilleuchtende Horizont

Er versuchte es. Zum wiederholten Male an diesem Tag. Er versuchte, sich zur Ruhe zu bringen. Auf seinem Bett in seinem Zimmer lag er, Goethe, lag lang ausgestreckt, und alles war ruhig. Im Haus am Hirschgraben. Sogar Clauer war ruhig, vielleicht hatte er auch schon seinen Todesfall getan, von seinem Verrücktenbett aus, durch den Fußboden hindurch, direkt hinab in die Hölle. Oder er war gestürzt, letztmalig in seinem verpfuschten Leben, und gleich aufgehoben worden zum Himmel. Gott meinte es ja angeblich gut mit den Kindern, den Armen und den Schwachen im Geiste. Egal. Diese Stille im Haus. Der Kaiserliche Rat war unterwegs in Geschäften, Mutter Aja trieb sich in der Stadt herum und hielt dort eines ihrer zahlreichen Schwätzchen. Und Cornelia? Sie hatte ihren Schlosser geheiratet, das Verhängnis nahm seinen Lauf. Das jungvermählte Paar war fortgezogen, ins Badische, nach Emmendingen oder Immendingen, wo Schlosser eine ihm gemäße Stellung angetreten hatte. Goethe sah noch das traurige Gesicht seiner Schwester vor sich; hohlwangig, spitznasig versuchte sie, die glückliche Braut zu spielen, es gelang ihr nicht.

Und so viel anderes war ja passiert – seither.

Im September 1772 hatte es ihn aus Wetzlar zurückgetrieben nach Frankfurt. Ausschlaggebend dafür war, daß er die Wetzlarer Behaglichkeit nicht mehr aushielt, diese eigenartige Liebes-Stimmung, die sich um Lottchen Buff herum ausbreitete. Er hörte noch das Lachen der Kinder, er sah

Lottes Augen, die so viel sagen und nicht sagen konnten; in ihrem innigen, jäh wechselnden Licht. Er hatte sich geduckt unter der Behaglichkeit, die das Deutschordenshaus überzog wie ein Spinnennetz, und er war dabei zufrieden und unruhig zugleich. Es muß etwas geschehen, dachte er oft. Man geht vor die Hunde, wenn man nur zufrieden ist.

Eines Tages war er allein mit Lottchen, Kestner trieb sich am Reichskammergericht herum, der Amtmann inspizierte die ihm anvertrauten Ländereien. Sie plauderten, über Kindererziehung, die Vorzüge einer zusammenstehenden Familie, über Lebenserwartung und den Wetzlarer Sommer. Lottes Augen blitzten. Da gestand er ihr seine Liebe, es kam so über ihn. Man konnte sagen, daß er einen Versuchsballon aufsteigen ließ in diesem Moment, er wollte die eigenen unruhigen und unklaren Gefühle, die ihn umtrieben, benannt wissen. War es Liebe, die er spürte, er wußte es nicht. Lotte mußte es wissen. Sie wußte es auch nicht. Außerdem sollte sie aufgeschreckt werden in ihrem wohlgeordneten Dasein, sie sollte ins Zweifeln kommen, ins Grübeln, sie sollte, dies vor allem, ihn mit Kestner vergleichen. Er war sich ja sicher, daß er das bessere Mannsbild abgab. Lottes Augen blitzten, und der Versuchsballon platzte. Sie wies ihn ab, ohne viel zu sagen. Er war erleichtert, einerseits, andererseits aber auch pikiert. Der brave Kestner kam bei den Frauen – nein, nur bei dieser einen Frau mit den schillernden Augen kam er besser an.

Goethe hatte danach den Rückzug angetreten. Er verschwand aus Wetzlar, ohne sich gebührend zu verabschieden. Es hatte keinen Zweck mehr, die Idylle ließ sich nicht mehr halten. Erst als er in Frankfurt war und sich dort wieder eingehaust hatte, schrieb er ein paar Briefe, schickte sie hinüber nach Wetzlar. Er gab keine Erklärungen ab in diesen Briefen, verwies auf seine ureigenen Besonderheiten und darauf, daß jeder Mensch nur das aus sich machen könne, was in ihm angelegt sei. Ein schlechtes Gewissen hatte er nicht; er fand, daß Friederike, zum Beispiel, schnöder von ihm in Stich gelassen worden war. Lottchen und ihr Kestner gaben ihm die passende Antwort – sie heirateten, am Palmsonntag 1773. Als er davon erfuhr, gab es ihm noch einmal einen Stich; er sah Lotte vor sich, wie sie, nachdem sie Kestner das Jawort gegeben hatte, sogleich rapide vor sich hin alterte. Und dicker wurde sie, man konnte ihr direkt dabei zusehen. Der Glanz verlor sich aus ihren Augen, letztendlich spähte sie nur noch wie ein altes Weib umher, das darin geübt ist, auf der Lauer und auf der Hut zu sein. Vom vielen Gähnen, das ihr Kestners Gegenwart verursachte, bekam sie schließlich eine Maulsperre, und mit dieser Vorstellung, die ihm, für ein paar nette Minuten, das Bild einer komischen Alten und ihres langweiligen Ehegatten in den Kopf brachte und dort festhielt, war er, endgültig, übern Berg; die Geschichte von Lotte konnte nun abgehakt werden. Er gratulierte den Brautleuten und wünschte ihnen alles Glück dieser Erde. Als die Kestners ihn baten, Pate ihres ersten Sohnes zu werden, sagte er zu; er mochte ja Kinder und fühlte sich durchaus geehrt.

Inzwischen hatte er den *Götz von Berlichingen* noch einmal umgearbeitet und anschließend, mit Mercks Hilfe, drukken lassen. Das Stück erschien im Frühjahr 1773, und obwohl es ohne den Namen seines Verfassers veröffentlicht wurde, wußten Eingeweihte, daß Goethe dahintersteckte. Überhaupt ließ man damals seine Schriften gern anonym erscheinen, eine bewährte Vorsichtsmaßnahme, da in deutschen Kleinstaaten nach wie vor Zensur herrschte, die dafür Sorge trug, daß die immer beliebter werdenden Ideen von Freiheit und Menschenwürde bestenfalls allgemein behandelt, nicht aber auf lebende Machthaber und Würdenträger angewandt wurden. Goethes *Götz* jedoch hatte von der Zensur nicht viel zu befürchten; sein Held war ein Mann der Vergangenheit, der zwar ein empfindliches Unrechtsbewußtsein besaß, die bestehende Gesellschaft seiner Zeit aber nicht unbedingt verändern wollte. So empfand man das Stück auch weniger seines Inhalts wegen als anstößig, sondern mehr auf Grund seiner Sprache. *Leck mich am Arsch*, sagte Merck, du hast dem Volke aufs Maul geschaut, aber ich bezweifle, ob das Volk davon etwas haben wird! Goethe war es egal, er beerdigte den *Götz* so schnell, wie er ihn ins Leben gerufen hatte. Überhaupt schrieb er jetzt schnell und viel; und immer wenn etwas fertig war, übergab er es den Lesewilligen. Oder er verbrannte es, wenn es seiner Meinung nach nichts taugte, das machte Spaß, die eigenen Schriften im Kaminfeuer verbrennen zu sehen. Er selbst, der Zensor, sah sich dann bei einer Arbeit zu, in der er sich als frei begreifen konnte: Nur er selbst bestimmte, was mit seinen Werken geschah; ansonsten maßten sich ja andere an, über ihn zu urteilen, Freunde, Bekannte, übellaunige Kritiker und Schriftsteller, die ihm nachträglich vorrechnen wollten, wie er alles hätte besser machen können. Überhaupt sah er gern ins Feuer, der Widerschein der Flammen leuchtete ihm das Leben ab, schön und gefährlich zugleich. Man mußte aufpassen – im Leben ebenso wie am Feuer; ein Funke, der sich, unbeachtet und eigenmächtig, Bahn verschaffte, genügte, um Wohlgeordnetheit in blanke Zerstörung zu überführen.

Als er eines Abends wieder einige seiner Papiere verbrannt hatte, schreckte er in der Nacht hoch; er glaubte Feuerschein zu sehen, der sich von unten nach oben fraß; er selbst hatte dieses Feuer angefacht, mit seinen entsetzlich langweiligen Schriften. Senkrecht saß er im Bett, die Haare standen ihm zu Berge. Dann hörte er Alarmglocken, dazu die Trommeln der Wächter, und er begriff, daß nicht er das Feuer verursacht hatte, sondern daß es draußen, in bedrohlicher Nähe, wütete. Ein heftiger Wind, der ungünstig stand, wühlte es noch weiter auf und trieb es vor sich her. Er sprang aus dem Bett, kleidete sich an. Vom Fenster aus sah er einen roten Schein am Himmel, der mächtig unruhig war, wie von hochjagenden Schatten getrieben. In den Klang der Glocken mischten sich aufgeregte Stimmen, er hörte Hilferufe und irgendwo, weiter weg, ein jämmerliches Weinen. Mit dem Feuer muß man umgehen können, man darf, wenn es sich ausbreitet, nicht in Panik verfallen. Und – man muß den Wind zum Verbündeten haben. Steht der Wind günstig, läßt sich das Feuer besänftigen; steht er ungünstig, werden ganze Städte in Schutt und Asche gelegt. Er lief in die Nacht hinaus. Der Wind hatte noch einmal aufgefrischt. Goethe rannte in Richtung der Stimmen und Schreie, er wußte nur, daß er – helfen wollte. Wenig später, als die Flammen sich gelegt hatten und dafür an anderer Stelle womöglich schon die nächsten Feuer ausgeheckt wurden, schrieb er an die Kestners: Vor Tagen war ein so *schöner Abend, mein Auge war ganz unbefangen über die Natur. Es ward Nacht. Nun muß ich sagen, das ist* ohnehin *immer eine Sympathie für meine Seele, wenn die Sonne lang hinunter ist und die Nacht von Morgen herauf nach Nord und Süd um sich gegriffen hat, und nur noch ein dämmernder Kreis von Abend heraufleuchtet. Seht, wo das Land flach ist, ist's das herrlichste Schauspiel; ich habe jün-*

ger und wärmer stundenlang so ihr zugesehn hinabdämmern auf meinen Wanderungen. Auf der Brücke hielt ich still. Die düstere Stadt zu beiden Seiten, der stilleuchtende Horizont, der Widerschein im Fluß machte einen köstlichen Eindruck in meine Seele, den ich mit beiden Armen umfaßte ... Nächte darauf dann ein gräßlicher Sturm um Mitternacht. Er riß und heulte. Kaum eingeschlafen, weckt mich der Trommelschlag und Lärm und Feuer-Rufen; ich spring ans Fenster und sehe den Schein stark, aber weit. Und bin angezogen, und dort. Ein großes, weites Haus, das Dach voller Flammen. Und das glühende Balkenwerk, und die fliegenden Funken, und den Sturm in Glut und Wolken. Es war schwer. Immer herunter brannt's, und herum ... Es dauerte von ein Uhr bis vollen Tag. Das Feuer ist erstickt, nicht gelöscht. Sie sind ihm nun gewachsen, es wird nicht wieder aufkommen. Und so sag ich Euch nun gesegnete Mahlzeit. Mit überwachten Sinnen, ein wenig als hätt ich getanzt und andere Bilder in der Imagination.

Tatsächlich lassen sich Feuer wohl nie ganz löschen, sie brennen, wenn sie brennen wollen. Er hatte schließlich den Helden, den er sich in Wetzlar ausgedacht hatte, tatsächlich bei der Hand genommen und ihm Leben eingeblasen. In weniger als vier Wochen schrieb er den *Werther*, nachdem er ihn, in einer Art schöpferischer Faulheit, zunächst nur mit sich herumgeschleppt hatte – von Wetzlar nach Ehrenbreitstein, wo Maximiliane lebte, Tochter der Schriftstellerin Sophie von La Roche, von Ehrenbreitstein nach Frankfurt, von Frankfurt nach Darmstadt zu den Heiligen, die zwischenzeitlich nicht viel heiliger geworden waren. Maximiliane, genannt Maxi, was ohnehin besser zu ihr paßte, war vom Äußeren her ein passendes Gegenstück zum Lottchen, klein, schwarzhaarig, mit dunklen Augen, die sich nicht umständehalber verfärbten und gerade deshalb vielleicht so glutvoll dreinblicken konnten. Wenn er Maxi sah, vergaß er Lotte, gar kein Problem, und er dachte, daß das der angemessene Weg sein könnte, Liebes-Schmerzen beizeiten vorzubeugen: Man nehme eine Frau und tausche sie, wenn's denn mit den Gefühlen zu kompliziert werden sollte, alsbald gegen die nächste aus. Das setzt eine gewisse Wendigkeit voraus, man muß locker sein und so lebens-toll, wie man es nur sein kann, wenn man jung ist. Und er war ja, noch immer, jung. Leider wurden ihm weitere Gefühls-Entscheidungen nicht abverlangt; Maxi ehelichte den deutlich älteren Kaufmann Peter Anton Brentano, eine verbogene und leider sehr humorlose Gestalt, die Goethe, als der von Maxi nicht lassen wollte, kurzerhand das Haus verbot. Da war es denn endgültig an der Zeit gewesen, *Die Leiden des jungen Werther* herauszulassen. Sie sollten das Licht der Öffentlichkeit erblicken, diese Leiden, und danach hatte er, der Autor, sich auf elegante Weise von seinem eigenen Leidensdruck befreit. Ein Dichter geht anders mit seinem Leiden um als ein normaler Mensch; er baut es ab, indem er sich an ihm, schreibend, abarbeitet. Das kann nicht jeder, aber jeder kann es zumindest versuchen. Vielleicht ist das ja ein Sinn des Schreibens: sich von etwas befreien, was einem auf der Seele liegt. Lag ihm die Geschichte, die er um Lotte herum ausgesponnen hatte, überhaupt auf der Seele? War das nicht eigentlich schon zu hoch gegriffen? Er hatte den Werther ersonnen, weil der sich als eine Art zweites Ich anbot – für eine Zeit, die bedacht und bewältigt werden wollte. Hinter dem Werther hatte er Stellung bezogen, und je mehr es auf den Schluß der Geschichte zuging, desto weniger konnte noch von einem wahrhaftigen Leiden gesprochen werden. Im Gegenteil, Goethe hatte ja seinen Spaß gehabt, als er den armen Werther Selbstmord begehen ließ. Eine reale Episode diente ihm dabei als Vorbild: Karl Wilhelm Jerusalem, ein flüchtiger Bekannter aus Wetzlarer Tagen, hatte sich, aus Liebe zur Frau eines Freundes, erschossen, was für einiges Aufsehen sorgte. Man diskutierte den Selbstmord, besonders im Kreise der Heiligen; die Damen schwärmten mit glänzenden Augen: Ach, so viel Liebe, so viel Empfinden, und zum Schluß dann dieses so dekorative Unglück. Am liebsten hätte jede von ihnen ihren eigenen Selbstmordkandidaten bei sich gehabt; die Liebe, so schien man sagen zu wollen, erhält erst durch den Tod ihre wahre Beglaubigung. Blödsinn, knurrte Merck, ein Kerl, der sich erschießt, nur weil er bei einem Weib nicht landen kann, ist nicht ganz richtig im Kopf. Was meinst du, Goethe?

Der dachte sich sein Teil, schrieb, ohne etwas darüber verlauten zu lassen. Schließlich hatte er sein Manuskript fertig, schickte es dem Verleger. Er fühlte sich leicht und unbeschwert, auch ein wenig traurig, weil der Rausch des Schreibens, in dem er sich befunden hatte, verflog. Und gut fühlte er sich – wie jemand, der weiß, daß er, zum erstenmal womöglich, Außergewöhnliches vollbracht hat. Er selbst war zum Werther geworden, hatte ihn sagen lassen, was *er* sagen wollte. Die Geschichte sollte für sich stehen; ihr Autor war uninteressant, er nannte ja nicht mal seinen Namen. Immerhin hatte dieser Autor seinem unglücklichen Werther noch erlaubt, am Tag vor dem Ende Zweifel an der Endgültigkeit des Todes zu äußern; das Leben und die Liebe, so sagt eine Hoffnung, sind nicht unterzukriegen, sie reichen über den Tod hinaus. *Zum letzten Mal denn,* schrieb Werther, *zum letzten Mal schlage ich diese Augen auf. Sie sollen, ach, die*

Sonne nicht mehr sehen, ein trüber neblichter Tag hält sie bedeckt. So traure denn, Natur! dein Sohn, dein Freund, dein Geliebter naht sich seinem Ende. Lotte, das ist ein Gefühl ohnegleichen, und doch kommt es dem dämmernden Traum am nächsten, zu sich zu sagen: das ist der letzte Morgen. Der letzte! Lotte, ich habe keinen Sinn für das Wort: der letzte! Stehe ich nicht da in meiner ganzen Kraft, und morgen liege ich ausgestreckt und schlaff am Boden. Sterben! was heißt das? Siehe, wir träumen, wenn wir vom Tod reden. Ich habe manchen sterben sehen; aber so eingeschränkt ist die Menschheit, daß sie für ihres Daseins Anfang und Ende keinen Sinn hat. Jetzt noch mein, dein! dein, o Geliebte! Und einen Augenblick – getrennt, geschieden – vielleicht auf ewig? – Nein, Lotte, nein – Wie kann ich vergehen? Wie kannst du vergehen? Wir sind ja!

Tatsächlich war es inzwischen unmöglich geworden, daß sie vergingen, Lotte und ihr Herr Werther, der eigentlich Goethe hieß. Im Herbst 1774 nämlich war sein Roman erschienen, und er wurde auf eine so atemberaubende Weise erfolgreich, daß an Vergehen, an Vergänglichkeit, zumindest des geschriebenen Wortes, nicht mehr zu denken war. Das Buch löste eine Hysterie aus, es schien den Nerv der vielen Empfindsamen zu treffen, die es allüberall in den deutschen Landen gab. Endlich wurde ihnen ein Thema an die Hand gegeben, über das sich zu reden lohnte: Nicht die so arg unergiebige Politik war dieses Thema, nicht die offensichtliche Machtlosigkeit des einzelnen im verkrusteten Gesellschaftsgefüge, sondern das schier Unvergängliche, das Zeitlose: Liebe und Tod, die Macht der Gefühle und die Notwendigkeit, seinem Leben eine Entscheidung zuzumuten – für die Liebe oder für den Tod. Daß man sich, irgendwo zwischen Liebe und Tod, auch für das Leben entscheiden kann, indem man, fast beiläufig, auf ein Glück unter veränderten Vorzeichen und mit anderem Personal setzt, mußte die empfindsamen Leser des Romans nicht unbedingt interessieren; sie wurden dazu gebracht, Werthers Weg mitzugehen – bis zum bitteren Ende. Goethe, der schnell als Autor des anonym erschienenen Werkes erkannt worden war, kamen die Reaktionen, die sein Buch auslöste, maßlos übertrieben vor. Waren sie denn verrückt geworden, diese Menschen und Leser, die der Unterschied zwischen Literatur und Leben plötzlich nicht mehr berührte; sie nahmen ein einziges schmales Büchlein zum Anlaß, ihren Gefühlen, die sich ansonsten unter den äußeren Verhältnissen zu ducken hatten, auf einmal freien Lauf zu lassen. Ein jeder wollte unglücklich verliebt sein, ein jeder wollte das wunderbare Leid auskosten, das von der Liebe verursacht wird. Sogar den Selbstmord spielte man nach, in aller Ernsthaftigkeit. Zwei oder drei ganz schlaue Zeitgenossen spielten ihn so ernsthaft nach, daß sie sich stilgerecht umbrachten – mit Abschiedsbrief und in der Wertherschen Kluft, die Goethe beschrieben hatte. Als der erste von ihnen entdeckt wurde, noch bevor er den letzten Seufzer getan hatte, bot er keinen erhebenden Anblick: Man fand ihn *an der Erde ohne Rettung, der Puls schlug, die Glieder waren alle gelähmt. Über dem rechten Auge hatte er sich durch den Kopf geschossen, das Gehirn war herausgetrieben. – Aus dem Blut auf der Lehne des Sessels konnte man schließen, er habe sitzend vor dem Schreibtisch die Tat vollbracht, dann ist er heruntergesunken, hat sich konvulsivisch um den Stuhl herumgewälzt. Er lag gegen das Fenster, entkräftet auf dem Rücken, war in völliger Kleidung, gestiefelt, im blauen Frack mit gelber Weste.*

Goethe erinnerte sich, daß er den Schluß des *Werther* mit

einem boshaften Lächeln geschrieben hatte. Vom Selbstmord war er nie ein Freund gewesen, er ließ ihn allenfalls als theoretische Erwägung gelten, aber wenn schon – dann wollte er doch nicht so krepieren, mit zerschossenem Kopf und herausgetriebenem Gehirn. Er hatte eine Flasche Wein getrunken, als der Werther endlich tot war, armer Kerl; danach eine zweite Flasche zum Gedenken auf einen Mann, der sein Leben wegwarf, noch bevor er es richtig gelebt hatte. Aus Liebes-Gründen. Lachhaft; keine Liebe ist so viel wert, daß sie ein Leben aufwiegt. Seine Gedanken waren angenehm und schwer geworden, schwerer noch als der Wein, den er trank. Ein wohltätiger Schleier kam ihm vor die Augen, der für einen Moment aufriß, als er sich selbst sah, schemenhaft, eine weinselige Gestalt, mit gerötetem Gesicht, noch immer gut, ja eigentlich sogar noch besser aussehend, und er wurde, ehe er wirklich begreifen konnte, was sich da ergab, zum allergrößten Dichter Deutschlands ausgerufen, ein Vorgang, der sich nicht einhellig abspielte, weil Deutschland aus so vielen kleinen, teilweise ja lächerlich kleinen Ländern bestand, und ihm fielen diese Länder daher nach Art der Dominosteine zu, von denen einer den anderen anstößt, auf daß schließlich alle fallen. Er hatte noch die Stimmen der Ausrufer gehört, in jedem kleinen Ländchen ein Ausrufer für den nunmehr größten aller deutschen Dichter, ihre Stimmen legten sich übereinander, wurden drohender, das Publikum kam, es bestand aus lauter blaugelb gekleideten Figuren, die ihn umzingelten, fehlte nur noch, daß sie ihre Pistolen zogen. Er war dann aber, nach der wohl dritten oder vierten Flasche Wein, dankenswerterweise eingeschlafen, lag unter dem Tisch, und aus dem Mundwinkel rann ihm der Rotwein, als wär's kostbares Dichterblut.

Und dann? Dann war dieser Traum, eigentlich kaum mehr als eine sekundenschnell auflodernde und vorbeiziehende Vision, mit einem Mal Wirklichkeit geworden. Er, Goethe, galt, wie ihm alle möglichen Leute bestätigten, als Deutschlands erfolgreichster Dichter. Noch nie hatte man einen Roman so aufgenommen wie *Die Leiden des jungen Werther*. Dabei gab es nicht nur Zustimmung für das Werk, es gab auch Nörgler und Querulanten. Das Übermaß an Gefühl wurde bemängelt, die der Autor seinen Lesern zumutete; man rügte, daß er, nicht zuletzt weil er seinen Helden ohne jede Vernunft handeln ließ, gerade der Jugend doch wohl ein schlechtes Beispiel biete. Goethe lachte, er sah die Kritiker vor sich, die so etwas schrieben: Es konnten nur alte Säkke sein. Obwohl ihm der Rummel, der sich um seine Person entspann, schnell lästig wurde, genoß er ihn auch, schließlich hatte er ja genau das gewollt: zum berühmten Dichter zu werden. Aber – so berühmt?

Es war dann, nun ja – es war dann diese nervige Unruhe über ihn gekommen, die auch jetzt noch anhielt, als er, in einer vorgeblich ruhigen Minute, daheim auf dem Bett lag und seine Gedanken zu ordnen suchte. Noch immer störte niemand, Clauer schwieg oder war tot, das Haus wirkte wie ausgestorben. Es hatten sich auch noch keine weiteren Verehrer oder Bewunderer eingestellt. Nur eine häßliche alte Taube kam angeflogen und gurrte draußen auf dem Dach. Ruhe! brüllte er. Blödes Vieh! Die Taube erschrak, sie gab tatsächlich Ruh'. Na bitte, murmelte er, es geht doch – wenn man nur will. Aber es ging eben nicht; die Ruhe, die er sich herbeiwünschte, wollte sich nicht einstellen, er war ein einziges erfolgreiches Nervenbündel. Nicht äußerlich, nur – im Kopf. Albern. Daß man vom großen Erfolg so unruhig werden kann, eigentlich müßte doch das Gegenteil eintreten. Gelassenheit, Stärke sollten einen überkommen, grandiose Selbstsicherheit, die aus den süßen Klängen des Ruhms erwächst. Er sprang auf. Zur Ruhe kommen kann nicht, wer sich krampfhaft ruhigzustellen sucht, man muß bewegt sein, sich in Bewegung halten, bis die natürliche Müdigkeit kommt und einem, vorübergehend, die Unruhe nimmt; er hatte das ja schon ausprobiert. Durch Eislaufen beispielsweise.

Er nahm sich seine Schlittschuhe und lief hinunter zum Main, der in diesen knüppelkalten Tagen nahezu zugefroren war. Die Sonne sackte schon ab, sie hatte geglüht, winterlich stark, und nun war noch ein Abglanz jener Stimmung zu sehen, die ihm am liebsten war: ein sanftes Eindunkeln fand statt, das keine Eile kannte. Am Himmelsrand, dort wo das Land sich verlor, stand sein Terrain, sein Himmel- und Landstrich, der stilleuchtende Horizont, der, in der Ferne, wie ein flimmerndes, auf Friedfertigkeit gesetztes Restfeuer aussah. Das Feuer glimmte für ihn, es konnte eigentlich nicht ausgehen, jede Nacht, jede Dunkelheit würde es unbeschadet überstehen. Die meisten Leute gingen schon nach Hause, ihnen wurde es zu kalt. So war er schließlich allein auf dem Eis, drehte seine Runden, die Kufen knirschten über dünnen Schnee und dickes Eis. Ob das Eis wirklich dick war, dick genug? Manchmal tat's unter ihm ein eigenartiges Geräusch; als wenn der in Eis gelegte Main einen Rülpser unterdrückte, der vornehme Fluß. Und wenn er nicht mehr vornehm sein wollte, der Fluß? Dann würde er aufstoßen, aufstoßen auch das Eis, und der Deutschen nunmehr berühmtester Dichter würde im eiskalten Wasser versinken. Und absaufen. Ein erfolgreicher Mensch muß sein Testament machen, dachte er. Beizeiten. Wem sollte er die Reichtümer, die er noch gar nicht hatte, vererben, wem seine Pläne, Ideen. Am ehesten wohl seiner Schwester, aber die wäre, an der Seite ihres rechtschaffenen Schlosser, zu traurig, zu rührselig gewesen, um etwas damit anzufangen. Also besser gar nichts vererben, alles verbrennen. Irgendwo dort vorn, an seinem Gestade, am – stilleuchtenden Horizont. Keine Rülpser mehr jetzt unter seinen Füßen, er lief in der einsetzenden Dunkelheit weit hinaus aufs Eis, und da ihm, in diesem Augenblick, niemand zusah, riskierte er einen Sprung, den doppelten Goethe sozusagen, und er fiel, leider, fiel auf Arsch und Eis, und der Main erbebte.

Lauter Brandraketen

Der Mann war jung, wendig und nicht auf den Mund gefallen. Er hieß Philipp Seidel und war seit einigen Wochen Goethes Diener. Daß der berühmteste Dichter Deutschlands jetzt einen Diener brauchte, war so klar wie Oberräder Fleischbrüh', eine der Spezialitäten, welche Mutter Aja in ihrer Küche herzustellen pflegte. Was den Ruhm anging, so hätten dem Dichter ja eigentlich zwei oder drei Diener zugestanden, aber er nahm erst mal mit dem einen vorlieb. Seidel gehörte zu den Schutzbefohlenen des Kaiserlichen Rates, der manchmal ein so großes Herz hatte, daß sich sein Gerechtigkeitssinn in den offensichtlichen Ungerechtigkeiten verhakte, die es auf der Welt gab, und dann kamen ihm schwere, aufrührerische Gedanken in den Sinn. Die behielt er aber für sich, denn sie befremdeten und erschreckten ihn. Er half lieber aus dem Halbverborgenen heraus, dort fühlte er sich am wohlsten. Ansonsten hatte der Rat mit seiner gewohnten Übellaunigkeit zu tun, die ihm zur verläßlichen Gefährtin geworden war. Der Verdacht, den er hegte, daß seine andere Gefährtin, die ihm offiziell angetraute Frau Aja, an der Übellaunigkeit schuld sein könnte, war ihm längst bestätigt worden. Immer wenn er nämlich die Gattin ansah, was sich bei manchen Gelegenheiten ja leider nicht vermeiden ließ, versetzte es ihm einen Stich unnützen Zorns: Diese Frau, deren übertriebener Frohsinn sich einfach nicht legen wollte, stand vor ihm wie ein leibhaftiges Ärgernis. Sie lächelte ihn an – so als gäbe es noch immer die Liebe und das Glück auf Erden. Sie war blind, die Frau Aja, blind und ständig überwältigt von ihren realitätsfernen und vielleicht gerade deswegen so guten Gefühlen.

Wir gehen aus, Seidel, sagte der junge Herr Goethe.

Sie gehen aus, Herr, sagte Seidel. Ich bleibe lieber hier, denn ich störe doch nur beim Damenbesuch.

Wer sagt dir, daß ich eine Dame besuchen will?

Für einen Diener war Seidel recht respektlos, aber man konnte ihm nicht lange böse sein. Ich will nicht ewig Diener bleiben! hatte er schon mehrfach geäußert. Er meinte es ernst, Seidel war ehrgeizig. Wer wie er aus einfachen Verhältnissen kam, mußte sich beizeiten nach einflußreichen Gönnern umschauen. Der Kaiserliche Rat war so ein Gönner, und sein Sohn konnte es noch werden. Zur Zeit hatte der Sohn allerdings mehr mit sich selbst zu tun; der Ruhm war über ihn hereingebrochen wie ein Unwetter und machte ihm zu schaffen. Der junge Herr Goethe, den man für ein Genie hielt, benahm sich, als wenn er ständig unter Beobachtung stünde. Seidel hatte einen Blick für das Gebaren der Menschen, er sah ihre Abweichungen vom Gewöhnlichen, er bemerkte ihre Absonderlichkeiten. Goethe war der Ruhm, der über ihm hing, zweifelsohne zu Kopf gestiegen und machte sich dort, im Kopf nämlich, als kaum zu beschwichtigende Unruhe breit. Das zeigte sich zum Beispiel in seinen Augen, die hin und her spähten, ohne Halt zu finden. Ständig bewegten sie sich; in Sorge, daß etwas verpaßt oder versäumt werden könnte. Goethe hatte von dieser Unart Kenntnis, er mühte sich jedoch, sie positiv zu sehen. Das Leben ist ein abziehender Tanz, sagte er, und ich bewege mich an seiner Spitze. Was am Ende des Zuges geschieht, berührt mich nicht, auch nicht das, was die vielen Mitläufer anstellen. Dabei glänzten seine Augen, unruhig, fiebrig. Die Unruhe war, glaubte Seidel, über Nacht gekommen. Er erinnerte sich nämlich noch, daß der junge Herr zuvor von geradezu aufreizender Gelassenheit gewesen war. Seine Augen, dunkelbraun damals, inzwischen durch das unentwegte Umherspähen heller geworden, ruhten auf dem Gegenüber, schienen sogar mit freundlichem, ein wenig überheblichem Spott durch ihn hindurchsehen zu wollen. Eine bemerkenswerte Selbstsicherheit strahlte er aus, der junge Herr Goethe. Man konnte davon etwas auf sich ableiten, so war es Seidel vorgekommen. Er reckte sich unter seinem Blick, wuchs ein paar Zentimeterchen in die Höhe. Man wird groß, wenn man nur das wirklich Große zu sich hereinläßt, hatte Goethe gesagt. An diese Devise wollte sich auch sein Diener halten, der jedoch schon bald gemerkt hatte, daß sich das einfacher anhörte, als es war. Wie sollte man das wirklich Große erkennen, wie es bestimmen in der Fülle der täglichen Erscheinungen? Das ging doch nur, wenn man schon Bescheid wußte, wenn einem das Große, ein ums andere Mal, als groß erschienen war.

Seidel sah seinen Herrn, der, wie so oft in letzter Zeit, vor dem Spiegel stand. Die Schultern ließ er hängen. Es war, als ob sich sein Ruhm auch in einem gewaltigen Schulterklopfen gezeigt hätte: Alle priesen ihn, schlugen ihm unentwegt auf die Schultern, die sich zusammenzogen, duckten unter den Prügeln der Lobeswilligen. Ganz nah war der junge Herr Goethe jetzt an den Spiegel herangerückt, mit der Nase berührte er fast das Sichtglas. Seine Nase bereitete ihm Kummer. Sie war ihm zu weit ausgefahren, ein zu starkes Stück für sein sonst doch so ansehnliches Gesicht. Fand er. Ein Zinken! hatte er schon mal im Zorn gesagt und die Nase vor dem Spiegel so kräftig geknetet, als sollte die gleich darauf abgeschraubt werden. Von Seidel erwartete er Widerspruch, und der hielt auch brav, wenngleich ein wenig matt, dagegen: Aber Meister, sagte er, wie können Sie so etwas behaupten, diese edel geformte, nicht zu übersehende Nase ein Zinken. Nie und nimmer. Da hatte er gelächelt, der junge Herr Goethe; erstaunlich, wie man ihn, und andere wichtige Herrschaften auch, mit einer Schmeichelei gnädig stimmen konnte. Ansonsten aber war der Herr durchaus einverstanden mit seinem Äußeren. Er wußte, besser: glaubte zu wissen, daß er gut aussah und auf Frauen wirkte. So fiel es ihm leicht, wie ein Eroberer aufzutreten, wobei es gar nicht mal die Frauen sein mußten, die er zu erobern gedachte. Mir gehört die Welt, Seidel, sagte er und grinste dazu wie ein Betrüger, dem noch nie jemand auf die Schliche gekommen war. Mir gehört die Welt, aber ich bin ja gar nicht so – dir gehört sie auch, die Welt. Für jeden Kopf eine Welt, für jede Welt ein Schöpfer. Du erschaffst sie dir, deine Welt, Seidel, du selbst bist ihr Schöpfer, und du sprichst mit ihr, legst deine Rede, die so lange währt, wie du lebst, über sie.

Und wenn ich schweige? hatte Seidel gefragt. Wenn ich, ausnahmsweise, mal ganz ruhig bin?

Dann ist das Gespräch am allerinnigsten, sagte Goethe. Dann hörst du, wie beide, du und die Welt, nur noch mit einer einzigen Stimme sprechen.

Er löste sich vom Spiegel, langsam, zögernd. Wir werden sie mitnehmen müssen, die Nase, sagte er. Wußtest du übrigens, daß es in England bereits Ärzte gibt, die ausschließlich der Schönheit verpflichtet sind? Sie entfernen die Häßlichkeit, operieren sie einfach weg, einen zu dicken Busen etwa oder die hängenden Ärsche.

Die hängenden Ärsche? fragte Seidel. Interessant.

Allerdings soll das Können dieser Chirurgen bei weitem noch nicht ausgereift sein. Es hat Tote gegeben, heißt es.

Geschieht ihnen recht.

Wem geschieht was recht?

Wer sich für die Schönheit unters Messer begibt, dem geschieht es recht, wenn er dabei bluten muß, sagte Seidel. Und wenn er krepiert, weil die Schönheit eben doch nicht herzustellen ist, dann geschieht ihm das auch recht. Die Natur läßt sich nicht in ihr Handwerk pfuschen.

Meinst du, sagte Goethe.

Ja, meine ich.

Und was ist mit Gott, mein Diener und Philosoph, läßt Gott sich ins Handwerk pfuschen?

Wenn es ihn gibt, sagte Seidel, wenn es ihn gibt, den Herrgott, und wenn er so ist, wie man ihn beschrieben hat, dann –

Gott ist ganz anders! sagte Goethe. Er strich sich über das gepuderte Haar, drückte Brust und Schultern heraus. Seidel klopfte ihm die Schuppen vom Rock. An der Seite baumelte dem Dichter der Degen. Stört der nicht? fragte Seidel. Bei bestimmten Verrichtungen ist so ein Degen doch nur im Wege.

Ich brauche ihn, sagte Goethe. Zum Beispiel, um dreiste Diener aufzuspießen.

Seidel trat ans Fenster. Die Stadt lag im Licht, das allerdings schwächlich war, eher wie Kunstlicht, das ohne die Sonne auskommen wollte. Für einen Moment wußte Seidel nicht, ob Frühling oder Sommer war. Wahrscheinlich eher Sommer, man würde es warm haben in den Straßen der Stadt, vielleicht sogar zu warm, und dann belästigten einen die Ausdünstungen der Leute, die alle so rochen, als hätte man sie direkt aus den Kanalisationsgräben gezogen, die am Rande der Straßen verliefen. Es gab seit einiger Zeit Pläne, den gesamten menschlichen und tierischen Unrat über neu zu installierende Abwasserrohre ins Unterirdische abzuleiten, dorthin wo auch, im tief Abgründigen, noch viel weiter unter der Oberfläche, die Hölle vermutet wurde. Das würde echten Fortschritt bedeuten, zweifellos; keine Scheiße mehr, die entweder in der Sonne zu dampfen begann oder bei heftigen Regenfällen aus den Gräben geschwemmt wurde und durch die Straßen trieb. Oder sich in Hauswinkeln und Kellernischen festsetzte, wenn das Wasser, bei wieder einsetzender Trockenheit, in aller Langsamkeit zurückging und dabei zu schwach war, den Kot, den es ausgeschwemmt hatte, mitzunehmen. Seidel besaß zwar eine kleinere Nase als sein Herr, aber dafür war sie empfindlicher; für Seidel konnte der Mensch schon deswegen nicht als erhabenes Geschöpf gelten, weil der, genau besehen, nur ein Verdauungstier war, das, ungeachtet all seiner hochgeistigen Anstrengungen, am Fressen und Saufen hing und deswegen so viel

Scheiße produzierte. Das war nicht gut eingerichtet vom Herrgott, fand er, diese ganze Stoffwechselei mit ihrem Obenhinein und Untenwiederheraus, ein ständiges Arbeiten, um am Leben zu bleiben, und am Schluß blieb nur der Gestank.

Als sie vor die Tür traten, stellte Seidel fest, daß er sich wohl verguckt hatte. Es war nicht warm, es lag auch kein sonderlich helles Licht über der Stadt, und die Sonne war überhaupt nicht zu sehen. Am Himmel schoben sich schwärzliche Wolken ineinander, sackähnliche Gebilde, gefüllt mit Regen und Nässe. Kaum waren sie um die erstbeste Ecke gebogen, ging es auch schon los; ein dicker Tropfen platschte herunter und fiel direkt auf die bemerkenswerte Nase des Herrn Goethe. Der sah ganz verblüfft drein, fast ein wenig dümmlich, so als habe er mit diesem überraschenden Angriff von oben nun wirklich nicht rechnen können. Er äugte hinauf zu den schwärzlichen Wolken, schüttelte den Kopf. Himmel, Arsch und Schweinepest, rief er, was geht da vor. Etwas stimmt da nicht in diesem Himmel! Der schien das wörtlich nehmen zu wollen und öffnete nun vollends seine Schleusen. Er schickte herab, was verfügbar war – einen Regen, der wie ein einziger großer Wasserfall herniederging. Dazu kam Wind auf, der die Nässe zu Fontänen bündelte und ziellos umhertrieb. Goethe drückte sich in einen Hauseingang, mit beiden Händen schützte er seine Frisur. Ich schlage vor, das Rendezvous zu verschieben, sagte Seidel.

Nichts da, knurrte Goethe, die Liebe kann man nicht verschieben.

Du gehst zurück und holst den größten Schirm, den wir haben. Ich warte hier. Wenn man nämlich genauer hineinsieht in diesen Regen, kann man erkennen, daß er vom Licht geradezu musterhaft durchwebt wird. Zwischen den Wasserfäden, um ein geringes zurückversetzt, tut sich ein Lichtgitter auf. Als wenn die Helle, vorübergehend, inhaftiert worden wäre und eine Zeitstrafe im Dunkeln absitzen muß, das letztlich jedoch immer unterliegen wird, ich weiß das, denn ich bin des Wahren und Hellen glühendster Freund. Siehst du denn nichts, du blinde Nuß?

Nein, sagte Seidel, ich seh' nichts. Aber ich darf nochmals fragen: Sie wollen, auch bei diesem saumäßigen Hundewetter, zur Dame?

Ja, sagte Goethe. Du hast nicht nur was an den Augen, sondern auch an den Ohren.

In dem Hauseingang stand er einigermaßen sicher; über ihm war ein Erker, der zwar den schlimmsten Regen abhielt, an einem Eck jedoch unaufhörlich dicke Wassertropfen herabfallen ließ, die direkt auf seine linke Schulter prallten und dort ein Gefühl wachsender Taubheit erzeugten. Seidel verschwand. Beim Weggehen hörte er ihn noch brummeln: Lichtgitter, eine Zeitstrafe im Dunkeln absitzen, Blödsinn. Goethe lächelte. Wenn er nicht Glückskind, sondern Diener gewesen wäre, den sein Herr durch den Regen scheuchte, nur um einen Schirm zu holen, der anschließend ebendiesem Herrn schützend über den kostbaren Kopf gehalten werden mußte – er hätte auch geflucht. Vor seinen Augen begann das Lichtgitter zu zittern, es verschob sich von Sekunde zu Sekunde, so als wollte es von der baldigen Auflösung ablenken, die ihm bevorsteht. Der Wind, der stärker geworden war, schien von innen her an seinen Gitterstäben zu rütteln; dazu jaulte und heulte er wie ein übernervöser Hund. Goethe mochte keine Hunde. Als kleiner Junge war er einmal in einen Hundehaufen getreten. Es war kein fester Haufen, sondern ein frisch gelegter, gelbweich aufquellender Auswurf, der so hundserbärmlich stank, daß der kleine Junge, angefüllt mit einer Woge nie gekannten Ekels, sich über diese Hinterlassenschaft beugen mußte und so verblieb, nahezu bewegungsunfähig, in gekrümmter, der elendigsten Abscheu geschuldeten Haltung. So bemerkenswert war sein Ekel, daß dem sogar die natürliche Reaktion, das gewöhnliche Kotzen nämlich, vorenthalten wurde; der Ekel verwandelte sich in Faszination. Erst als, an der Seite seines Herrchens, ein Köter auftauchte, in dem er sogleich den Verursacher des scheußlichen Scheißhaufens erkannte, konnte er sich wieder rühren. Vorsichtig richtete er sich auf. Der Köter kläffte ihn an. Wenn dessen Herrchen nicht dabei gewesen wäre, das noch dämlicher aussah als der Hund, hätte Goethe einen Stein genommen und das Tier erschlagen. Das Bild des Knaben jedoch, der sich zur Erde beugt und gebannt auf einen dampfenden Haufen Hundescheiße starrt, hatte sich ihm eingeprägt, unauslöschlich; von ihm kam er nicht mehr los. Er schüttelte sich. An dampfende Hundehaufen mochte er nicht mehr denken, jetzt, da bereits eine leichte Übelkeit in ihm aufstieg. Wer auch immer für die Schöpfung verantwortlich war – mit der Erschaffung des Hundes war ein kapitaler Fehlgriff getan worden. Eine Hundepest müßte her, hatte Goethe gedacht, sie würde flächendeckend zuschlagen und alle Kläffer, Köter, Tölen dahinraffen, gnadenlos. Dann wäre Ruh'. Vermissen würde die Hunde keiner – außer ihren beschränkten Herrchen und Dämchen. Die starben dann am gebrochenen Herzen, und auch danach wäre Ruh'.

Der Regen rauschte, und Seidel kam zurück. Er hielt einen starken Schirm in der Hand und versuchte, den Pfützen und Sturzbächen auszuweichen. Bei diesem Wetter jagt man keinen Hund vor die Tür! knurrte er.

Sie gingen durch die Gassen. Frankfurt das Regennest. Kein Mensch war unterwegs, keine Sau, kein Hund. Seidel hielt den Schirm in der linken, blaurot angelaufenen Hand. Sein Herr konnte sich nicht beklagen, er wurde kaum naß. Nur wenn eine Windbö, seitlich oder quer einfallend, durch die Häuserreihen fegte und den Schirm wegreißen wollte, bekam auch der Dichter noch etwas ab. Ansonsten mußte sein Diener herhalten. Seidels Arm war schon steif, sein Kopf lag ihm auf den Schultern wie eine Wassermelone, die aufzuweichen drohte, und in seiner Hose, die bei jedem vierten Schritt ein unfeines Geräusch aufsteigen ließ, fühlte er sich wie ein Bettnässer, der seine besten Jahre noch vor sich hat. Der Teufel soll ihn holen, murmelte Seidel, und dem berühmten Dichter einen nassen Arsch machen.

Was hast du gesagt?

Nichts. Ich habe mir nur erlaubt, den Regen ein wenig zu verfluchen.

Endlich erreichten sie ihr Ziel, ein alleinstehendes Haus am Ende einer schlecht ausgeleuchteten, abschüssigen Straße. Das Haus war, bis auf ein paar rote Lichter, die sich im Hintergrund langsam auf und ab bewegten, nahezu dunkel. Man konnte meinen, Musik zu hören, die sich von den Lichtern löste und hinausdrang in den noch immer niedergehenden Regen. Wo sind wir hier denn? flüsterte Seidel. Ein merkwürdiges Haus.

So merkwürdig nicht, daß du flüstern müßtest, sagte Goethe.

Sie traten ein. Ein Bedienter nahm Seidel den Schirm ab.

Goethe gab ihm ein Zeichen. Warte hier, sagte er zu Seidel. Man wird sich um dich kümmern. Er folgte dem Bedienten, der die teppichbelegte Treppe zum oberen Stockwerk emporschritt. Von dort oben kam auch der Kerzenschein, das rote unruhige Licht. Seidel zitterte. Er fror. Am liebsten hätte er jetzt ein heißes Bad genommen und dazu einen ebenso heißen Apfelwein getrunken. Er hörte seinen Herrn sprechen, weit weg. Zwei Frauenstimmen antworteten ihm, sie lachten, gurrten, wisperten. Goethe wurde lauter; es war, als ob er dort oben, weit weg, mit einer Privatvorstellung begänne – und sein Publikum bestand nur aus Damen, die, dachte der zitternde Seidel, vielleicht gar keine Damen waren. Er spürte eine Hand, die sich an ihm zu schaffen machte. Es war eine zarte Hand, und sie brachte andere zarte Hände hinzu, die ihm die nassen Kleider vom Leib schälten. Er schloß die Augen, überließ sich den Händen, die wohl wußten, was sie taten. Angenehmste Gefühle durchzogen den Diener Seidel, der jetzt nicht mehr fror. Warm wurde ihm, immer wärmer, sein Atem ging schnell, und über ihm, weit weg, unterm Dach lachte sein Herr, von dem man meinen konnte, daß er die Vorzugsbehandlung, die dort unten, im Dunkeln, seinem Diener Seidel widerfuhr, höchstpersönlich in Auftrag gegeben hatte.

Als die Damen, die vielleicht gar keine Damen waren, zu albern wurden, hatte der Spaß ein Ende. Goethe verabschiedete sich, die Damen legten ein gewisses Bedauern in ihr Wispern, Gurren und Kichern. Er ging die teppichbelegte Treppe hinunter, vorbei an den unteren Gemächern, in denen man sich um Seidel kümmerte, für den der Spaß noch nicht zu Ende war. Er gönnte es ihm, für den Ernst des Lebens würde er, Seidels Herr und Meister, schon bald wieder sorgen. Draußen regnete es nicht mehr grob, nur noch vornehm, in feiner Verhüllung. Es war Nacht. In einiger Entfernung trottete ein Nachtwächter einher, er sang, als ob er besoffen wäre. Goethe nahm den gleichen Weg zurück, auf dem sie gekommen waren. Am Horizont, über Häuserreihen aufschimmernd, sah man einen Himmel, der wieder seinen rötlichen Schein trug. In diesem Augenblick spürte er eine Sehnsucht in sich, die ihn glücklich und traurig zugleich machte. Er dachte an eine Liebe, die so herzergreifend war, daß sie wie von selbst über alle Schwierigkeiten hinwegtrug – über den Alltag, die Mißgunst der Leute, den herrischen Wunsch, allein zu sein und zu bleiben. Ein Gesicht blitzte in ihm auf, ein Kopf, eine Gestalt, die sich so schnell zusammenfügten, daß sie, als er sie im Gedanken festhalten wollte, sogleich wieder auseinanderbrachen. Und doch hatte er jetzt eine Vorstellung, wie diese Liebe aussehen könnte, er würde sie, dachte er, ohne Mühe wiedererkennen. Der Regen perlte über seine Haut, er setzte sich in seinen Haaren fest. Ein warmer Schauer lief ihm den Rücken hinunter; er war, in diesem Augenblick, jung und alt zugleich, ein Dichter und Denker, aber auch ein lächerlich unwichtiger Dummkopf, den man jederzeit abberufen konnte. Von dieser Welt. Der Nachtwächter kam ihm entgegen, er torkelte mehr, als daß er ging. Goethe sah, daß der Mann sich aus einem Fläschchen Mut zusprach. Er grüßte. Der Mann nickte, hob sein Fläschchen und prostete ihm zu. Die Laterne, die er in der Hand hielt, war eigentlich eine trübe Funzel, aber unter Goethes Blick nahm sie zu, an Leuchtkraft, an Gewicht, und im stillen Regen, der alles einhüllte, umgab sie schließlich das schon einmal an diesem Abend gesichtete Gitter aus Licht. Es wurde kaum schwächer, obwohl der Mann, von dem es sich tragen ließ, schon weitergetorkelt war. Als Goethe stehenblieb und sich noch einmal umdrehte, erschien es ihm, aus naher Ferne grüßend, wie ein Abkömmling des guten Sterns, der ihn bislang so zuverlässig begleitet hatte. Der Nachtwächter begann zu singen, erst das Lied seines Berufsstandes *Hört ihr Leute, laßt euch sagen*, dann, frohgestimmt vom Inhalt des Fläschchens, eine Art Eigenkomposition, deren Refrain sich anhörte wie *Jaja, die Alte brunzt ins Nest*. Oder so ähnlich. Das Lied blieb Goethe im Kopf, wo es sich geradezu blödsinnig wiederholte und im Kreise drehte. Zu Hause angekommen, begab er sich gleich auf sein Zimmer. Er hatte keine Lust, sich auszuziehen; lieber legte er sich in voller Montur aufs Bett, dann konnte er auch schneller hinaus, wenn ihm wieder nach Flucht, nach Abenteuern der Sinn stand. Noch immer orgelte das Lied in seinem Kopf. Er kam sich selbst wie der Nachtwächter vor, ein Trunkenbold, der nichts mehr unterscheiden konnte. In seinem Kopf war kein Platz mehr für klare Gedanken, es wurde nur noch gemahlen und wiedergekäut. Er schloß die Augen. Am Fenster seines Zimmers rann der Regen hinunter, der wieder stärker geworden war. Es schien das einzige Geräusch zu sein, das in seine Ohren wollte, ansonsten herrschte, bis auf das übliche Knacken im Gebälk, Ruhe. Friedhofsruhe. Nichts zu hören vom armen Clauer, vom Kaiserlichen Rat, von der Frau Aja, von dienstbaren und weniger dienstbaren Geistern, von der Welt – selbst. Was er hörte, war sein schwerer Atem und, tatsächlich, das etwas angestrengte Pochen seines Herzens. So müßte man sterben, dachte er, und dabei gelang es ihm endlich, die blödsinnig orgelnde Musik aus seinem Kopf zu bekommen, so müßte man sterben. Jung und berühmt. Genial und gutaussehend. Jaja. Aus dem Schlaf direkt abberufen werden – in den Tod. Ein Vorgang, der kaum merklich ist, weil sich ja, im Grunde, nichts ändert; der Schlaf ist nur der jüngere Bruder des Todes. Der eine bereitet das Geschäft des anderen vor, übt es ein, so als wäre es tägliche Pflicht und Wohltat zugleich. Aber wollte er denn sterben; ein Quatsch, ein großer, er wollte doch gar nicht sterben, so früh und so jung und in der Blüte seiner bis jetzt doch so herrlichen Jahre. Da geriet ihm ein Mann vor seine geschlossenen Augen, ein unangenehmer Patron, hager, bärtig, unendlich mißmutig dreinblickend. Die Mundwinkel hingen ihm herab, fast bis auf die Erde. Der Mann kam nicht aus dieser Zeit, das war sofort zu sehen. Goethe hielt ihn für einen Nachfahren, für einen Zukünftigen. Vom Stand her, dachte er, könnte der Kerl Professor sein. Er hat so viel Besserwisserei, so viel Mißgunst in seinen trüben Augen. Das Bild komplettierte sich, der Mann rückte etwas in den Hintergrund, was das Ungünstige seiner Erscheinung jedoch nur noch vertiefte. Dafür saßen jetzt im Vordergrund, in unbequemen Stuhlreihen, einige junge Leute herum, sie langweilten sich fürchterlich. Einige schliefen, andere hatten den Kopf, der ihnen wohl abzufallen drohte, in beide Hände gestützt. Der Mann, er war tatsächlich Professor, redete von einem Podest auf sie herab. Manchmal kratzte er sich dabei, im Bart oder auf dem Schädel, dann fielen ihm Schuppen oder ein paar schorfige Essensreste aus dem Gesicht. Das alles sah man sehr deutlich, in einem auf das Wesentliche konzentrierten, halbschattigen Licht. Seine unruhige Helle bildete einen Suchstrahl, der umherglitt und fündig wurde. Meistens blieb er an dem häßlichen Professor haften, der ja auch, so war's wohl gewollt, den Mittelpunkt der merkwürdigen Szenerie bildete. Er redete als einziger; es war, als ob er die vor ihm hockenden Studenten, die alles an sich abprallen ließen, mit Worten bewarf. Goethe hätte sie am liebsten rausgeschmissen, aus seinem Kopf, diese ganze unangenehme Bagage: den ekelhaften Professor, die lümmeligen, freudlosen Studenten, den Suchstrahl, der zu nichts anderem da war, als ihm, dem jungen Goethe, der wehrlos auf seinem Bett lag, ein solches, ungefragt aus grauer Zukunft herbeigezerrtes Bild genauestens auszuleuchten. Er hörte jetzt auch, was der Professor von sich gab. Stellen wir uns diesen Goethe vor, meine Damen und Herren, rief er. Er ist, wir wissen es längst, der berühmteste Dichter in deutschen Landen, aber für den Ruhm, der da über ihn gekommen ist, hat er kaum etwas getan. Von Verdiensten, von verdientem, gar schwer erarbeitetem Ruhm kann keine Rede sein.

Du dummer Hund! dachte Goethe und tastete mit der rechten Hand den Boden vor seinem Bett ab; dort lag sein Degen.

Er hat sich als Glückskind gesehen, fuhr der schmierige Professor fort, und das war er wohl auch, ein Glückskind, das an Glück einstrich, was anderen, die es nötiger gehabt hätten, vorenthalten wurde. So kann es nicht verwundern, daß er, Goethe, zumindest in jüngeren Jahren, seine sogenannte Genialität mit jenem Eifer kultivierte, der nur eitlen Leuten zueigen ist. Versuchen wir uns den Mann einmal vorstellen, jetzt im Jahre 1774, da wir uns, rückwirkend, in sein Leben mit eingemischt haben: Ein mittelgroßer bis großer Mann steht vor uns, an die eins achtzig hoch, mit scharfen, nicht uninteressanten Gesichtszügen. Mit einigem Wohlwollen kann man ihn als gutaussehend bezeichnen. Ausnehmen muß man wohl die Nase, sie ist eindeutig zu lang, dient als Blickfang in einem Gesicht, das ansonsten eher südländisch als deutsch wirkt. Goethe hat einen dunklen Teint, man könnte meinen, daß er zuviel Zeit an einem Badesee oder in einem Sonnenstudio verbracht hat.

Der Professor lachte meckernd, was sich wie der humoristische Ausbruch eines Ziegenbocks anhörte. Seine Studenten nahmen auch das schweigend und dösend zur Kenntnis, sie schienen den Mann zur Genüge zu kennen.

Goethe ist modisch gekleidet, Seide, gutes Tuch; wenn er ausgeht, baumelt ihm an der Seite oft ein grotesk anzuschauender Degen. Man kann froh sein, daß er ihn nicht benutzen muß, denn er ist kein guter Fechter, und im Kampf würde er wahrscheinlich, auf Grund seines Ungeschicks, eher sich selbst verletzen als den Gegner.

Jetzt reicht's! rief Goethe, aber es war nichts zu hören, und er kam auch keinen Zentimeter vom Bett hoch, wie er es eigentlich wollte, um diesem Schweinepriester von Professor das Maul zu stopfen. Was mochte das für eine Zeit sein, was für eine Zukunft!, die sich solche Gestalten als Lehrkräfte leistete.

Goethe, sagte der Professor, stammt aus begütertem Hause, um seinen Lebensunterhalt hat er sich nie irgendwelche Sorgen machen müssen. Das merkt man seiner Gesinnung an, sie ist die eines verwöhnten Bürgersöhnchens, das an Selbstgefälligkeit von Tag zu Tag zulegt, weil, wie gesagt, ab einem gewissen Zeitpunkt und zu allem Überfluß noch der sich sogleich ins Unglaubliche aufspreizende Erfolg hinzukommt. Dieser Erfolg, wir haben es gehört, heißt *Werther*. Man hat diesen Roman, ein qualitativ und quantitativ dünnes Werk, wie eine Offenbarung entgegengenommen, man hat den Affektiertheiten, den ganzen Liebes-Schwulst, den er vorführt, einschließlich seines Finales, des ganz und gar albernen und unglaubwürdigen Selbstmordes, nachzuleben versucht, und man hat damit, möchte ich sagen, dem ganzen Zeitalter, zumindest den Gepflogenheiten des in ihm praktizierten privaten Lebens, den Stempel der Lächerlichkeit aufgedrückt. Verantwortlich dafür ist Goethe, der mit dem Erfolg im Nacken zum Großmaul wird – was übrigens im gleichen Maße für den Menschen wie für den Dichter Goethe gilt. Letzterer, der Dichter, meine Damen und Herren, hat im Jahre 1774, in dem wir uns noch immer befinden, außer seinem dünnen Erfolgsbuch *Werther* noch nicht viel zustande gebracht, das dürfen wir nicht vergessen. Da sind die etwa zwanzig bis dreißig Gedichte, die er in Leipzig schrieb, dazu ein Schäferspiel *Die Laune des Verliebten*; in Straßburg kommen weitere Gedichte hinzu, ein bißchen besser als die in Leipzig aufs Papier geworfenen, dazu ein dröhnender Aufsatz mit dem Titel *Von deutscher Baukunst*. In Frankfurt hat er dann den *Götz* geschrieben, ein kraftmeierisches Theaterstück um einen eher einfältigen als tapferen Ritter, von dessen ganzen Verlautbarungen der Nachwelt bezeichnenderweise wohl nur der bekannte Ausspruch *Er kann mich mal am A. lecken* im Gedächtnis verblieben ist. Schließlich hat er noch weitere Stücke, nein, sagen wir: Stückchen geschrieben beziehungsweise hingerotzt, ich bitte mir die harsche Ausdrucksweise nachsehen zu wollen. Die Titel dieser Nichtigkeiten sind beispielsweise *Das Jahrmarktsfest von Plundersweilern*, *Ein Fastnachtsspiel vom Pater Brey*, *Satyros* oder *Götter, Helden und Wieland*. Etwas ernsthafter zeigt sich unser Erfolgsdichter mit den Fragmenten *Prometheus*, *Der ewige Jude* und dem Theaterstück *Clavigo*, die ebenfalls noch im Jahre 1774 das Licht der Welt erblicken. Das war's dann aber schon, ich mag ein paar Kleinigkeiten vergessen haben, was jedoch nichts zur Sache tut, denn diese Werke sind wahrlich nicht *lauter Brandraketen* gewesen, als die sie von einer dem Dichter ergebenen, somit peinlichen Literaturkritik ausgerufen wurden. So mögen Sie selber urteilen, meine Damen und Herren: Ist dieses Junggenie, dieser verwöhnte, ja selbstverliebte Autor, dieser Hätschelhans, wie ihn seine Mutter gerne nannte, ein außergewöhnlich fleißiger Mensch gewesen, hat er etwa geschuftet wie ein Brunnenputzer oder gearbeitet bis ihm, verzeihen Sie noch einmal, das Wasser im Arsche kochte? Keineswegs.

Mit aller Anstrengung, die er seinem Kopf zumuten konnte, ging Goethe auf den schmierigen Professor zu, er wollte ihn, ein für allemal, vom Podest holen, ihn verscheuchen, rauswerfen aus seinem Kopf. Ja, eigentlich hätte er ihn sogar ganz gerne umgebracht, erwürgt oder mit dem Degen, der noch immer unbenutzt vor seinem Bett lag, zwei-, dreimal locker durchbohrt. Im Halbschlaf hörte er sich ächzen, er kam immer noch nicht vom Bett hoch, er wurde nicht wach, aber er schlief auch nicht richtig, es war einer dieser Zustände, die er als *Wachtraum* kannte und – schätzte. Hatten ihm die Wachträume doch schon manch feinen Einfall beschert, manche geniale Idee gar, und wenn man dann flink und begünstigt genug war, sich kurz darauf noch an alles zu erinnern und das Wesentliche gleich aufzuschreiben, dann hatte man ein Geschenk erhalten, direkt von der Poesie, vom Genius, vom guten Stern, vom wem auch immer. Aber dieser Wachtraum ging ja ganz aus dem Ruder, er war mehr Albtraum als Wachtraum, und da half nur eines: sich wehren, diese Bilderfolge im manchmal doch arg wehrlosen Kopf bekämpfen. Er schaffte ihn denn tatsächlich weg, den

Professor; auf dem Bett liegend, mit noch immer geschlossenen Augen, ächzend und stöhnend und sich aufbäumend, schob er ihn aus dem Kopf, den Professor, dessen lümmelig-gelangweilte Studenten, das konnte er gerade noch sehen, sich darüber zu freuen schienen. Weg war er, der Professor, der solche Unverschämtheiten über ihn ausgespuckt hatte, aber Goethe, über den nun endlich der Schlaf des Gerechten kam, hoffentlich ohne weitere, ihn belästigende Träume, hatte das dumme Gefühl, daß er diesen Kerl, einen von der Zukunft vorzeitig ausgesonderten Schleimer und Schwatzbruder, sowenig loswerden würde wie die Zukunft selbst, die sich ja längst formierte, in und über den Köpfen, um Schicksal zu spielen – mit den unendlich vielen Gestalten des Lebens.

Lili also

Es kommt, wie es kommen muß. Er lachte. Hoch oben stand er, auf dem Großen Feldberg, der so groß nicht war, auch nicht so arg hoch, knappe neunhundert Meter nur, aber eben doch ein Berg, langgezogen, bewaldet, mit einer kahlen Kuppe obenauf, die an die Hinterhauptpartie eines älteren Herrn mit Haarausfall erinnerte. Er war den Berg hinaufgestürmt, atemlos, er hatte, nach andauernden öden Regenfällen, Bewegungsdrang verspürt. Hinaus aus dem Haus, am Kaiserlichen Rat vorbei, der gerade durch die Tür kam und ihn anscheinend noch etwas fragen wollte; keine Zeit, rief sein Sohn, ich muß weg. Wohin? rief der Kaiserliche Rat und erhielt, schon aus der Gasse, die Antwort: Ich komme wieder!, was sich beruhigend anhörte, aber eigentlich keine Antwort war auf seine Frage. Der Sohn lief, als wäre er auf der Flucht – vor dem Vater, der Mutter, vor der ganzen Stadt oder auch nur vor dem Dichterruhm, der noch immer nicht nachließ, sondern eher an Ausdehnung und Wucht zulegte. So schnell war der junge Herr Goethe aus dem Haus gerannt, daß auch sein Diener nicht zu folgen vermochte; er schien zudem nicht erwünscht zu sein, denn man gab ihm, als er zögerliche Anstalten machte, nachzukommen, ein Zeichen, das bedeutete: Bleib, wo du bist! Seidel hatte sich das nicht zweimal sagen lassen. Ein wenig Ruhe konnte nicht schaden, bei diesem Herrn, der spontane Unternehmungen liebte, Überraschungen, die sich allüberall abspielen konnten, in einem seltsamen Haus mit roten Lichtern, in einem Wäldchen, das als Ort für ein geisterhaftes Picknick diente, beim Schlittschuhlaufen, das Seidel haßte, weil er sich nicht gerne aufs Glatteis führen ließ, oder hoch zu Roß, wenn sein Herr, der gern attraktive Damen in Reitkleidung sah, einherritt, als müßte er sich noch mehr erheben über die Welt.

Raus also aus dem Haus, allein, ohne Diener, durch die Gassen, ein Pferd besorgt, das ihn hinaustrug nach Ursel, wo ganz allmählich die Berge begannen, zum Taunus, in dem es, wie verläßlich gemeldet worden war, keine Räuber mehr gab. Er stellte das Pferd ab, bei einem Mann, der darauf aufpassen würde, bis Goethe zurückkam. Natürlich erwartete der Mann ein Geldstück dafür, alles hatte seinen Preis, das war die Devise neuerer Zeit. Den Schlußanstieg zum eigentlichen Gipfel hinauf nahm er zu Fuß, wobei er sein ursprünglich scharfes Tempo etwas zurückgenommen hatte. Man ist ja nicht mehr der Jüngste, murmelte er, grinste. Er schwitzte. Die Luft war feucht und warm, aus den Bodendeckern im Wald dampfte Waschküchendunst. Über ihm schnarrte ein Häher, warnte, und ein paar Krähen, weiter abgesetzt in die oberen Lüfte, antworteten gelangweilt, sie hatten den Dichter längst erblickt. Sein Herz klopfte, es war lauter als sonst, was nicht nur an der Anstrengung lag. Es ließ sich anstecken von den aufrührerischen Gedanken, die in ihm waren. Wie ein Gott, ein kleiner Gott unter Göttern, hatte er sich in den letzten Tagen gefühlt, und das rührte, ausnahmsweise, nicht von der Berühmtheit her, die sie ihm angedeihen ließen. Eine berserkernde Kraft war in ihm, ein Gefühl, jung zu sein, Bäume ausreißen zu können, und tatsächlich hatte er, laut lachend, an einem der Obstbäume im großväterlichen Garten gerüttelt, worauf der Kaiserliche Rat, der, in seinem Gartenstuhl hockend, gerade ein Buch über die Demut der Armen und den Hochmut der Reichen las, aufschaute und sich nach dem Befinden dieses seines einzigen Sohnes erkundigte. Danke, hochwohlgeborener rechtschaffener Vater, hatte Goethe geantwortet und noch mal am Baume gerüttelt, der sich jedoch nicht entwurzeln ließ – mir geht es gut, obwohl Ihr das, Herr Vater, man sieht's Euch an, nicht recht glauben mögt. Stellt Euch vor, ich wäre, nur so zum Spaße, Prometheus –

Der den Göttern das Feuer stahl, um es den Menschen zu geben? Der angeblich sogar Menschen formte, obwohl das ja nun wirklich nicht seine Aufgabe war, sagte der Kaiserliche Rat.

Ja, genau der, sagte Goethe, Prometheus, Abkömmling der Götter, der sich nicht mit dem begnügt, was ihm von oben herab zugemutet wird. Ein Fürsprecher der Menschen, ein Vorausdenker, so kann man auch seinen Namen aus dem

Griechischen übersetzen, und wenn denn also ich, nur so zum Spaße, ebendieser Prometheus wäre, würde ich mich, weil ich's leid wäre, von den Göttern immer nur beargwöhnt, nie aber leibhaftig erhoben zu werden, zum Kampfe entschließen –

Gegen die Götter? sagte der Kaiserliche Rat. Das will ich mir lieber nicht vorstellen!

Der Kampf wäre doch nur eine Bestimmung, sagte Goethe, eine Bestimmung unserer Grenzen, und zugleich könnte er ans Licht bringen, was es an Möglichkeiten gibt, über diese Grenzen hinauszugehen. Selbst ist der Mann, das könnte die geheime Devise dieses Prometheus sein –

Der du sein willst, sagte der Kaiserliche Rat.

Der ich bin, sagte Goethe und streichelte den Baumstamm, so als müßte er sich bei ihm entschuldigen. Der ich bin – bis ich, mein Herr Vater, bis ich zu einem anderen werde – ohne mich je zu verlieren.

Der Kaiserliche Rat schüttelte den Kopf, sorgenvoll. Je älter sein Sohn wurde, desto merkwürdiger, ja fremdartiger kam er ihm vor.

Goethe hatte dann den *Prometheus* zum Gedicht gemacht. Armer Kerl, dachte er noch, bevor er zu schreiben begann, alle wollen sie etwas von dir, Freund Prometheus; damals, zu deiner Zeit, die Götter, die so herrschsüchtig und eigentlich auch sehr humorlos waren, und jetzt der berühmteste Dichter Deutschlands, der dich aber, das sei versprochen, in Ruhe lassen will, wenn er sein Gedicht über dich geworfen hat. *Ich kenne nichts Ärmeres / Unter der Sonne als Euch, Götter!* schrieb er, nach ein paar einleitenden Versen, fand, daß das von ihm, dem Löwen-Dichter, gut gebrüllt war und fügte hinzu: *Ihr nähret kümmerlich / Von Opfersteuern / Und*

Gebetshauch / Eure Majestät / Und darbtet, wären / Nicht Kinder und Bettler / Hoffnungsvolle Toren.

Für einen Augenblick sah er sich wieder als kleinen Jungen, und zwar kurios verdoppelt: Der eine kleine Goethe stand da, hilflos über den Scheißhaufen gekrümmt, der andere, kaum von ihm zu unterscheiden, spürte ein fernes Beben, und er sah, zusammengerafft in einer einzigen schrecklichen Sekunde, wie in Lissabon Zehntausende von Menschen starben, begraben unter den Trümmern ihrer Häuser und dem Rest ihrer Habseligkeiten, und über allem schwebte ein breitgesichtiger Gott mit leblosen Augen. Da legte er zu, angestachelt von diesem eigenartigen Sinn- und Erinnerungsbild, legte an Tempo zu und an noch jugendlichem Zorn, und den Rest des Gedichts warf er mit so viel Schwung aufs Papier, daß der sich kaum halten ließ, in der Schrift, und fast an der anderen Seite des Papiers wieder abgerutscht wäre.

Da ich ein Kind war, schrieb er, *nicht wußte, wo aus noch ein, / Kehrt ich mein verirrtes Auge / Zur Sonne, als wenn drüber wär / Ein Ohr, zu hören meine Klage, / Ein Herz wie meins, / Sich des Bedrängten zu erbarmen. – Wer half mir / Wider der Titanen Übermut? / Wer rettete vom Tode mich, / Von Sklaverei? / Hast du nicht alles selber vollendet, / Heilig glühend Herz? / Und glühtest jung und gut, / Betrogen, Rettungsdank / Dem Schlafenden da droben? – Ich dich ehren? Wofür? / Hast du die Schmerzen gelindert / Je des Beladenen? / Hast du die Tränen gestillet / Je des Geängsteten? / Hat nicht mich zum Manne geschmiedet / Die allmächtige Zeit / Und das ewige Schicksal, / Meine Herrn und deine? – Wähntest du etwa, / Ich sollte das Leben hassen, / In Wüsten fliehen, / Weil nicht alle / Blütenträume reiften? – Hier sitz ich, forme Menschen / Nach meinem Bilde, / Ein Geschlecht, das mir gleich sei, / Zu leiden, zu weinen, / Zu genießen und zu freuen sich, / Und dein nicht zu achten, / Wie ich!*

Wie er. Die Sonne war durchgekommen, hatte die Wolken zur Seite geschoben, man konnte fast spüren, wie sie den trübseligen Himmel aufzuheitern und zu erwärmen begann. Oben auf dem Berg stand er jetzt, Frankfurt lag weit unten, zitternd in diesiger Luft, und schemenhaft, sommerlich blau, randgezeichnet, standen am entfernten, im Halbkreis gezogenen Horizont die anderen mittleren Gebirge. Weit war das Land, in so einem Augenblick, der zu nichts anderem aufforderte als *zu genießen und sich zu freuen. Und: dein nicht zu achten.* Wer aber ist der, den einer *wie ich* nicht beachten muß, dachte er und fühlte sich für einen Moment unbehaglich. Ist es Gott, der eine, oder sind es die Götter, viele, so viele, daß sie, aus Platz- und Raumgründen, schon in den Dingen selbst wohnen müssen? Oder ist es doch nur das sogenannte *Schicksal*, eine nie erlahmende, eher wohl blinde als sehende Antriebskraft, ein ganz unpersönlicher, vermutlich auch witzloser Stimmungsmacher, von dem er, an anderer Stelle, geschrieben hatte: *Wie seltsam uns ein tiefes Schicksal leitet / Und, ach ich fühl's, im Stillen werden wir / Zu neuen Szenen vorbereitet.* Er sah das weite Land, wie es einladend, sonnenbeschienen dalag. Zu seinen Füßen. Es war ein Bild, ein Gemälde, ein Stück Welt, das sich ihm anbot – zum Schauen und zum Träumen. Zu mehr nicht. Es gibt keinen Grund, überheblich zu sein, dachte er. Auch nicht für einen Kerl wie mich. Dann war er wieder hinabgestapft, vom Großen Feldberg hinab ins kleine Frankfurt.

Zwei Tage später hielt er sich im benachbarten Offenbach auf, über das sich die Frankfurter mit Vergnügen lustig machten – ohne daß es einen einsehbaren Grund dafür gab. Offenbach nämlich war vergleichsweise hübsch; nicht so eng, offener, auch lebendiger, das Leben dort währte bis in die Nacht hinein, und es strolchten keine besoffenen Nachtwächter umher, die grölend für Ruhe sorgten. Goethe hatte Freunde in Offenbach, die er gern besuchte. In Frankfurt, am Großen Hirschgraben, wurde er besucht, man wollte den berühmten Dichter sehen und sprechen; in Offenbach besuchte er selbst. Den alten Kumpel André zum Beispiel, der sich erfolgreich als Komponist betätigte und ein kleines Theaterstück von Goethe zum Singspiel umgeschrieben hatte. André war eine Frohnatur, er spielte Klavier wie der Teufel und wußte gar nicht, wohin mit den vielen Melodien, die ihm ständig einfielen. Wenn er die vor sich hin summte, klang es, als hätte man sie bereits tausendfach gehört, so eingängig waren sie.

Wenn ich so viele Gedanken im Kopf hätte wie du Melodien, wäre ich Dichter, hatte Goethe zu André gesagt. Oder, noch beeindruckender: ein Philosoph.

Aber du bist doch Dichter. Und Philosoph, sagte André, der gerade eine Tonfolge auf dem Klavier ausprobierte.

Ich bin kein Dichter, sagte Goethe, eher schon ein Maler, ein Zeichner vor dem Herrn. Was ich kann, sind Dinge, Menschen, Landschaften in sich selbst sehen; in ihrem Eigenrecht. Ich verfange mich, immer wieder, in der über ihnen liegenden Unschärfe, die allerdings den Vorteil hat, daß sie, vorübergehend, das allerfeinste, durchlässigste, strahlendste Licht wirft.

Mag sein, sagte André, trotzdem gehst du als Dichter in die Geschichte ein. Und als Philosoph.

Zum Philosophen fehlt mir das scharfe Denkvermögen,

sagte Goethe, die Fähigkeit zu trennen, Grenzen zu ziehen mit Hilfe trockener Begriffe. Apropos trocken: Es staubt hier im Raum, hast du denn gar keinen Durst? Ein Fläschchen Wein, nein, lieber deren zwei oder drei. Der Mensch muß trinken, das ist bekannt. Die Mediziner wissen es, die Seelenkundler, die Pfaffen, Heilige und Halunken, Herren und Knechte, Männlein und Weiblein, Kaiserliche Räte. Sogar die Philosophen wissen es. Nur die Komponisten, die –

Schon gut, sagte André, ich werde uns etwas bringen lassen. Einen Weißen oder einen Roten?

Einen Weißen, sagte Goethe. Und einen Roten.

In letzter Zeit spielte er gern den Bescheidenen. Nicht daß er mit einem Mal sonderlich bescheiden geworden wäre, das konnte man nicht sagen. Es machte ihm nur Spaß, sein Licht unter den Scheffel zu stellen. So wie es ihm Spaß machte, sich zu verkleiden oder unter einem anderen Namen aufzutreten. In Leipzig hatte er das schon praktiziert, in Straßburg und Sesenheim, wo er als Theologiestudent herumgeschlichen war, bis ihm die Liebe zu Friederike zu denken gab und Vater Brion ihn in seine Gespräche verwickelte. Er sah sie vor sich, Vater und Tochter, abends im trauten Zwielicht der Sesenheimer Wohnstube. Die Kerzen brannten, irgend jemand, wahrscheinlich eine der Schwestern, spielte Klavier, blieb aber unsichtbar, wie auch Friederike, eigentlich, nahezu unsichtbar blieb, denn er hatte nur ihre Umrisse vor Augen, schemenhaft, vom Feuerschein nur notdürftig erhellt. Als er sich auf ihr Gesicht konzentrieren wollte, auf ihre Augen, den Mund, die blonden Haare (waren die überhaupt blond?), zerfiel ihm das Bild. Friederike verschwand, während sich Vater Brion, der einen Krug und ein Glas Wein vor sich hatte, förmlich breitmachte; es sah so aus, als wollte er Goethe, über die Jahre hinweg, noch einmal zuprosten. Friederike tauchte nicht wieder auf, das Klavierspiel jedoch, im Hintergrund, blieb, und Vater Brion begann zu zittern, wurde blaß und blasser, bis er in einem sich aufwölbenden, rotschimmernden Glas vom Wein nicht mehr zu unterscheiden war.

Was schaust du so? fragte André. Träumst du?

Ja, sagte Goethe, ich träume. Ein Träumer bin ich, ich forme mir Wahrheiten nach meinem Bilde. Und deshalb, mein guter Musikus, wünschte ich mir manchmal auch, ein Dichter zu sein.

Ein Bedienter brachte ihnen Wein. André lächelte. Die Melodie, die er spielte und ein ums andere Mal variierte, kam Goethe bekannt vor, wo hatte er die schon gehört –. Dann fiel es ihm ein, er sah den Nachtwächter vor sich, der im Regen durch die toten Gassen Frankfurts wankte und dazu sang: *Die Alte brunzt ins Nest*. Gesang hatte man das eigentlich nicht nennen können, vielleicht waren ihm diese groben Lautmalereien nur deshalb in Erinnerung geblieben. Ich wußte gar nicht, daß du auch *solche* Lieder schreibst, sagte er zu André. Der sah ihn an, etwas irritiert, und spielte weiter. Kurz darauf war ihm die Lust vergangen, er klappte das Klavier zu. Sie gingen hinaus in den Garten. Vom Regen vergangener Wochen keine Spur mehr, eine knochentrockene Kälte war aufgekommen, die sich schützend über die Farben legte und sie unterderhand aufpolierte, so daß die Welt, die im Raum Frankfurt und Offenbach ohnehin überschaubar blieb, in einem sehr klaren Licht stand.

Hast du nicht von Unschärfe gesprochen? meinte André. Und was ist das hier, vor unseren Augen? Das sieht doch wie

Schärfe aus, die schneidende, alles durchdringende Schärfe eines herrlichen und ehrlichen Lichts.

Du sprichst wie ein Dichter, sagte Goethe, aber du hast leider nicht recht. Was dir klar erscheint, ist in Wahrheit nur eine Helle, die in ihrem Innersten mühsam zusammengehalten wird. Das kann nicht lange gehen, erfahrungsgemäß, dann löst sich der Zusammenhalt des Lichts auf, es fängt an zu zittern, wird erst schimmernd, dann flimmernd, schließlich stumpf; die in ihm wohnende Unschärfe läßt sich nur einschmeichelnd und nie auf Dauer überlisten, aber wenn es bereit ist, und wenn wir bereit sind, es in den ihm gebührenden Ehren zu empfangen, dann schenkt es einen Glanz wie diesen.

Amen, sagte André. Ein Theologe des Lichts bist du, nicht nur ein Dichter.

Sie prosteten sich zu, tranken. André fischte eine Zigarre aus seinem Überrock.

Nein, rief Goethe, der Kerl will rauchen. Schweinerei! Man entwende ihm den ekelhaften Glimmprügel!

Ich weiß, daß du das Rauchen ebenso haßt wie Katzen –

Wie Hunde. Gegen Katzen habe ich fast gar nichts.

Also gut, wie Hunde. Was haben Hunde mit Tabak zu tun?

Nichts. Nur daß sie beide stinken und auf einer wohlgeordneten Welt nichts zu suchen haben.

Habe ich dir schon mal eine Zigarre angeboten? fragte André.

Unzählige Male, sagte Goethe.

Und? Hast du je eine genommen?

Nein, noch nie. Ich begebe mich doch nicht sehenden Auges in die Hölle.

Dann weißt du also gar nicht, wovon du redest, sagte André. Da hat der Kerl noch nie geraucht und schimpft, als hätte man ihm ein ganzes Leben lang Tabaksrauch zwangsweise eingeblasen.

Er zündete die Zigarre an. Rauchwolken stiegen auf. Goethe hustete.

Was soll das, sagte André, ich rauche, und du hustest.

Rauchen ist schädlich, wußtest du das, sagte Goethe.

Wer sagt das?

Ich sage das, es ist erwiesen. So wie man die gesundheitsfördernde Kraft des Weines erkannt hat, weiß man auch von der zerstörerischen Macht des Rauchens. Es zerfrißt die Lunge, die Bronchien, es schickt sein Gift in die Kammern des Herzens. Und hoch hinauf in den Kopf.

Danke, es reicht, sagte André. Er nahm einen tiefen Zug und ließ blaugraue Rauchkringel aufsteigen. Der Dichter wedelte mit den Händen. Schweinebär, elendiger!, rief er und rannte ins Haus zurück. Er schloß die Tür. André kam ihm nach, wurde aber nicht eingelassen.

Mach auf! knurrte er. Sofort machst du auf, oder ich lasse dich von meinen Leuten in den tiefsten Keller sperren – dorthin wo nur leere Weinflaschen lagern und die Ratten an allem knabbern, was sich bewegt. Von außen werden wir mit vereinten Kräften rauchen und dir den Rauch durchs Schlüsselloch blasen. Ausräuchern nennt man das.

Es soll kalt werden in dieser Nacht, rief Goethe von innen, und Stein und Bein frieren. Wie es überhaupt kalt werden soll in der Zukunft.

Er ließ ihn aber dann doch wieder herein, schließlich war er nur Gast und André der Hausherr und Freund. Und auch die Wetterprognose erfüllte sich, es wurde kalt in Offenbach und in Frankfurt am Main. Man mußte kräftig heizen, die Öfen ächzten, die Schornsteine drückten gelbquellenden Rauch heraus. Der Himmel, vor kurzem noch klar, überzog sich mit dickbackigen Wolken; es gibt Schnee, sagten die alten Leute, die es wissen mußten.

Ein paar Tage darauf folgte Goethe einer Einladung, die ihn wiederum aus Offenbach erreicht hatte. Im Haus einer Frankfurter Bankierswitwe, die Schönemann hieß (oder hieß sie Schünemann?), gab man eine Abendgesellschaft, und man wollte den berühmten Dichter dabeihaben. Warum eigentlich? Goethe war seltsam unruhig, er hielt eine Hand vor Augen, erwartete, daß sie zitterte wie die Hand eines alten Mannes. Aber sie zitterte nicht, seine Unruhe flackerte innen, griff noch nicht über nach außen. Er kannte die Bankierswitwe nicht (warum war ihr Herr Gatte wohl gestorben?); zwei ihrer vier Söhne hatte er wohl mal bei André kennengelernt. Soweit er sich erinnern konnte, gefielen sie ihm nicht; Schnösel, die sich auf ihr Geld etwas zugute hielten und sonst nichts hatten, mit dem sie Eindruck schinden konnten. Und mit dem Geld, so hatte ihm André noch bedeutet, war es auch nicht so weit her, die Schöne- oder Schünemanns und mit ihnen ihre vornehme Privatbank steckten angeblich in Schwierigkeiten. Eine hübsche Tochter haben sie aber! sagte André noch und zwinkerte Goethe zu.

Was hat das eine mit dem andern zu tun, fragte der, eine kränkliche Bank mit einer hübschen Tochter. Hast du was am Auge, du verbreitest dort so ein Zucken.

Mit meinem Auge ist alles in Ordnung, sagte André. Außerdem ist sie nicht nur hübsch, sondern wirklich niedlich –

Wer ist niedlich?

Die Tochter der Schönemanns.
Schönemann oder Schünemann? fragte Goethe.
Schönemann.
Was für ein Name.
Es kann ja nicht jeder Goethe heißen, sagte André.
Wohl wahr. Aber niedlich –, was heißt niedlich. Ein Mädchen, eine Frau kann schön sein, berauschend, herzergreifend, aber doch nicht niedlich. Kleine Kinder sind niedlich –
Und kleine Hunde, sagte André. Möchtest du übrigens eine schmackhafte Zigarre mit mir rauchen?

Die Abendgesellschaft entsprach Goethes Erwartungen, und die verhießen nichts Gutes. Den ganzen Tag über hatte er schlechte Laune gehabt, er wußte gar nicht mal, warum. Alles ging gut, man kannte ihn, schätzte ihn. Vielleicht war es gerade das – alles ging zu gut. Ein alberner Satz spukte in seinem Kopf umher: Das kann doch nicht alles gewesen sein! So dachten nur alte Männer, die das Leben versäumt hatten; nicht aber ein berühmter junger Dichter. Was wollte er denn; wollte er noch mehr Ruhm, noch mehr Beifall, noch mehr Bekundungen, daß man es gut, nur gut mit ihm meinte. Vielleicht ist alles zu leicht gegangen, dachte er. Unruhig war er im Haus am Hirschgraben die Treppen auf und ab gegangen. Clauer hatte einmal seinen Kopf zur Tür herausgestreckt. Er schnaufte, brabbelte, seine Augen waren blutunterlaufen. Das kann doch nicht alles gewesen sein, Clauer! sagte Goethe und blieb stehen. Jetzt sah er, daß Clauer seine Perücke verkehrt herum aufhatte, sein Gesicht war fleischig und fleckig. Goethe hätte ihn streicheln mögen, in diesem Augenblick. Der Mann kam ihm wie das Pflichtexemplar der einen geschundenen Kreatur vor, die der Schöpfer oder wer auch immer auf Erden ausgesetzt hatte, um sich am Anblick ihrer Leiden zu weiden. Armer Clauer, sagte er und hätte ihm wohl tatsächlich über die Wange gestrichen, wenn der nicht auf einmal in Panik verfallen wäre; er brüllte, hob die Hände, so als müsse er sich schützen, vor dem berühmtesten Dichter hier im Haus. Vor lauter Angst wäre er fast hintenübergefallen, er schaffte es gerade noch, die Tür mit dem Fuß zuzustoßen. Drinnen brüllte er weiter, schlug mit den Fäusten auf den Tisch und mit dem Kopf gegen die Wand, der Mann war geübt darin, sich selbst für seine tiefe innere Wut zu bestrafen. Er würde wieder bluten, an seinem dummen Kopf, armer Clauer, und doch ging es ihm womöglich besser als den meisten andern, er wußte von – nichts.

Dann also, am Abend, die Gesellschaft im Palais Schönemann; er ließ sich umzingeln von schwerbetuchten Herren und Damen. Am Eingang, dort wo das Personal die Gäste in Empfang nahm, war der Boden nackt, erstaunlich, als wenn es gerade dort nicht für dicke Teppiche gelangt hätte. Ein Murmeln ging durch die Räume, ein Tuscheln, dazu der Duft von Parfüm und Puder, mit denen die anderen, die natürlichen strengen Düfte überdeckt werden sollten. Im Hintergrund standen zwei vierschrötige Kerls, Rausschmeißer, sie hatten die Arme vor der Brust verschränkt und verzogen keine Miene. Der Bankierswitwe Schönemann, wußte André, war bei einem ihrer letzten Empfänge Ärger widerfahren: Einer der Gäste, pikanterweise ebenfalls ein Bankier, hatte plötzlich, nach dem Genuß von zuviel Rheinwein, angefangen zu randalieren, er warf mit Gläsern und Häppchen um sich und konzentrierte seinen Zorn schließlich auf einen anderen Bankier, den er verdächtigte, seiner Gattin unziemlich schöne Augen gemacht zu haben. Der

Angesprochene blieb zunächst erstaunlich ruhig, er verwies darauf, daß die Gattin des betrunkenen Bankiers ja gar nicht mitgekommen sei, er ihr deshalb auch gar keine schöne Augen machen könne. Aber selbst dieses an sich einsichtige Argument überzeugte nicht, denn sein Widersacher brüllte ihn daraufhin an, woher er denn wisse, daß seine Frau nicht mitgekommen sei, er müsse sie demnach kennen und ihr also bereits vorher und wahrscheinlich schon öfter schöne Augen gemacht haben. Bei so viel Blödsinn platzte dem Beschuldigten schließlich der Kragen, er wurde ebenfalls laut und, als das nichts half, auch tätlich, indem er mit scharfgewürzten Fleischbällchen auf seinen Kollegen zielte. Madame Schönemann, assistiert von ihrem Hausfreund, einem gewissen Bernard, sah sich gezwungen einzugreifen und ließ beide Herren, die auf einmal wieder gut Freund miteinander waren und sich mit vereinten Kräften zur Wehr setzten, aus ihrem Palais entfernen; dafür wurde fast ihr gesamtes Personal benötigt, weswegen es die Bankierswitwe für richtig hielt, bei ihrer nächsten Abendveranstaltung einen eigens auf solche Aufgaben spezialisierten Wachservice zu verpflichten, der dann die beiden Rausschmeißer abgestellt hatte, die jetzt dort in der Nähe des Schönemannschen Hauptportals herumstanden wie am Boden festgewachsen. Goethe grüßte und wurde mit einem Blick bedacht, der von Kopf bis Fuß an ihm herunterstrich. Mach keinen Ärger, bedeutete dieser Blick, denn wir können jeden rausschmeißen, ohne Ansehen der Person. Für einen Moment stellte er sich vor, wie es wäre, an Arsch und Kragen gefaßt zu werden und hochkantig hinauszufliegen – hinaus in die kalte Winterluft und dort nicht etwa tief zu fallen, sondern höher und höher zu steigen, hinauf zum kalten Winterhimmel, indem man womöglich den Herrn Gott überrascht hätte, der ja nie auf Besuch eingerichtet ist. So überrascht wäre er gewesen, der Herr Gott, daß er alles liegen- und stehengelassen hätte und verschwunden wäre, noch ehe man genauer hinsehen konnte. Deswegen wäre dann auch an der Stelle, wo der Herr Gott für gewöhnlich ist, eigentlich gar nichts gewesen, ein leerer Ort, den man nur aus Versehen für bewohnt halten kann.

Goethe griff sich ein Weinglas, leerte es in einem Zug. Ob der Herr Gott auch solchen Durst hatte, und wo mochten seine Weinkeller sein; etwa auch im Himmel, die Himmelskeller direkt unter dem Himmelsgewölbe, oder gab es ein stillschweigendes Abkommen mit der Hölle, daß dort, gegen eine geringe Gebühr, der himmlische Wein zwischengelagert werden durfte. Er trank ein zweites, ein drittes Glas, die Rausschmeißer sahen ihn an, nur ihn, unter so vielen Gästen. Waren es wirklich so viele Gäste, kaum zu glauben, er trank; eigentlich sah ein Gast doch aus wie der andere. Mit einem Mal wurde er ruhig. Etwas ging mit ihm vor, er wußte nur nicht, was. Er war betrunken, zugegeben, aber er wußte auch, in diesem Augenblick, daß er kaum je zuvor wacher, empfänglicher gewesen war. Klaviermusik war zu hören, wo kam sie her, vom Himmel, aus den höllischen Weinkellern? Wer da und wo auch immer das Klavier bearbeitete, spielte nicht sonderlich gut, die Töne folgten aufeinander, als müßten sie sich erst noch suchen, aber der Klang, den sie zustande brachten, war von einer eigentümlichen Innigkeit. Die Musik wehte auf ihn zu, perlend, die Töne wurden geschmeidiger, gingen ineinander über, formten eine Melodie, die sich um seinen trunkenen Kopf legte wie ein weicher Schal. Ein Mädchen spielte da, das wußte er jetzt. So spielte kein Mann. Er ging auf den Klang zu, fast schlafwandlerisch, die anderen Gäste, in all ihrer Gleichgesichtigkeit, machten ihm Platz. Er stieg eine Treppe hinauf, die Musik rückte näher, er wollte das Mädchen sehen, das da, nur für ihn, spielte. Plötzlich befand er sich in einem Salon, er wurde angestoßen und nach vorn geschoben. Da saß sie, saß am Klavier, er sah zunächst nur ihre hochgesteckten blonden Haare und darunter, wie einer anderen Person zugehörig, tanzende Hände, die sich über die schwarzen und weißen Tasten bewegten. Er holte tief Luft, wollte damit dem Schwindel begegnen, der sich in seinem trunkenen Kopf aufbäumte. Als er ausatmete, hörte sich das wie ein Seufzer an, den aber, außer ihm, nur sie gehört zu haben schien, denn sie drehte den Kopf, schaute ihn an. Was für ein Geschöpf; es konnte nur dazu da sein, ihn schwach werden zu lassen. Wer war sie, ein Mädchen, eine Frau, ein Engel, eine – Erscheinung? Er sah ihre Augen, die ihn musterten, so als wäre jetzt, endlich, klar, daß es da etwas gäbe, was nur sie beide anging. Sie macht die Probe mit mir, dachte er, lächelte, was ihm aber, so kam es ihm vor, nicht recht gelingen wollte. Immerhin lächelte sie zurück, sanft, ihre Hände noch immer auf den schwarzen und weißen Tasten. Sie wandte den Kopf, von ihrem hochgesteckten Haar löste sich eine Strähne und fiel ihr in den Nacken. Hatte er je schöneres Haar gesehen, einen grazileren Nacken, strahlendere Augen, einen geheimnisvolleren Mund? Ich bin verrückt, dachte er, bin betrunken, das geht vorbei. Und wenn *sie* danach immer noch da ist, und ich sehe sie so, wie ich sie jetzt sehe, dann ist sie es, dann ist es – die Liebe.

Nun ja. Er löste sich dann von dem Anblick, löste sich von der blonden Schönheit, ging die Treppe hinunter, vorbei an den Rausschmeißern, noch einmal grüßte er, die beiden Herren taten ihm leid, und dann war er draußen in der eiskalten Luft. Unter einem beispiellosen Sternenhimmel stand er, und besonders dick über ihm thronte wieder sein persönlicher Stern, er stand am nächsten zum Erdenrund und zwinkerte ihm zu. Goethe holte so tief Luft, daß es ihm in die Lunge hineinstach; oder war's das Herz, das sie getroffen hatte, *sie*, von der er noch nicht mal den Namen wußte. Er schaute hinauf zu diesem kalten beispiellosen Sternenhimmel, der ihm jetzt gar nicht mehr so beispiellos vorkam; war nicht ein ähnlicher Himmel über ihm gewesen, in Wetzlar, in einer ebenfalls bemerkenswerten Nacht, die zwar nicht winterlich, sondern sommerlich aufgeheizt gewesen war, aber mit ebenso vielen Sternen und seinem einzigen guten Stern, und hatte er nicht auch die Liebe erfahren, in jener Nacht. Nun ja. Ein leises Mißtrauen befiel ihn; konnte man diesen unter die Haut gehenden Gefühlen überhaupt trauen, wenn sie doch, genauer besehen, so schnell kamen wie sie gingen. Die reine – Flüchtigkeit. Hinter ihm rülpste jemand. Verzeihung, sagte eine Stimme. Ein Mann schob sich aus dem Dunkel, im Licht sah sein Gesicht fahl und elendig aus. Ein elendig fahler, rülpsender Bankier; vermutlich. Goethe ging wieder hinein. Ein Schwall warmer Luft schlug ihm entgegen. Als er auf Höhe der beiden Rausschmeißer war, zogen die eine Grimasse; vielleicht sollte es aber auch ein Lächeln sein. Er stieg die Treppe empor. Man hörte nur noch Stimmengewirr, kein Klavierspiel mehr. Für einen Moment hatte er Angst; was, wenn *sie* gar nicht mehr da wäre, sich in ebendie warme Luft aufgelöst hätte, die über allen Köpfen hing. Womöglich war sie ohnehin ein Gespinst, ein herrliches, seinem Kopf entsprungenes Bild.

Dann sah er sie. Sie stand in einer Ecke, hatte ein Glas in der Hand und ließ sich, leicht gelangweilt, wie's schien, von zwei Herren beschwatzen. Er mußte näher heran, drängte sich nach vorn, trat einer älteren Dame dabei auf den Fuß, murmelte eine Entschuldigung. Die beiden schwatzenden Herren waren fürchterlich, sie hatten in etwa die gleiche Körperhöhe, was sie dazu veranlaßte, sich immer wieder auf Zehenspitzen zu begeben, um dadurch kurzfristig etwas größer zu wirken als der Nachbar. Sie glichen wippenden Vögeln, man wurde toll, wenn man ihnen länger zusah. Die wippenden Vögel aber wollte er gar nicht sehen, denn jetzt sah er *sie*. Aus der Nähe. Keine zwei Meter war sie von ihm entfernt. Er warf ihr einen Blick zu, den sie auffing und erwiderte. Einer der Herren bekam das mit und äugte zu ihm herüber, ärgerlich. Er trat hinzu, stellte sich vor. Die beiden Herren murmelten ihre Namen, die er sofort wieder vergaß. Jaja, sagte er, stellte sich auf Zehenspitzen, wippte, und da er ohnehin größer war als die beiden Dummköpfe neben ihm, ruckte er nun noch ein Stückchen über sie hinaus. Jaja, und dabei schielte er zu ihr hin. Sie lächelte nicht. Hat ihre Ansprüche, dachte er, das schöne Kind, es wird alles nicht so einfach sein. *Hab oft einen dumpfen düstern Sinn*, sagte er dann, wippte, *ein gar so schweres Blut! Wenn ich bei meiner Christel bin* – jetzt wagte er es, sah sie direkt an – *ist alles wieder gut. Ich seh sie dort, ich seh sie hier und weiß nicht auf der Welt, und wie und wo und wann sie mir, warum sie mir gefällt.* Endlich, sie lächelte. Nur ganz kurz und ganz zart, aber immerhin. Dafür lächelten die beiden Schwatzbrüder nicht, sie waren still geworden – und böse. Schade, daß sie schon gehen müssen, meine Herren, sagte er. Man konnte meinen, daß sie sich auf ihn stürzen wollten, aber das wagten sie dann doch nicht, in dieser Umgebung, mit all den vornehmen Leuten und den Rausschmeißern um sie herum. So trollten sie sich, nicht ohne ihn noch einmal anzuschauen – mit einem Blick wie ein doppelter Degenstoß. Dann hörte er zum erstenmal ihre Stimme. Eine überraschend dunkle Stimme, geheimnisvoll, man hätte eine ältere Person, eine andere Schönheit zu dieser Stimme vermutet. Ein warmer Schauer lief ihm den Rücken hinunter. Wer ist Ihre Christel? fragte sie, ich jedenfalls bin es nicht.

Vielleicht wollen Sie es werden, sagte er und hatte dabei das Gefühl, daß er rot wurde wie ein Schulbub, den man erstmalig bei einer kleinen Ferkelei ertappte.

Sie sah älter aus, als sie war. Das hatte er gleich gemerkt, und das wurde ihm an jedem Tag verdeutlicht, an dem sie zusammen waren. Ja, sie lernten sich kennen – obwohl er doch fliehen wollte, jeden Tag, jede Nacht, weg wollte von *ihr*, weil er ahnte, daß diese Liebe ihm über den Kopf wachsen könnte. Statt dessen war er geblieben, viel lieber geblieben, und er ließ geschehen, was geschehen sollte. Sie hieß Elisabeth Schönemann und war die Tochter der Hausherrin. Darauf wäre er von allein nicht gekommen, das Mädchen wirkte nicht wie die Tochter des Hauses. Sie stellte sich nicht zur Schau, sie ließ sich nicht herumreichen. Wenn sie etwas sagte, was zunächst nicht sehr häufig geschah, war es meist ernsthaft, man konnte auch sagen – altklug. Das dazu passende Alter hatte sie ohnehin: Elisabeth, die in der Familie nur Lili genannt wurde, war erst sechzehn. Sie sieht aus wie zwanzig, dachte er, als er sie zum erstenmal ausführlich betrachtete. Sie saß in der Schönemannschen Bibliothek und las, irgendein altkluges Buch wahrscheinlich, und sie hatte ihn, dem es gelungen war, sich nahezu lautlos über den teppichbewehrten Boden heranzupirschen, noch nicht bemerkt. Er sah ihre Silhouette, die blonden, wie von Künstlerhand aufgesteckten Haare, die Nase, die gerade richtig war, das kleine, energische Kinn, das eine Spur zu weit vorstand, und als er noch genauer hinschaute, in einem ansonsten eher düsteren Raumlicht, das sich aber von der außenstehenden Wintersonne großzügig aufhellen ließ, bemerkte er, daß sie ihre Lippen bewegte. Sie murmelte vor sich hin, kaum hörbar, las womöglich die besonders altklugen Sätze in sich hinein, um sie besser behalten zu können. Ein so schönes ernstes Mädchen hatte er noch nie gesehen, und daß sie, so anmutig, mit sich selbst sprach, machte sie noch interessanter. Wenn er nicht bereits in sie verliebt gewesen wäre, hätte er sich spätestens jetzt in sie verlieben – müssen. Er hustete. Sie schaute auf. Stehen Sie schon lange da? fragte sie.

Ein, zwei Tage, sagte er. Es gibt nichts Schöneres, als dich anzusehen. Überhaupt gibt es nichts Schöneres als dich.

Sie sind ein Schmeichler, sagte sie und erhob sich. Sie werfen mit Komplimenten um sich, als ginge es um Ihr Leben.

Es geht um mein Leben, sagte er.

Lili war gut erzogen. Sie tat so, als wäre es zu seinem Besten, wenn sie auf seine mehr oder weniger plumpen Annäherungsversuche nicht eingingt. Er duzte sie, er konnte irgendwie nicht anders. Ab und zu, wie um sich selbst eine kleine Besinnungspause einzuräumen, verfiel er in das förmliche Sie, das für sie beide eigentlich schicklich gewesen wäre. Er sprach dann wie ein Vater zu ihr – wohlmeinend und lauernd. Auch Lilis Mutter und vor allem ihr Hausfreund, der zwielichtige Monsieur Bernard, der natürlich auch Bankier und angeblich Lilis Onkel war, gaben sich lauernd; ihm merkte man es besonders an, daß er den Dichter nicht gerne im Haus hatte. Zwar war der berühmt, aber er galt auch als Windbeutel, man wußte nie so recht, woran man war, mit diesem Goethe. Er betätigte sich ja noch immer als Anwalt, allerdings nicht sehr erfolgreich; die Kanzlei, hieß es, werde vom Vater, dem Kaiserlichen Rat, geführt, der auch die Gerichtstermine wahrnehme. Goethe, fand Bernard, hatte etwas Unstetes, etwas ganz und gar Unberechenbares an sich, was ihm als Bankier besonders mißfiel. Er mochte ihn nicht, diesen Gast, der in letzter Zeit leider zu häufig sein Gast war. Nur wegen Lili kam er, der windige Herr Goethe, und Lili, die an sich doch ein so vernünftiges Wesen war, zeigte Wirkung. Sie hatte einen verräterischen Glanz in den Augen, wenn sie ihn sah, sie lachte mehr als sonst, sie wurde – kindischer. Von oben, vom Fenster des ersten Stocks seines Hauses, hatte Bernard die beiden gesehen, vor einigen Tagen; sie standen im Garten, Hand in Hand. Ein glutroter Schein war am Himmel, und der Schein schmiegte sich um die Silhouette der beiden. Sie bewegten sich nicht, obwohl es kalt war, saukalt sogar. Widerwillig mußte sich Bernard sagen, daß dies ein fast edles Bild abgab, es hatte etwas Symbolisches, galt dem Schönen der Liebe, unberührt von der Zeit. Für einen Moment war er selbst glücklich und traurig gewesen, eine wärmende Erinnerung kam in ihm auf, aber ehe sie versöhnlich stimmen konnte, scheuchte er sie weg und gab sich den gewohnt unfreundlichen Gedanken hin. Weg mit dem Goethe, hatten Lilis Brüder, die Söhne der Frau Schönemann, gesagt und schon überlegt, ob sie sich Masken anlegen und dem Dichter nachts auflauern sollten, um ihm mal kräftig aufs Maul zu hauen. Dazu war es noch nicht gekommen, Bernard war kein Freund der Gewalt, aber die Vorstellung, auf Lilis Verehrer einzuschlagen, ohne daß der sich wehren konnte oder erkannt hätte, wer ihm da Prügel verabreichte, hatte durchaus etwas Verführerisches an sich. Ansonsten mußte man hoffen, daß Lili vielleicht doch wieder vernünftig würde. Schließlich war sie ja immer ein gutes Kind gewesen, und ein kluges dazu. Sie wußte, daß ihre Mutter und ihr lieber Onkel Bernard Wichtiges mit ihr vorhatten. Dem Bankhaus Schönemann ging es längst nicht mehr so gut, wie manche noch meinten; die Gelder waren knapp geworden. Das einzige Pfund, mit dem die Familie noch wuchern konnte, war Lili, die schöne Lili. Sie war dazu ausersehen, einen reichen Mann zu heiraten, der die Schieflage der Schönemannschen Finanzen wieder geraderichtete. An Bewerbern mangelte es nicht, Lili ging mit ihnen freundlich um, wie es nun mal ihre Art war. In Begeisterung hatte sie aber noch keiner versetzt, sie hielt ihr Herz frei. Und da war nun dieser Dichter gekommen, der zweifelhaften Ruhm mit einer zweifelhaften Liebesgeschichte erlangt hatte. Und ausgerechnet von dem ließ sich Lili erweichen. Noch war die Festung Lili nicht gefallen, dachte Bernard, aber es würde nicht mehr lange dauern. Weiber, glaubte er zu wissen, Weiber sind auf ungute Weise liebesanfällig, was nichts anderes bedeutet, als daß sie sich von ihren Gefühlen überwältigen lassen. Mit Vernunft kann man ihnen nicht kommen, auch mit der Gewißheit nicht, daß die Liebe nur eine biologische Täuschung bedeutet, die eingerichtet wurde, um der Fortpflanzung des Menschen auf die Sprünge zu helfen, sie voranzubringen und in Gang zu halten im Sinne des gesamten Menschengeschlechts, jaja. Was aber geschah, wenn der zweifelhafte Goethe seine Lili endgültig herumgekriegt hatte? Wenn sie sich verlobten, wenn sie, schlimmer noch, heirateten; dann war den Schönemanns ihr letzter Trumpf genommen. Onkel Bernard stand das Entsetzen ins Gesicht geschrieben, wenn er nur daran dachte. Die pure Armut kam ihm vor Augen, er sah sich und die Seinen unter einer Mainbrücke, in Lumpen gehüllt. Alles, was ihnen einmal gehört hatte, war verkauft, das große Haus, der Garten, der sonstige Grundbesitz, nicht zuletzt die Schönemannsche Bank, in der andere saßen und verwegene Geschäfte tätigten. Nein! So weit durfte es nicht kommen. Vielleicht sollte er doch auf das Angebot seiner Söhne eingehen; was konnte schon schiefgehen dabei, wenn man einem Dichter, mit den Mitteln der handgreiflichen Poesie, klarmachte, daß er unerwünscht war. Ein für allemal.

Wieso nein?

Goethe sah Bernard an, der hochgeschreckt war.

Wie?

Sie scheinen eben zu sich selbst gesprochen zu haben, sagte Goethe. Nein! riefen Sie. Als wäre Ihnen ein gewöhnlicher Wachtraum, der ja schön sein kann, wie man weiß, sehr schön, auf einmal zum Albtraum geworden. Sie sahen aus wie jemand, der mit ansehen muß, wie man ihm das Liebste auf der Welt entwendet. Also vermutlich Geld –

Geld ist nicht alles im Leben, knurrte Bernard.

Wie wahr, sagte Goethe. Er hatte eine halbe Stunde allein mit dem Bankier verbringen müssen; die Damen Schönemann waren noch dabei, sich schön zu machen, die Söhne, auf deren Gesellschaft er ohnehin keinen Wert legte, befanden sich außer Haus. Allein mit dem Bankier – das schaffte eine ungemütliche Stimmung, obwohl man zugeben mußte, daß Bernard sich Mühe gab. Unhöflich war er nicht, im Gegenteil; trotzdem konnte er die innere Ablehnung, die er

Goethe gegenüber hegte, nicht ganz verbergen. Würde ich mich anders verhalten, dachte sein Gast, wenn ich so alt wäre wie Bernard und es ein bildschönes Mädchen in dem Haus gäbe, in dem ich ein und aus gehe und mich am liebsten wohl ganz niederlassen würde? Und dann käme ein Kerl wie der junge Herr Goethe daher und wollte diesem Mädchen zu nahe treten. Ja, sagte er sich, natürlich würde ich mich anders verhalten, ich hätte einen wie Goethe gar nicht erst an sie herangelassen, hätte ihn vorsichtshalber gleich vor die Tür gesetzt. Hausverbot auf Lebenszeit, junger Mann, hätte ich gesagt. Warum? Fragen Sie nicht so dumm. Weil Sie unangenehme Stielaugen bekommen, sobald sich Lili, leichtsinnigerweise, in Ihre Nähe begibt, und weil Sie, ich fühle es wohl, schweinische Absichten hegen. Das hätte ich, als etwas älterer Goethe zum jungen Goethe gesagt. Jawohl. Bernard war jedoch, wie gesagt, nicht unhöflich, er hatte sogar Wein einschenken lassen. Lassen Sie uns anstoßen, sagte er und hob sein Glas. Sehr zum Wohle.

Wessen Wohl er wohl meint, dachte Goethe, sicher nicht meins.

Auch er hob sein Glas. Sie haben ganz recht, sagte er, lassen Sie uns aufstoßen. Sehr zum Wohle.

Dann wurde er erlöst, weil die Damen Schönemann erschienen. Voran die Tochter, *Lili also*, und wahrscheinlich bekam er jetzt wieder Stielaugen. Und – schweinische Absichten? Nein. Er liebte sie, das wußte er ja, und jetzt, da sie zur Tür hereinschritt, ein Lächeln im Gesicht und umgeben von jenem besonderen Licht, jenem Schimmer, der sich nur auf die Liebenden, die wahrhaft Trauernden und die im Stillen Glücklichen wirft – da liebte er sie ganz besonders. Dieses Gefühl, das ihn erwärmte, ja doch: durchglühte, war an sich schon wunderbar und hochherrschaftlich genug; zudem wuchs es ständig über sich hinaus, es übersprang die Grenzen zwischen Subjekt und Objekt, zwischen innen und außen; man liebte den anderen, *Lili also*, aber zugleich liebte man auch sich selbst – aus dem einfachen Grunde, weil man zu so einem wunderbaren und hochherrschaftlichen Gefühl überhaupt fähig war.

Sie gingen dann hinaus, Lili und er. Er nahm ihre Hand, die sie ihm inzwischen ließ – wenn sie beide außer Sichtweite waren; anfangs hatte sie sich noch geziert, hatte geschaut, ob sie der OnkelBankierBernard oder die Mutter verfolgten, mit ihren argwöhnischen Blicken. Lili war freier geworden, zweifellos. Sie hatte sogar ungeahnte Seiten an sich entdecken können, und sie genierte sich nicht, sie zu zeigen. Wenn sie ausritt, zum Beispiel, ging bei Gelegenheit eine eigenartige, im Alltag gezähmte und unter Verschluß gehaltene Wildheit mit ihr durch, die sich sogleich auf ihr Pferd übertrug, so daß dem nichts anderes übrigblieb, als nun seinerseits mit ihr, mit *Lili also*, durchzugehen, und Goethe, als Reiter von eher durchschnittlicher Qualität, kam kaum hinterher. Er hatte Angst, daß sie stürzte, daß er stürzte; nein, so wild sollte das Leben dann doch nicht sein. *Sie* aber stürzte nicht, keineswegs; einen Schrei, halb wild, halb damenhaft, stieß sie aus, noch einen, aus dem Schrei wurden Juchzer, und dann zog sie sich, die eben noch fast aus dem Sattel gerutscht wäre, in die Höhe, schmiegte sich an den Hals des Pferdes, so als gelte es nur noch, sich kleinzumachen und der Geschwindigkeit keinen Widerstand mehr zu bieten. Da kam er nicht mit, wollte es auch nicht, er hing schließlich am Leben. Seine liebe Müh und Not hatte er auch, wenn er versuchte, sich ihr Liebes-Leben in der Zukunft vorzustellen.

Lili blieb da außen vor. Kann es denn sein, hatte er gedacht, und dabei schaute er seinem davonpreschenden Mädchen nach, kann es sein, daß sie zu schnell, zu gut, zu schön, zu eigenständig gar für mich ist. Sie ruht in sich selbst, sie weiß, was sie will. Aber wußte sie das wirklich? Manchmal, wenn sie ihn ansah, aus ihren mal blauen, mal grüngrauen Augen, und ihr Blick sich umflorte, ohne daß der von ihm abgelassen hätte, ahnte er, daß sie keineswegs wußte, was sie wollte, dazu war sie ja auch, eigentlich, noch zu jung. Und doch besaß sie diese merkwürdige Stärke, diese Kraft, von der andere zehren konnten und er selbst sich, mit aller Sanftheit, in den Hintergrund gedrängt wähnte.

Sie waren zum Main hinuntergegangen. Ein Hund gesellte sich zu ihnen, ein verfilztes, verwahrlostes Tier. Weg, sagte Goethe, hau ab! Lili lachte. Lassen Sie ihn doch, sagte sie. Er merkt, daß Sie keine Hunde mögen –

Wer mag schon Hunde, brummte Goethe.

Ich, sagte Lili, ich mag Hunde, ich mag überhaupt Tiere.

Das war untertrieben. Er hatte, in einem Anfall dezenter, aber anhaltender Eifersucht, Lili sogar eine eigene Menagerie angedichtet, mit Hund und Katz, ein paar Vögeln, sogar mit einem zahmen Eichhörnchen und einem betagten Reh, das sich vor hundertundmehr Jahren aus dem Stadtwald auf Schönemannsches Gelände verlaufen hatte und dort seither sein Gnadengras fraß. All diese Viecher, dieses Getier gab es nicht wirklich; sie standen stellvertretend für die vielen verdächtigen Verehrer, die er in Lilis Umgebung ausgemacht hatte, stellten ihr nach, unter den eindeutigsten Vorwänden; zur Strafe machte er sie, die Lilis Charme mindestens ebenso erlegen waren wie er, zu tapsigen Kreaturen, denen nichts anderes übrigblieb, als sich, blödsinnig lächelnd und schnurrend, an Lili, der Sonne in ihrem tierischen, von unsichtbaren Zäunen umgebenen, gedankenfernen Dasein, zu wärmen. *Lilis Park. – Ist doch keine Menagerie / So bunt als meiner Lili ihre! / Sie hat darin die wunderbarsten Tiere / Und kriegt sie rein, weiß selbst nicht wie. / O wie sie hüpfen, laufen, trappeln, / Mit abgestumpften Flügeln zappeln, / Die armen Prinzen allzumal, / In nie gelöschter Liebesqual! / – «Wie heißt die Fee? – Lili?» – Fragt nicht nach ihr! / Kennt ihr sie nicht, so danket Gott dafür. / – Welch ein Geräusch, welch ein Gegacker, / Wenn sie sich in die Türe stellt / Und in der Hand das Futterkörbchen hält! / Welch ein Gequiek, welch ein Gegacker! / Alle Bäume, alle Büsche / Scheinen lebendig zu werden: / So stürzen sich ganze Herden / Zu ihren Füßen; sogar im Bassin die Fische / Patschen ungeduldig mit den Köpfen heraus. / Und sie streut dann das Futter aus / Mit einem Blick – Götter zu entzücken ... Ich schwöre, sie kämen, / Wenn sie den Ton von weitem nur vernähmen. / Denn hat sie aus des Waldes Nacht / Einen Bären, ungeleckt und ungezogen, / Unter ihren Beschluß herein betrogen, / Unter die zahme Kompanie gebracht / Und mit den andern zahm gemacht: / Bis auf einen gewissen Punkt, versteht sich! / Wie schön und ach! wie gut / Schien sie zu sein! Ich hätte mein Blut / Gegeben, um ihre Blumen zu begießen. / – «Ihr sagtet: ich! Wie? Wer?» / Gut denn, ihr Herrn, gradaus: Ich bin der Bär! / In einem Filetschurz gefangen, / An einem Seidenfaden ihr zu Füßen. / Doch wie das alles zugegangen, / Erzähl ich euch zur andern Zeit ...*

Ich bin der Bär, sagte Goethe. Eines Tages wirst du mich hintergehen. Mit einem charmanten Hund, der nur das eine im Kopfe hat. Er wird dir ein paar Liebenswürdigkeiten ins Ohr bellen, der Hund und dann –

Lili sah ihn an, streng. Unter diesem Blick, den er kannte, machte er sich klein. Es wurde dunkel, Sterne zogen auf. Der Köter war verschwunden. Ein leichter Wind ging. Er hielt Ausschau nach seinem persönlichen Stern, der sich heute jedoch unkenntlich gemacht hatte. Lili, obwohl noch immer streng dreinblickend, hatte ihm ihre Hand nicht entzogen. Da war es wieder, dieses bedingungslose Gefühl: Er liebte sie, er hätte weinen können vor Glück, und gerade das gab ihm zu denken. Daß sie so unglaublich eng beieinander waren, er und Lili, die Trauer, das Glück. Die Wehmut. Später, sehr viel später, als er auf sein noch immer nicht abgeschlossenes Leben zurückblickte und sich dabei auch an *sie*, an *Lili also*, erinnerte, schrieb er: *Es war ein Zustand, von welchem geschrieben steht: ‹Ich schlafe, aber mein Herz wacht.› Die hellen wie die dunklen Stunden waren einander gleich; das Licht des Tages konnte das Licht der Liebe nicht überscheinen, und die Nacht wurde durch den Glanz der Neigung zum hellsten Tage. – Wir waren beim klarsten Sternhimmel bis spät in der freien Gegend umherspaziert; und nachdem ich sie ... nach Hause begleitet und von ihr zuletzt Abschied genommen hatte, fühlte ich mir so wenig Schlaf, daß ich eine frische Spazierwanderung anzutreten nicht säumte. Ich ging die Landstraße nach Frankfurt zu, mich meinen Gedanken und Hoffnungen zu überlassen; ich setzte mich auf eine Bank, in der reinsten Nachtstille, unter dem blendenden Sternhimmel mir selbst und ihr anzugehören. – Bemerkenswert schien mir ein schwer zu erklärender Ton, ganz nahe bei mir; es war kein Rascheln, kein Rauschen, und bei näherer Aufmerksamkeit entdeckte ich, daß es unter der Erde und das Arbeiten von kleinem Getier sei. Es mochten Igel oder Wiesel sein oder was in solcher Stunde dergleichen Geschäft vornimmt. – Ich war darauf weiter nach der Stadt zu gegangen und an den Röderberg gelangt, wo ich die Stufen, wel-*

che nach den Weingärten hinaufführen, an ihrem kalkweißen Schein erkannte. Ich stieg hinauf, setzte mich nieder und schlief ein. – Als ich wieder aufwachte, hatte die Dämmerung sich schon verbreitet; ich sah mich gegen dem hohen Wall über, welcher in frühern Zeiten als Schutzwehr wider die hüben stehenden Berge aufgerichtet war. Sachsenhausen lag vor mir, leichte Nebel deuteten den Weg des Flusses an; es war frisch, mir willkommen. – Da verharrte ich, bis die Sonne nach und nach hinter mir aufgehend das Gegenüber erleuchtete. Es war die Gegend, wo ich die Geliebte wiedersehen sollte, und ich kehrte langsam in das Paradies zurück, das sie, die noch Schlafende, umgab.

Hans Arsch von Rippach

Wenn er anderthalb Schritte nach vorne tat, stand er am Abgrund. Es war ein anmutiger Abgrund, nicht etwa einer, den man auf dem Weg zur Hölle vermutet hätte. Der Abgrund besaß ein großes grünes Auge, das aus der Tiefe heraufschimmerte. Das Auge war ein See, und dieser abgründige See lag irgendwo in der Schweiz. Goethe schaute aus luftiger Höhe hinunter auf den See, der den Abgrund so anmutig erscheinen ließ. Wenn er, der noch immer so berühmte Dichter, zweieinhalb Schritte nach vorn getan hätte, wäre er hinabgestürzt, ins grüne Auge, er wäre etwa dreihundert Meter durch die Schweizer Bergluft geflogen und dann im vermutlich eiseskalten Wasser aufgeschlagen, und weil er, der noch immer berühmte Dichter, so viel Fahrt hatte, wäre er womöglich durch die gesamte Wassermasse hindurchgeschossen und auf den Grund gekommen. Vielleicht aber gab es gar keinen Grund, nur Abgrund eben, über dem der See war. Und unter dem Abgrund, was lag da? Egal. Er wollte es nicht wissen. Er war ja nicht gestürzt, er saß auf einer Felsnase und sah alles sehr schön von oben herab. Die Sonne schien, eine kräftige Frühlingssommersonne, die ringsum die Bergwelt erleuchtete, als bekäme sie dafür Geld von den reichen Schweizer Bürgern. Fast ein wenig zu stark brannte hier das Licht, es war gutes starkes Himmelslicht, das oben in der Höhe noch keine Schwächen kannte, keine Verunreinigungen, keine falsche Milde. Die Sonne wärmte die Haut, bis sie brannte, das ging schnell und brachte Schmerzen ein, die auch nachts noch, wenn Kälte sich über das Bergland legte, weiternagten.

Goethe war mit den Brüdern Stolberg in die Schweiz gefahren. Hals über Kopf ging das, er konnte nicht anders. Frankfurt, das Nest, hatte sich um ihn gelegt wie eine doppelt enge Zwangskrause, und auch in Offenbach, dem luftigen, großzügigeren Offenbach, hatte er sich nicht mehr wohl gefühlt. Ein Druck lastete auf seinem Kopf, seinem Herzen. Und Lili? Möglicherweise war sie ja der Grund, daß er sich davonstahl, Lili, die er liebte wie noch kein Mädchen zuvor. Und die ihn gerade deswegen in anhaltende Bedrängnis brachte. Sogar verlobt hatte er sich mit ihr, was seine innere Bedrängnis noch vergrößerte. Er fühlte sich wie ein junger Bock, den man an einen Pflock kettet, noch bevor er Gelegenheit erhält, sich die Hörner abzustoßen. Dabei war die Verlobung keine dramatische Angelegenheit gewesen, keine hochoffizielle Feier, sondern mehr ein privates Versprechen unter Zeugen. Eine Vertraute der Schönemanns, Tante Delph, die ordentlich trinken konnte und einen eindrucksvollen Damenbart hatte, war zugegen, dazu Madame Schönemann und ihr unvermeidlicher Bernard. Tante Delph liebte die Liebe, wohl auch deswegen, weil sie selber mit den Männern nur Pech gehabt hatte. Wenn sie Lili mit Goethe zusammen sah, fühlte sie sich an ein Glück erinnert, das ihr nicht vergönnt gewesen war; ein solches Glück mußte man festhalten. So hatte sie, in einer Art Überraschungsangriff, Lilis Hand in die Goethes gelegt und die beiden für verlobt erklärt. Gebt euch einen Kuß, fügte sie, fast drohend, hinzu, und Mutter Schönemann nebst Herrn Bernard standen daneben wie vom Donner gerührt. Goethe hielt Lili in den Armen, und zum erstenmal kam es ihm vor, als würde er bei der Liebe beobachtet. Von jetzt an konnte fast alles, was er tat, gegen ihn verwendet werden, die Liebe war kein Wagnis, kein herrliches freies Schweben mehr, nun wurde es ernst, man bat ihn in ein Haus, in dem er seßhaft werden sollte, zog die Gardinen zu und – versperrte die Ausgänge. Ich komm' ihr nicht mehr davon, dachte er noch, die Liebe hat man über mich gelegt wie ein Netz. Lili traf keine Schuld, das mußte er zugeben; sie war wie immer, zurückhaltend, versonnen, liebevoll – wenn sie liebevoll sein wollte. Lili verkörperte das sanfte Gesetz, dem er sich fügte wie ein Ergebener seines Glücks.

Um so heftiger, überraschender kam dann sein Ausbruch; wenn nicht jetzt, wann dann, sagte er sich. Die Stolbergs kamen ihm gerade recht. Nicht daß er sie, die als empfindsam dichtende Brüder eine gewisse Bekanntheit erlangt hatten, zu seinen engen Freunden gezählt hätte, bewahre; sie waren überspannt, führten das große Wort, sie priesen die Freundschaft unter den Menschen, die Poesie, die Idee der Freiheit, von der sie glaubten, daß sie sich alsbald überall auf der Welt Bahn brechen würde. Außerdem hatten sie nah am Wasser gebaut, ständig gerieten sie in Rührung über sich selbst und weinten; ohne ihre großen geblümten Taschentücher kamen sie gar nicht mehr zurecht in der Welt. Ihn, ihren Goethe bewunderten sie, natürlich, das tat ihm gut, aber es war auch nicht sehr originell, denn die meisten anderen bewunderten ihn schließlich auch. In die Schweiz wollten die Stolbergs, weil sie dieses kleine, so widerstandsfähige Land mit seinen querköpfigen Bewohnern, von denen es hieß, sie seien allesamt steinreich und besäßen tiefe Keller unter ihren Häusern, zum Schutz und zum Horten des Geldes, für ein Vorbild hielten; dort, glaubten die Stolbergs, hauste die Freiheit wie eine zähe Gams, die lebenslang Schonzeit hatte und nicht mehr abgeschossen werden durfte.

Darauf wollen wir trinken, rief Christian, der ältere der beiden Stolbergs.

Jawohl, trinken, antwortete sein Bruder Friedrich Leopold, der Fritz genannt wurde und, wie so oft, nicht mehr ganz nüchtern war. Goethe hatte Wein aus dem Keller des Kaiserlichen Rats holen lassen und großzügig eingeschenkt. Sein Vater, der die Freigebigkeit des Sohnes übertrieben fand, hatte ein Glas Roten mitgetrunken, dann gingen ihm die Stolbergs auf die Nerven, und er zog sich zurück

Und worauf trinken wir? fragte Christian seinen Bruder.

Na, auf dieses – Land da, sagte Fritz.

Weißt du nicht mehr, wie es heißt?

Doch, Schweiz, murmelte Fritz, der nicht mehr klar artikulieren konnte, weshalb sich Schweiz auch eher anhörte wie – Scheiß.

Sie waren dann gefahren. Eigentlich hatte er sich noch von Lili verabschieden wollen, aber der Gedanke daran, ihr etwas erklären zu müssen, was sich kaum erklären ließ, hielt ihn zurück. Er sah ihre Augen vor sich, die sich stumm und vorwurfsvoll auf ihn richteten, vielleicht füllten sie sich sogar mit allerfeinsten Lilitränen. Kein Wort des Vorwurfs hätte sie gefunden, das wußte er, dazu war seine Lili viel zu stolz. Wenn du gehen willst, geh, hätte sie vermutlich nur gedacht. Sein schlechtes Gewissen beruhigte er damit, daß er seiner Mutter den Auftrag gab, Lili von seiner Reise in Kenntnis zu setzen.

Warum machst du das nicht selber, sagte die Mutter Aja, schließlich ist sie deine Verlobte!

Da war er zusammengezuckt wie einer, der zum erstenmal merkt, daß er dabei ist, von einem Fettnäpfchen ins nächste zu treten. Richtig, er war ja verlobt. Diese Tatsache, und es war eine Tatsache, hätte er am liebsten vergessen. Ein Gefangener wird nicht gern daran erinnert, daß er gefangen ist. Nanana, sagte er sich noch, wir wollen doch nicht übertreiben, schließlich kann man eine Verlobung, zumal eine Verlobung mit Lili, dem nach wie vor wunderbarsten Geschöpf, das ich kenne, nicht mit einer Gefangenschaft vergleichen. Es ist vielmehr ein Glück, ein etwas zu eng geschnürtes –, und dann war er zu den Stolbergs in die Kutsche geklettert, und man rollte hinaus aus Frankfurt. Mutter Aja hatte, wenn auch nörgelnd, versprochen, sich um Lili zu kümmern, das milderte sein schlechtes Gewissen ein wenig. Es war warm, aber nicht zu warm, ein feines Reisewetter. Unterwegs wurde getrunken, das ließ einen das Rattern und Schlagen der Kutsche nicht so sehr spüren. Die Stolbergs lasen eigene Gedichte vor, da mußte er sogar noch ein wenig mehr trinken, sonst waren diese Verse nicht zu ertragen. Zwischendurch weinten sie, Gott sei Dank meist abwechselnd; der eine schluchzte, der andere trocknete sich die Tränen, sie lobten die Schweiz, den Wein, das Leben. An der Bergstraße machten sie Rast auf einer Anhöhe, man aß und trank, das Land zu ihren Füßen, aufgebahrt im milden Sonnenlicht, kam ihnen wie ein Erinnerungsstück vor, das von der Schönheit der Welt künden sollte, ein für allemal. Um den Tränenfluß der Stolbergs zu dämmen, erklärte Goethe sich bereit, selbst ein Gedicht zum Besten zu geben, er sagte es in einem Tonfall, der bedeuten sollte: Von mir könnt ihr nur lernen, Jungs. *Neue Liebe, neues Leben*, sagte er dann, räusperte sich, denn mit einem Mal hatte er Lili vor Augen, seine Lili. Verdammt, dachte er, soll ich jetzt etwa auch noch heulen? *Neue Liebe, neues Leben. — Herz, mein Herz, was soll das geben? / Was bedränget dich so sehr? / Welch ein fremdes, neues Leben! / Ich erkenne dich nicht mehr. / Weg ist alles, was du liebtest, / Weg, warum du dich betrübtest, / Weg dein Fleiß und deine Ruh — / Ach, wie kamst du nur dazu! / — Fesselt dich die Jugendblüte, / Diese liebliche Gestalt, / Dieser Blick voll Treu und Güte / Mit unendlicher Gewalt? / Will ich rasch mich ihr entziehen, / Mich ermannen, ihr entfliehen, / Führet mich im Augenblick, / Ach, mein Weg zu ihr zurück. / — Und an diesem Zauberfädchen, / Das sich nicht zerreißen läßt, / Hält das liebe, lose Mädchen / Mich so wider Willen fest; / Muß in ihrem Zauberkreise / Leben nun auf ihre Weise. / Die Veränderung, ach, wie groß! / Liebe! Liebe! laß mich los!*

Es war still, nur ein Summen in der Luft. Die Stolbergs schwiegen. Warum weinten sie denn jetzt nicht, diese verdrehten überempfindsamen Brüder? Beide hatten sie den Blick gesenkt, schienen sich, stillschweigend, abgesprochen zu haben, ihn nicht anzuschauen, jetzt. Er wischte sich die Tränen aus den Augen. Neue Liebe, neues Leben, sagte er, wollen wir etwa darauf warten, bis sie alt geworden sind?

Noch immer das milde Licht, die Kutsche rumpelte. Für eine Viertelstunde oder mehr blieben die Stolbergs ruhig, ernst schauten sie drein. Woran mochten sie denken, Goethe wollte nicht fragen, weil er die Ruhe genoß. Vielleicht dachten die Brüder ja über ihr eigenes Liebesleben nach, von dem ein paar unfreundliche Gerüchte in Umlauf waren. Böse Zungen behaupteten, daß sie sich mehr für Jungen als für Mädchen interessierten, noch bösere Zungen behaupteten, daß die Brüder eine Form von Bruderliebe praktizierten, bei der jedem anständigen Menschen die Schamesröte ins Gesicht schoß. Goethe grinste. Wie gut, daß er kein anständiger Mensch war. Allmählich fanden sie dann zur alten Geschwätzigkeit zurück. Fritz, der Friedrich Leopold, öffnete eine neue Flasche, Christian schwafelte über die Liebe, die letztlich so unstillbar sei wie der große Durst des Menschen.

Je mehr sie nach Süden kamen, desto unfreundlicher wurde das Wetter. Das milde Licht färbte sich ein, es fing an zu regnen. In Emmendingen wollten sie Station machen, dort residierte das Ehepaar Schlosser. Von seiner Schwester hatte Goethe nichts Gutes gehört, sie schrieb traurige Briefe, aus denen er herauslesen konnte, daß sie am liebsten zurückgekehrt wäre nach Frankfurt. Cornelia war damit überfordert, eine Frau, schlimmer noch, eine Ehefrau sein zu müssen. Als kleines Mädchen hatte sie sich noch einigermaßen wohl gefühlt, besonders dann, wenn ihr der Bruder zur Seite stand. Nun wurde ihr alles zuviel, das Leben brach über sie herein wie eine einzige Zumutung. Schlosser versuchte sein Bestes, aber das reichte nicht, um die Kümmernis seiner Frau zu verscheuchen.

In den Hof von Schlossers Anwesen waren sie eingefahren, wenig später, die Kutsche blieb ruckartig stehen, so daß die Stolbergs im Wageninneren übereinander fielen. Goethe hatte sich rechtzeitig abgestemmt und sogar noch eine halbvolle Weinflasche festhalten können. Das Bremsmanöver des Kutschers erinnerte ihn an seine Fahrt nach Leipzig; Trunkenbolde, dachte er, ich bin umgeben von Trunkenbolden. Er stieg aus, die Brüder tappten ihm nach. Schlosser stand auf der breiten Treppe, die zu seinem Haus hinaufführte, er sah aus wie ein Erfolgsmensch, der sich keine unnötigen Gedanken mehr machen muß. Die Arme hatte er in die Seite gestemmt, er lächelte. Goethe schaute über ihn hinweg zur Hausfront empor. An einem Fenster entdeckte er sie, Cornelia, sie stand am Fenster hinter einer Gardine, das Gesicht wie von einem Spinnennetz überzogen. Warum kommt sie denn nicht herunter, dachte er, sie müßte mir doch entgegenlaufen wie dem lange ersehnten Erlöser. Schlosser bemerkte den Blick, wandte den Kopf, schaute hoch zum Fenster, seine Frau erschrak, wich zurück und verschwand. Er bekam sie natürlich doch noch zu Gesicht, seine Cornelia. Aus ihren Gemächern schritt sie herab, noch blasser, als er sie in Erinnerung hatte. Er hielt sie in seinen Armen, fühlte, wie sie zitterte. Schlosser war hinausgegangen, die Stolbergs im Schlepptau; alle drei Herren waren betrunken. Der Hausherr zeigte seine Räumlichkeiten und sprach dabei über die Bedeutung, die er inzwischen erlangt hatte. Er tat es in aller Bescheidenheit; das Lob, das er sich selber zollte, entsprach der Wahrheit, er war der Amtmann des Markgrafen von Baden. Draußen fiel gleichförmiger Regen. Goethe hätte einschlafen können, in diesem Augenblick. Er hielt seine Schwester in den Armen, die ruhiger geworden war und diese Ruhe nun an ihn weitergab; zum Rauschen des Regens klang Schlossers Stimme, der ein paar Zimmer weiter schwadronierte, wie entfernter schwächlicher Donner. Er legte den Kopf auf Cornelias Schulter, schloß die Augen. Sie schliefen im Stehen, ein paar Sekunden, eine kleine Ewigkeit, belohnt mit einem Vergessen, das ihnen gleich wieder genommen würde. Da waren sie nämlich schon wieder zurück, Schlosser mit den beiden Stolbergs, von denen Fritz inzwischen nur noch lallen konnte; Christian hatte ihn untergehakt, damit ihm das Brüderchen nicht umfiel. Schlosser lachte. Seine Frau, in den Armen ihres Bruders liegend, begann wieder zu zittern. Goethe strich ihr über die Haare. Schlosser hörte auf zu lachen.

Danach wurde zum Abendessen gebeten. Es gab nahrhafte Dinge aus badischen Landen, Schweinernes, Nudeln, Klöße, eine Schokoladenspeise zum Dessert. Du mußt jetzt für zwei essen! sagte Schlosser zu seiner Frau. Goethe fiel ein, daß Cornelia ja schwanger war, die Mutter hatte es ihm vor Wochen schon mitgeteilt. Er war keineswegs überrascht gewesen, auch nicht sonderlich interessiert; Kinder gehörten zu einer Ehe, ob die nun unglücklich war oder nicht. Spannend wurde es erst, wenn sich die Lebensfähigkeit eines Kindes erweisen mußte; kam es durch oder kam es nicht durch, das Kind, das war die Frage. Cornelia machte ein Gesicht, als wenn sie das Kind, das sie in ihrem Leib trug, am liebsten tot gesehen hätte. Sie versuchte zu lächeln und hatte Tränen in den Augen, die Stolbergs sahen es mit Wohlgefallen.

Die Nacht kam, noch immer regnete es, stärker inzwischen, ein monotones badisches Rauschen, das so gleichmäßig war, daß sich allmählich andere Geräusche darüberlegten, der Schlag des eigenen Herzens etwa, ein distanziertes Schluchzen, das aus den Ehegemächern der Schlossers drang, ein verrücktes Knarren von alten Dielen, über die vermutlich die trunkenen Stolbergs torkelten, ein mehrstimmiges Murmeln, das sich von außen durch die Ritzen des Schlosserschen Hauses drängte und dort, vom Keller langsam nach oben wandernd, anschwoll, bis es, noch ehe man seinen Wortlaut erkannte, wie ein abgrundtiefer Seufzer verklang, schließlich die gewohnte innere Stimme, die ihm, dem berühmten Dichter, sagte, daß all das, die Schlossers, die Stolbergs, das miefige Emmendingen, Baden, überhaupt alle deutschen Kleinstaaten – nichts für ihn sei. Du bist zu Höherem berufen, sagte die gewohnte innere Stimme, und sie hatte dabei einen unangenehmen, sich auf ihn selbst herablassenden Tonfall. Aber das Schwesterchen! dachte er noch, ehe er einschlief, das geliebte Schwesterchen, sie ist so traurig und unglücklich, und ich muß ihr helfen. Der kann keiner mehr helfen, höhnte die Stimme, und es war gut, daß sie vom Schlaf übermannt und zugedeckt wurde.

Sie fuhren dann weiter, obwohl Cornelia ihren Bruder inständig bat, noch zu bleiben. Die Sonne war hervorgekommen, die schweren Regenwolken zogen ab. Für einen Moment sah seine Schwester schön aus; wie eine schmale Lichtgestalt stand sie vor ihm, und zum erstenmal sah er, unter ihrem Kleid, ein Bäuchlein. Dort hockte das Kind, das sie erwartete, und jetzt, in der Sonne, in milder Luft, hätte er ihm, wenn er denn gefragt worden wäre, die günstigsten Lebensperspektiven ausgestellt. Cornelia lächelte, weil sich Fritz Stolberg darüber beklagte, daß sein armer dröhnender Kopf so schwer auf ihm laste wie ein ganzes Weinfaß; wann hatte er, Goethe, seine Schwester zuletzt lächeln gesehen? Sie rief sich denn auch gleich wieder zur Ordnung, setzte die gewohnt ernste Miene auf. Ihr Gatte, der tüchtige Amtmann Schlosser, hatte sich bereits vorher verabschiedet. Die Pflicht ruft! sagte er mit lauter Stimme, und Goethe erwiderte: Ich höre nichts! Sie nahmen Abschied, und was er hoffte, nämlich daß es ohne Tränen abging, trat nicht ein. Cornelia weinte, fast lautlos, und nun nützte der ganze Sonnenglanz nichts mehr, sie sank wieder in sich zusammen, ihre zerbrechliche Gestalt wurde dünn und dünner, und als sie vom Hof fuhren und der Bruder noch einmal zum geöffneten Wagenfenster hinausschaute, um zu winken, war die Schwester nur noch ein Strich in der Landschaft, von dem ihm, langanhaltend allerdings, ein unwirkliches Kinderweinen im Ohr blieb. Unterwegs stellte sich heraus, daß Christian Stolberg über Nacht wohl beschlossen hatte, an seinem Bruder erzieherisch tätig zu werden, denn er nahm ihm, als der die erste Flasche Roten köpfen wollte, ebendiese aus der Hand, vergleichsweise streng, so daß Fritz ihn anstarrte wie einen belämmerten Fremden. Was soll das? fragte er.

Es ist noch zu früh, sagte Christian. Außerdem habe ich unseren Eltern versprochen, auf dich aufzupassen. In brüderlicher, in wohlmeinender Sorge.

Und das fällt dir ausgerechnet jetzt ein.

Besser jetzt als gar nicht.

In Karlsruhe, ihrer nächsten Station, wurden sie vom Markgrafen empfangen. Das galt als Ehre, war aber eher lästig. Der Herr von Baden, der gute Laune hatte, erkundigte sich nach Goethes literarischen Plänen, und er stellte die Frage so, daß man merken konnte, wie wenig ihn eine Antwort wirklich interessierte. Goethe kannte das zur Genüge. Wer von den Mächtigen mit ihm umging, meinte nicht ihn selbst, den Menschen, sondern den berühmten Dichter, bei dem es aber nicht auf die Poesie ankam, sondern auf den Ruhm. In den wollte man mit hinein; das Leben der Mächtigen, die, als deutsche Kleinfürsten, ja gar nicht so mächtig waren, brauchte von Zeit zu Zeit die Auffrischung, ein bißchen jugendlich frischen Wind, der in die vermufften Hofstuben wehte und dort für bessere Luft sorgte. Goethe murmelte etwas von verschiedenen Plänen, die ihm im Kopfe herumstrichen. Der Markgraf nickte und gab ihm ein Zeichen, das hieß: er konnte gehen. Endlich. Als er das Schloß gerade verlassen wollte, wurde er zurückgepfiffen, man bedeutete ihm, daß ein hochgestellter Gast des Markgrafen ihn noch zu sprechen wünsche. Er kehrte um, er wollte ja keinen Ärger. Am liebsten hätte er den bekanntesten Spruch aus seinem Götz ausrichten lassen: die hochgestellte Persönlichkeit, wer auch immer sie sei, könne ihn mal am Arsche lecken –, er habe keine Zeit mehr und keine Lust, im verschnarchten Baden auszuharren, wo doch die Schweiz, das felsüberzogene, sagenhaft reiche Land mit seinen querköpfigen Bewohnern auf ihn warte. Einem Freund, einem guten Bekannten hätte er das tatsächlich gesagt, aber einem Fürsten durfte man mit einer solchen Grobheit nicht kommen, auch wenn sie vom berühmtesten Dichter Deutschlands ausgesprochen wurde. Warum eigentlich; das alles, diese elendigen, verstaubten Gepflogenheiten waren doch nur der Heuchelei, der Ängstlichkeit, der Ergebenheit in die Überzeugungskraft der Macht geschuldet. Weg damit! hatte er schon öfter gedacht, sich aber dabei nicht sonderlich wohl gefühlt. In den Kreisen, in denen er verkehrte, unter Dichtern und Künstlern zumal, galt es als fortschrittlich, wenn man die Mächtigen verfluchte, das Fürstenpack, diese ganzen aufgeblasenen Kleingeister, eine Revolution sollte kommen und sie alle hinwegfegen. Und was dann? Darauf wußten die meisten keine Antwort, und die wenigen, die sich eine neue Gesellschaft ausmalen konnten, waren Schwärmer, Stammler, prallvoll angefüllt mit ihren besserwisserischen Ideen. Jede Ordnung ist besser als gar keine Ordnung, hatte der Kaiserliche Rat einmal gesagt, und der war, in den ihm auferlegten Grenzen, ja durchaus ein Freund der Freiheit. Auf keinen Fall ein Fürstenknecht. Für einen winzigen Moment, einem warmen Atemhauch gleich, der ihn, tröstlich und traurig zugleich, streifte, sah er seinen Vater vor sich, ganz alt sah der aus und hatte doch ein so gütiges Gesicht, daß es einem fast unheimlich werden konnte. Einen Menschen kennt man und kennt ihn doch nicht, auch das hatte der Kaiserliche Rat einmal gesagt. Diesen Menschen, der ihm da vor Augen stand, für einen winzigen Moment, kannte er nicht, aber er kam ihm vertraut vor wie ein Geschenk, das wiedergefunden und neu bestaunt werden will.

Das Bild verschwand, an seiner Stelle erschien ein Mann, den Goethe sofort wiedererkannte. Es war der Erbprinz von Weimar, Karl August (oder hieß er August Karl?), den er vor Wochen bereits in Frankfurt kennengelernt hatte. Besser gesagt: Er war ihm vorgestellt worden, auf besonderen Wunsch des jungen Mannes, der demnächst die Amtsgeschäfte in seinem Herzogtum übernehmen sollte. Karl August (August Karl?) hatte sich verlobt, man konnte auch sagen: er war verlobt worden – mit einer Dame, die für ihn ausgesucht wurde. Luise hieß die Glückliche, eine der fünf Töchter des Grafen von Hessen-Darmstadt. Ob Luise wirklich glücklich war, interessierte keinen; in Adelskreisen brachte man zusammen, was zusammengehören sollte. Hier eine Prinzessin, dort ein Thronfolger, kaum hatten sie sich einmal gesehen, zweimal getroffen und dreimal miteinander geredet, gab man ihre Verlobung bekannt. Kurz darauf wurde geheiratet, das war gut und nützlich so und fand seinen Segen. Schließlich hatte man das schon immer so gemacht, wer wollte sich noch darüber aufregen; in bürgerlichen Kreisen ging es nicht besser zu. Goethe dachte an seinen Vater und Mutter Aja, auch die hatte man doch zusammengespannt, auf daß sie ihre Pflichten erfüllten. Was braucht man dazu die Liebe, sie tun, was sie tun müssen, das Licht ist aus, das Bett knarrt, ein, zwei Seufzer, das wars. So oder ähnlich hatte man ihn auch auf die Spur ins Leben gesetzt; er wollte sich das lieber nicht allzu genau ausmalen.

Ist Ihnen kalt? fragte Karl August. Sie scheinen mir zu zittern, Herr Goethe.

Herr Goethe. Er war rührend, dieser Erbprinz, ein Bürschchen noch, unverbildet, merkwürdig ehrlich für einen seines Standes. Und freundlich. Dem merkte man an, daß er sich wirklich für ihn interessierte, für den Menschen, den Herrn Goethe, und für – den Dichter, natürlich, das konnte ja nicht schaden. Karl August hieß das Bürschchen, er war sich jetzt sicher, Karl August in dessen Gegenwart er sich so alt und welterfahren fühlte wie ein Lebemann. Bei ihrer ersten Begegnung war zunächst ein Kammerherr vorgeschickt worden, Herr von Knebel, auch er freundlich, in einer Weise sogar liebenswürdig, die sogleich den Verdacht des Kaiserlichen Rats erregt hatte. Was will der Kerl? fragte er. Man kann ihm nicht trauen! Goethe jedoch traute dem Herrn von Knebel; sofort. In seinem Mansardenzimmer am Großen Hirschgraben hatten sie miteinander gesprochen, erst über das Leben an sich, dann über die Poesie (das war die richtige Reihenfolge!), dann rückte der Herr von Knebel mit seinem eigentlichen Anliegen heraus. Ob der Herr Goethe sich vorstellen könne, für den Erbprinzen von Sachsen-Weimar-Eisenach tätig zu werden? Warum nicht, hatte Goethe gesagt; er hielt die Frage zunächst für eine Scherzfrage. Knebel bemerkte sein Lächeln. Ich meine es ernst! sagte er.

Was soll ich bei einem Erbprinzen? fragte Goethe. Ihm aus meinen Werken vorlesen?

Der Erbprinz wird bald volljährig sein und dann die Regentschaft des Herzogtums übernehmen, sagte Knebel.

Schön für ihn. Aber ich tauge nicht als Fürstenknecht.

Aber, aber, solche Parolen – aus Ihrem Munde, aus dem Munde des berühmtesten Dichters, den wir haben.

Habt Ihr mich denn? dachte Goethe. Er lächelte. Dieser Knebel war in Ordnung, er verstand es, zu reden, zu schmeicheln, ohne daß dabei zu dick aufgetragen wurde.

Also, nehmen wir einmal an, daß ich ein solches überaus ehrenvolles Anersinnen in Erwägung ziehen würde. Was hätte ich zu tun – am sogenannten Hofe?

Der Erbprinz, unser designierter Herzog, braucht einen Berater, einen Mann von Welt, der in allen Sätteln gerecht ist. Ein Dichter und Denker soll es sein, ein Lebens-Künstler, ein Mann mit gesundem Menschenverstand und gewaltiger, nicht enden wollender Inspiration, kurzum ein Mensch, der unbändig neugierig ist auf das Leben und es sich erobern will.

Genau, sagte Goethe, so einen Mann suche ich auch.

Karl August glaubt, daß Sie all das verkörpern!

Wer ist Karl August?

Der Erbprinz, sagte der Herr von Knebel und lächelte etwas gequält.

Heißt er wirklich Karl August? fragte Goethe.

Ja, warum, haben Sie etwas dagegen?

Nein, natürlich nicht. Ich habe nur meine Schwierigkeiten mit Namen.

Wie darf ich das verstehen?

Ganz einfach. Ich kann sie mir nicht merken; vielleicht will ich sie mir auch nicht merken, eine boshafte Behinderung, die aus den Untiefen der Seele kommt, dorther, wo man nichts mehr von sich weiß.

Seltsam.

Sie sagen es, seltsam –. Dabei weiß ich doch, wie nützlich Namen sind, man hat sie sicher nicht umsonst erfunden. Ohne Namen vermöchten wir es nicht, Menschen und Dingen den ihnen zustehenden Halt zu geben, sie wiedererkennbar und benennbar zu machen. Meine Gedanken aber eilen oft voraus, sie sind ungebärdig und mögen es nicht, zurückgerufen zu werden, nur um an einem Namen festgemacht zu werden.

Soso, sagte der Herr von Knebel. Ich dachte, man vergißt Namen erst, wenn ein gewisses Alter erreicht wird. Im Alter nämlich, junger Mann, läßt alles nach.

Alles? fragte Goethe.

Alles, sagte der Herr von Knebel. Ich heiße übrigens Knebel. Ob Sie sich das noch einige kostbare Minuten lang merken können?

Er erzählte dann noch vom Leben am Hofe, schwelgte davon, wie schön, wie überschaulich es in Weimar sei. Eine Stadt mit einem großen Herzen, man liebe dort die Künste. In Weimar brauche man einen Mann wie Goethe, der doch immer davon geträumt habe, etwas zu bewegen, nicht nur in Gedichten, in Romanen und auf dem Theater, sondern auch im wirklichen Leben.

Ja, woher wissen Sie, sagte Goethe, sind meine Träume also schon bis Weimar vorgedrungen.

Er war Karl August vorgestellt worden, der ihn empfing wie einen Vertrauten. Für einen Moment hatte auch seine Verlobte Luise hereingeschaut, sie lächelte, und man konnte sehen, daß ihr Lächeln dem Dichter galt, nicht etwa ihrem Verlobten. Der würdigte sie denn auch keines Blickes, sprach statt dessen von den Vorzügen der Jagd und der Männerfreundschaft. Außerdem sei es gut, daß Deutschland sich mehr als Idee denn als Wirklichkeit präsentiere, eine zweifellos großartige Idee, aber eben keine Wirklichkeit, und das habe seine Gründe, die in der unverbrauchten Würde der kleinen und ganz kleinen Staaten liege. In denen, besonders in Sachsen-Weimar-Eisenach, lebe man besser als Gott in Frankreich, er dürfe das, als künftiger Herzog, ruhig sagen, und ihm müsse man das ja wohl glauben, nicht wahr; in Weimar gehe es geordneter zu, beschaulicher, man habe keine Mühe, die Übersicht zu behalten. Je kleiner ein Staatswesen, desto leichter könne es regiert werden.

Ach ja, sagte Goethe, so habe ich das noch gar nicht gesehen.

Ich weiß, wer Sie sind, Herr Goethe, rief Karl August, aber erst bei mir können Sie alles werden.

Dieser Zuruf war ihm im Hinterkopf geblieben, er wußte nicht, warum. An ihn erinnerte er sich, hier in Karlsruhe, in einem der Räume des unsympathischen Markgrafen von Baden.

Herr Goethe!!

Entschuldigung, ich war mit meinen Gedanken ein wenig abgeirrt. Nein, ich friere nicht, eher daß ich innerlich glühe, Euer Durchlaucht. Es liegt noch so viel vor mir, das macht mich manchmal zu einem Entdecker, der alle seine Entdeckungen, die ja erst noch aufgesucht sein wollen, im Kopfe schon vorwegnimmt.

Nehmen Sie sich nicht zuviel vorweg, sagte Karl August. Herr Goethe. Das ist nicht gut. Die Liebe zum Beispiel, er räusperte sich, die Liebe, nun ja – ich bin noch jung, jünger als Sie, aber die Liebe hat man für mich schon vorweggenommen, das macht mich nicht froh. Nein, nicht – froh.

Goethe durfte gehen. Er verabschiedete sich. An der Tür begegnete er der Prinzessin Luise. Fast hätte er sie in die Arme genommen, im Zwielicht sah sie aus wie Cornelia, ein schmales liebes, leider schon verhärmt wirkendes Frauenzimmer, dem nicht zu helfen war.

Denken Sie an mich, rief ihm Karl August nach. Ich bin Ihnen sehr gewogen.

Zwei Tage später waren sie in der Schweiz. Fritz Stolberg erlebte den Grenzübertritt zwar voll, aber nicht bei vollem Bewußtsein; er hatte, unbemerkt vom Bruder, der in der rumpelnden Kutsche eingenickt war, kurz entschlossen ein Fläschchen Roten geleert und war daraufhin selbst entschlummert, der Rotwein lief ihm in einem feinen Rinnsal aus dem Mund, es sah aus wie Blut. Christian, der kurz darauf aufgewacht war, betrachtete ihn angewidert. Wenn ich meinen Eltern nicht versprochen hätte – , sagte er und ließ den Satz unvollendet. Goethe gingen die Stolbergs inzwischen gehörig auf die Nerven. Beide. Die Reise als solche ist kein schlechter Einfall gewesen, dachte er des öfteren, aber mußten es ausgerechnet diese Reisebegleiter sein?

Der erste Anblick, den die Schweiz bot, war enttäuschend; hinter der Grenze sah es aus wie vor der Grenze. In einem Gasthaus machten sie Rast und ließen sich eine

Schweizer Spezialität servieren, die aus sehr viel Kartoffeln und Speck bestand. Der Wirt sprach dazu in einem Dialekt, der sich so anhörte, als hätte der Mann eine Halskrankheit. In Zürich besuchte Goethe den berühmten Lavater, den er im Jahr zuvor kennengelernt hatte. Lavater, ein putziges Männchen, das sich, einem von unsichtbarer Hand betätigten Staubwedel ähnlich, ständig in Bewegung hielt, war von Haus aus Geistlicher und predigte an der Zürcher Waisenhauskirche. Berühmtheit hatte er erlangt durch seine physiognomischen Studien, was, weniger vornehm ausgedrückt, bedeutete, daß es ihm die Gesichter der Menschen antaten, im besonderen ihre Profile, aus denen er alles mögliche ablesen zu können glaubte. Charaktereigenschaften zum Beispiel, Gemütsbewegungen, die sich, so glaubte der gute Lavater, in der Summe aufformen und wie verborgene und zugleich offensichtliche Signallampen am Menschenschädel hängen. Er hatte bemerkenswerte Ergebnisse erzielt bei seinen Studien, mit manchen seiner Diagnosen lag er richtig, mit anderen auf fast schon komische Weise – daneben. So war ihm, mit der untertänigen Bitte um Deutung, von einem Witzbold ein Schattenriß vorgelegt worden, den Lavater, nach langem Betrachten des Gegenstands, als die Physiognomie eines warmherzigen, zutiefst gutmütigen Mannes erkannte, der mit an Sicherheit grenzender Wahrscheinlichkeit in der Wohlfahrt, der Armenpflege oder in einer anderen karitativen Einrichtung arbeite. Mit dieser Analyse traf der Prediger nicht ganz ins Ziel; es stellte sich nämlich heraus, daß die Abbildung, die man ihm vorgelegt hatte, das Profil des Henkers von Schaffhausen zeigte. Lavater ließ sich durch solche Fehlschläge nicht entmutigen; er glaubte an das Gute im Menschen, er glaubte an den lieben Gott, der alles richtete. Sein Optimismus war ansteckend, man konnte, wenn man den frommen Mann durch sein ausgefülltes Tagwerk begleitete, selber fromm werden, ohne es recht zu merken. Oder verrückt! dachte Goethe. Man kann auch verrückt werden, wenn man längere Zeit mit Freund Lavater zusammen ist. Der zeigte, wie schon bei ihrem ersten Zusammentreffen, ein ganz ungeniertes Interesse an Goethes Nase. Was für ein göttliches Stück! flötete er. Sie zeigt alles an Ihnen, mein Freund, Ihre Willensstärke, Ihren weit in die Welt hinausgreifenden Genius, Ihre Neugier auf irdische Dinge, aber auch, Gott sei's geklagt, Ihre Gleichgültigkeit gegenüber der Himmelsmacht.

Genau das war es, was Goethe an dem freundlichen Lavater störte: sein unbändiger Hang zum Missionieren, der Mann, das Männchen tänzelte auf Erden herum wie ein gnadenlos freundlicher Schuldeneintreiber Gottes. Kommt alle her an meine schmale Brust, bedeutete er den Menschen, denn wir sind glücklich in der Gemeinde des Herrn.

Sind Sie unglücklich, mein lieber Goethe? fragte Lavater.
Nein, warum?
Sie sehen unglücklich aus, mit Verlaub. Haben Sie etwa Liebeskummer? Ich sage Ihnen, es gibt gute und schlechte Frauenzimmer, aber treu, im Herzen treu, ist Ihnen nur unser Herrgott.

Das reichte. Goethe entschuldigte sich, er müsse an die frische Schweizer Luft. Er ging durch die Gassen Zürichs, ziellos. Alle Wege schienen leicht abschüssig zu sein, und weiter unten, einem silbernen Band gleich, schimmerte der See. Weg, dachte Goethe, weg aus der Stadt. Wir sind doch nicht wegen dieser Häuseransammlungen ins Land gekommen, die gibt es überall. Nein, ins Freie sollte es gehen.

Wenn man die Augen zusammenkniff, konnte man, hinter dem silbernen Band, die Berge sehen, hoch aufragend, glanzvolle Skulpturen aus Fels, Eis und Schnee. Die Stolbergs kamen ihm entgegen. Christian hatte seinen jüngeren Bruder untergehakt, beim Näherkommen konnte man feststellen, daß Fritz weinte, lautlos. Was ist denn los, fragte Goethe, ist er schon wieder voll?

Schlimmer, flüsterte Christian Stolberg, viel schlimmer. Er hat sich verliebt, in eine junge Engländerin. Behauptet, es sei Liebe auf den ersten Blick. Und nun will er sich erschießen, wenn sie ihn nicht erhört.

In diesem Augenblick, da er beide Stolbergs anlächelte, beschloß Goethe, allein weiterzureisen. Er hatte genug von all dem Überschwang, dem Freiheitsgeschwafel, den ständigen Rotwein-Gelagen, die Fritz Stolberg, wenn er denn mal halbwegs nüchtern war, sogar noch wortreich zu begründen wußte: Der rote Wein sei nichts anderes als Tyrannenblut, das den zahllosen Despoten der Welt, im wiederholten Akt des Trinkens, gleichsam ausgesaugt werde; zugleich gehe, möglicherweise, mit dem roten Wein etwas tyrannische Willensstärke und Durchsetzungskraft in den Trinkenden ein.

Symbolhaft, verstehst du.

Nein.

Keiner versteht mich, hatte Fritz Stolberg daraufhin gejammert und sich eine neue Flasche Wein gegriffen.

Nein. Damit war Schluß. Goethe überließ die Stolbergs ihrem Glück oder Unglück, er sagte ihnen Lebewohl. Sie nahmen die Trennung gefaßt auf, hatten sie doch andere Sorgen. Fritz war tatsächlich unsterblich verliebt, aber eben auch fest entschlossen, sich umzubringen, wenn seine Angebetete, eine trotz verzweifelten Werbens immer noch spröde Engländerin, ihm nicht endlich ihre Gunst schenkte. Christian Stolberg jedenfalls war sehr besorgt um sein Brüderchen.

Goethe konnte ihm nicht helfen, und so verließ er denn Zürich, nachdem er sich von Lavater verabschiedet hatte. Gott schütze Sie, mein Freund! sagte der und weinte ein paar stille Tränen. Passen Sie auf sich auf! Unsere Berge sind hoch, man kann dort tief fallen.

Lavater hatte ihm noch einen Reisebegleiter aufgedrängt, einen Theologen, versteht sich, an dem Goethe besonders der Name gefiel: Passavant hieß der Mann, von dem Lavater behauptete, er kenne die Berge so gut wie sein Gesangbuch. Passavant erwies sich, gemessen an den Stolbergs und ihren Gefühlsduseleien, als Wohltat; er redete nicht viel, machte keine Anstalten, Goethe von der Güte Gottes überzeugen zu wollen, und tatsächlich kannte er sich aus. Mit den Einheimischen sprach er in deren Mundart, auch das war von Vorteil. Dabei bin ich kein Schweizer, sagte er voller Stolz.

Nein? Goethe war verblüfft. Was sind Sie denn?

Ich komme aus Deutschland. Vor einiger Zeit wurde ich Ihnen in Frankfurt vorgestellt. Aber wahrscheinlich haben Sie meinen Name wieder vergessen, ein berühmter Mann kann sich schließlich nicht alles merken –.

Das gab Goethe zu denken. Konnte es sein, daß er nicht nur Ordnung in seinem Gedächtnis schaffen mußte, sondern in seinem ganzen Leben? Der angehende Herzog kam ihm in den Sinn, wie hieß er doch gleich. Karl August. Hatte er nicht von der Ordnung, der Überschaubarkeit in seinem Zwergstaat geschwärmt; vielleicht war die Idee, dort regelrechte Amts-, ja Staatsgeschäfte zu übernehmen, doch nicht so abwegig. Inzwischen hatten sie die Hohe Schweiz erreicht; ein gleißendes Licht lag über den Bergen, von denen manche wie grotesk überdimensionierte Dichternasen aussahen. Faszinierend an dieser Schweiz war das Übergangslose ihrer Konturen; aus dem Flachland, aus lieblichen, feingeschwungenen Hügeln, wuchsen auf einmal die Fels- und Eisriesen auf, ansatzlos, ohne Vorwarnung, sie standen am Himmel und waren durch nichts zu erschüttern. Auf einen dieser Berge war er dann, allein, hinaufgestiegen, erst mühelos, so als gälte es wieder nur, ein Taunushügelchen zu erstürmen, dann jedoch angestrengt, schließlich schweratmend, schweißbedeckt, mit Stichen im Leib und einem unangenehmen Pochen im Ohr. Oben, ganz oben, aber versöhnte ihn der Blick mit jeglicher Anstrengung, mit seinem heftig pumpenden Herzen, den unruhigen Gedanken, mit dem Ungenügen, das er sich und der Welt gegenüber empfand. Unten, tief unten, das Auge des Sees, der lockende Abgrund, darüber ausgebreitet ein wahrhaft grandioser Schimmer, der womöglich aus Italien, aus dem Land seiner Träume, hereingeweht war, ein märchenhafter, zugleich auf Kühle festgelegter Glanz, vor dem man die Augen niederhalten mußte, und nahbei eben die Berge, die nicht nur einfach neben- und hintereinander standen, sondern über die ihnen auferlegten Distanzen, ihre Schründe, Eisströme, Spalten, über die Verformungen und Gräben, die zwischen ihnen lagen, nach Ewigkeitsart wachten. Eine glänzende Ordnung, eine unwirkliche Macht, die ihre reine Anwesenheit nicht beweisen mußte. Er aber mußte sich noch beweisen, es wurde – höchste Zeit. In diesem Augenblick traf er eine Entscheidung. Sie fiel ihm nicht leicht, ganz im

Gegenteil. Ein flaues Gefühl hatte er im Magen, das sich nach oben und unten ausbreitete, es stieg ihm zu Kopf, es griff nach seinem Herzen. Das Sonnenlicht schmerzte, brannte auf der Haut, kochte die Schweißperlen auf, die ihm im Gesicht standen. Was sein muß, muß sein, sagte er, hilflos, und ein Vers kam ihm in den Sinn, den er sich jetzt selber vorsagen mußte. *Wenn ich, liebe Lili,* sagte er, erst leise, dann lauter werdend, *wenn ich, liebe Lili, dich nicht liebte, / Welche Wonne gäb mir dieser Blick! / Und doch, wenn ich, Lili, dich nicht liebte, / Fänd ich hier und fänd ich dort mein Glück?* Die Traurigkeit in ihm legte sich, wurde ruhiger und – sanft. Er holte sein Taschentuch heraus, schneuzte sich, nein, er würde nicht heulen, lachhaft, er war ja kein Stolberg. Er dachte an ein kurioses kleines Theaterstück, das ihm in Frankfurt eingefallen war, bei zwei, drei Gläsern Wein hatte er es hingeschrieben oder sollte man sagen: hingerotzt: *Hanswursts Hochzeit oder der Lauf der Welt* hieß das Ding, eine Farce, in der er all die lächerlichen Figuren auftreten ließ, die ihm gerade in den Sinn kamen. Sie hatten blöde, saublöde Namen: *Hanswursts Bräutigam, Matzfoz von Dresden, Tölpel von Passau, Reckärschgen, Schnuckfözgen, Mr. Hämmerlein, Maulaff, Peter Sauschwanz, Schweinigel, Loch König, Scheismaz, Lauszippel, Rotzlöffel, Thomas Stinkloch, Jungfer Rabenaas, Poet Blackscheisser, Schinkluder, Saufuß, Vollzapf, Kammerjunker Stinkwitz, Hausknecht Hauslümmel, Hosenscheisser, Leckarsch, Fozzenhut, Dreckfinke, Saumagen, Faselhans, Piephahn, Schnudelhutz, Mazpumpes genannt Kuhfladen, Schlingenschlangschlodi, Nonnenfürzgen, Lumpenhund, Lappsack, Galgenschwengel, Wurstfresser aus dem Scheishaus, Schweinepelz, Hans Arsch von Rippach* – und er, Goethe, war jetzt einer von denen, er hatte diese ganzen albernen Sauköpf' in sich zusammengehauen und zu einem einzigen gemacht, zum einzigen und wahren Hans Arsch, der sich auch wie ein Arsch verhielt, das würde man merken, besonders sie, die eine, die ihm liebste Person, würde das merken – denn sie dachte ja an ihn, mußte an ihn denken, an den einen, den einzigen und wahren Hans Arsch nicht von Rippach, sondern von Goethe.

Das tätige Leben

Es kommt so, wie es kommen soll.

Machte er es sich etwa zu leicht? Das dachte er jetzt öfter, wenn Zweifel in ihm aufkamen, die mehr ihm, also der wertvollen eigenen Person galten, und weniger der Welt, an der ja ohnehin jeder Dummkopf herumräsonieren durfte. Im Zweifelsfall brach er den Zweifel einfach ab, ruckzuck; wo kommt man da hin, wenn man immer nur zweifelt, sich Gemüt und Gehirn zermartert. Er fällte den Machtspruch, erklärte Rede und Gegenrede in sich für beendet – und gerade damit, dachte er eben, machte er es sich womöglich zu leicht. Er ließ die wirklich schwerwiegenden Bedenken nicht zu, er vertraute darauf, daß es gutging mit ihm. Über ihm wachte sein Stern, der alles im Blick hatte, auch die Zukunft, und wenn er, der gute Stern, an einem faden, zugezogenen Himmel gar nicht zu sehen war, dann schickte er sein Licht, unsichtbar, auf geheimer Bahn herab, ließ es seinem Schützling zukommen, der es aufnahm und in sich selbst zum Leuchten brachte. Dieses Licht beglänzte das Spiel der Welt, das in ihm war, es zeigte ihm, was er sehen sollte. Und wies ihm, ohne daß darüber große Worte zu verlieren waren, den Weg. Daran glaubte er, und wenn er es sich damit zu leicht machte, war es auch recht.

Er hatte sich entschieden. Für den Ortswechsel, für das ganz Neue, gegen die Liebe, die dadurch nicht erlosch, sondern zur Erinnerung, also noch inniger wurde. Der junge Herr Goethe würde nach Weimar und dort als Berater am Hofe des Erbprinzen Karl August amtieren, der am 3. September 1775 die Regierungsgeschäfte des Herzogtums Sachsen-Weimar-Eisenach von seiner Mutter Anna Amalia übernommen hatte. Inzwischen war Karl August verheiratet, das gehörte sich so. Die blasse Luise von Hessen-Darmstadt befand sich als Angetraute an seiner Seite, und obwohl sie durch die Verehelichung in der deutschen Adelshierarchie aufgestiegen war, sah sie keineswegs glücklicher aus. Im grauen Weimarer Winter würde er, Goethe, an das Schweizer Sommerlicht erinnern, es zurückzaubern wollen; er sah sich hoch oben, auf dem winzigen Gipfelplateau, unter ihm der Abgrund, das Seeauge, jenseits des Tals, Glückspforten vor einem immer südlicher werdenden Himmel, die Fels- und Eisriesen, und noch weiter weg, in der bleibenden und großen Wärme, lag Italien. Dort oben hatte er sich entschieden, und ob ihm die Entscheidung leichtgefallen war oder nicht – es tat ja schon nichts mehr zur Sache. Es kam ihm, inzwischen, so vor, als hätte sich sein Leben von da an beschleunigt; der Boden, auf dem er stand, war fester geworden.

Aus der Schweiz also zurück in deutsche Lande, nach Frankfurt zunächst, ins alte Nest. Der Kaiserliche Rat hatte gleich gemerkt, daß eine Veränderung in seinem Sohn vor sich gegangen war, er fürchtete Schlimmes. Zu Recht, wie sich zeigte, denn der Sohn erklärte ihm, in einem Tonfall, der mit Widerspruch nicht unbedingt rechnete, daß er sich zu verändern gedenke; er werde Frankfurt verlassen und an den Hof des Herzogs von Weimar gehen. Das wirst du nicht tun! sagte der Kaiserliche Rat, und der Sohn, der ja mit Widerspruch nicht unbedingt rechnete, schwieg für einen Moment, er sah verdutzt aus, auch ein wenig beleidigt.

Und warum nicht? fragte er schließlich.

Ja, begreifst du denn gar nichts, rief der Kaiserliche Rat. Mein Sohn wird zum Fürstenknecht, zum Spiel-Jungen für angemaßte, kleingeistige Willkür. Und dabei tut er so, als wüßte er nicht, daß sein Vater sich etwas Entwürdigenderes nicht vorzustellen vermag.

Zwinge ich Sie etwa, mit mir zu kommen? sagte Goethe. Es ist mein Leben.

Der Kaiserliche Rat blickte sich um, er schien sich vergewissern zu wollen, daß sich keine Spione des Fürsten mit im Raume befanden. Mein Sohn! flüsterte er. Jeder Mensch hat ein Herz, und wenn er sein Herz auf dem rechten Fleck hat, kann er sich nicht denen verdingen, die ihr Volk für die eigenen Zwecke mißbrauchen.

Wen meint Ihr?

Du weißt genau, wen ich meine: die Fürsten. Sie sind in höchstem Maße überflüssig geworden, die Geschichte sollte sich ihrer entledigen.

Das war nun tatsächlich ein aufrührerischer Satz; kein Wunder, daß der Kaiserliche Rat sich zuvor umgeschaut hatte. Schließlich wußte er oder glaubte zu wissen, daß die Spitzel der Mächtigen überall herumlungerten, ihre ekelhaften Glubschaugen sahen immer mehr, als sie sehen sollten, ihre ekelhaften Schlappohren konnten sie in jedes brave Haus, in jede Wohnung hineinhängen.

Karl August ist anders, sagte Goethe.

Ha, schnaubte der Kaiserliche Rat, Klein August. Er kann gar nicht anders sein!

Zwei Tage später änderte er seine Taktik. Er kam dem Sohn, der nicht wußte, wie ihm geschah, überraschend freundlich, lobte dessen Talente, erkundigte sich nach den literarischen Plänen des berühmten Dichters. Goethe schaute ihn an, argwöhnisch. Dieser Vater, eigentlich war der doch ein wandelndes Rätsel. Außerdem tat ihm die Frage nach seinen literarischen Plänen nicht gerade gut, man konnte auch sagen: sie traf einen wunden Punkt. Er hatte das Gefühl, nicht mehr vom Fleck zu kommen – mit der Poesie. Sie schmiegte sich an unter seinem Zugriff, gab sich willig, machte fast alles mit, was er von ihr wollte. Aber was wollte er denn von ihr? Zu diversen Gelegenheitsarbeiten hatte er sie gezwungen, die Poesie, und dabei schwebte ihm, dem berühmten Silberstreif am Horizont ähnlich, den man hoffnungsfroh sieht, aber nie erreichen kann, ein wahrhaft großes Werk vor, in dem sich die Welt, aufgehoben zwischen Zeit und Ewigkeit, als Kunstwerk zu erkennen gibt, das zu den Menschen spricht.

Der Kaiserliche Rat bemerkte die Ratlosigkeit seines Sohnes, natürlich; er wurde daraufhin noch listiger. Wollte der noch immer junge und noch immer berühmte Dichter nicht nach Italien, in jenes traumhaft schöne Land, in dem auch der Vater eine vergleichsweise glückliche Zeit verbracht hatte, unter südlicher Sonne, umgeben von leichtfertigen Menschen, die den Ernst des Leben für gar nicht so ernst hielten. Ja, er wollte nach Italien. Ein Traum.

Nein, kein Traum, sagte der Kaiserliche Rat. Du kannst ihn dir wahr machen. Es ist leichter, als du denkst.

Nichts ist leichter, als man denkt.

Fahr doch einfach los. Die Reise – ich schenke sie dir.

So verführerisch konnte er sein, der Vater; die tückischen Absichten, die er verfolgte, verbarg er hinter seiner Großzügigkeit. Er liebte den Sohn, zeigte es, wenn er es zeigte, auf ungewöhnliche Weise. Goethe war nun noch ratloser als zuvor. Hatte er nicht bereits die nötigen Schritte in die Wege geleitet, um nach Weimar zu gelangen? Er sollte abgeholt werden; ein Wagen war ihm versprochen worden, der ihn hinwegnahm aus dem Nest Frankfurt und zu neuen Ufern brachte.

Weimar ist ein Nest, nicht Frankfurt, die freie Bürgerstadt, sagte der Kaiserliche Rat. Klein, häßlich, stinkend.

Sie sprechen von Frankfurt? fragte Goethe.

Nein, von Weimar.

Waren Sie schon mal da? In Weimar, meine ich.

Nein. Aber in Italien war ich!

Das saß. Wenn nicht jetzt Italien, wann dann, murmelte eine Stimme in ihm, ließ sich nicht beschwichtigen. Es war nicht seine gewohnte Stimme, die da zu ihm sprach; sie kam von außen, mischte sich ein, hatte einen unangenehm selbstherrlichen Klang. Seine gewohnte Stimme, die das vertraute Gespräch mit ihm führte, schien eingeschüchtert, sie zog sich zurück. So wurde er wankelmütig. Außerdem ärgerte ihn, daß man ein ihm gegebenes Wort nicht hielt: Der versprochene Wagen kam nicht. Sein Vater hatte womöglich doch recht: Die Mächtigen sprangen mit einem um, wie es ihnen gerade in den Sinn kam.

Und was war mit Lili? Lili konnte ihm nicht mehr helfen, er hatte sie, für sich, verabschiedet, es gab kein Zurück mehr. Als Bild blieb sie in seinem Herzen, ein Mädchen, wie er es besser wohl nicht mehr erträumen konnte. Die Verlobung war gelöst worden, in aller Stille. Die Schönemanns freuten sich, Lilis Brüder feixten. Als er mit Lili allein war, versuchte er sich zu erklären. Selten hatte er sich so stammeln und stottern gehört. Mitten in einem großangelegten Satz strandete er, saß fest, und Lili, süße Lili, die anscheinend ein viel zu gutes Herz besaß, um einem wie ihm böse sein zu können, half ihm auf, aus seiner rhetorischen und moralischen Untiefe, sprach für ihn weiter, mit leiser Stimme, und er hatte die Tränen in den Augen, die er eher bei ihr erwartet hätte. Hans Arsch von Goethe, dachte er, zu Großem glaubst du dich berufen und bist doch nur ein Stück Hundescheiße auf der Straße des Lebens. Er war dann gegangen, schweren Schrittes. Lilis Lächeln sah er noch, es begleitete ihn und erzählte spöttisch von einer Stärke, die er nicht besaß. Als er wieder zu Hause war, hörte er den Kaiserlichen Rat eine italienische Weise summen, was so komisch wirkte, daß dem Sohn tatsächlich die trüben Gedanken verscheucht wurden. Hatte er den Vater überhaupt je singen gehört? Die Mutter ja, aber den Vater doch nie. Man konnte auch nicht unbedingt behaupten, daß er musikalisch war; der Kaiserliche Rat sang wie jemand, der in der Kunst unterrichtet worden war, haarscharf an den Tönen vorbeizusingen. Prompt erschien die Mutter Aja aus der Küche und erkundigte sich bei ihrem Sohn, was sein Vater denn habe, ob ihm nicht wohl sei. Direkt mochte sie ihren Gatten nicht fragen, sie hatten nämlich einen kleineren Ehekrach miteinander. Der Kaiserliche Rat verstummte; vor seiner Frau zu singen fand er denn doch zu abwegig.

Am nächsten Tag war für Goethe nichts mehr heiter, ein grauer Tag legte sich über die Stadt und über seine Seele.

Wieder sah er Lili vor sich, dieses Mal lächelte sie nicht, sondern schaute ihn an wie einen professionellen Herzensbrecher, dem man endlich den Prozeß machen muß. Er verließ das Haus. Fünfunddreißig Jahre später, als er sein Leben noch einmal vor sich ausbreitete, um es von höherer Warte aus, nach den Gesichtspunkten von *Dichtung und Wahrheit* zu beschreiben, erinnerte er sich: *In einen großen Mantel gehüllt, schlich ich in der Stadt umher, an den Häusern meiner Freunde und Bekannten vorbei, und versäumte nicht, auch an Lilis Fenster zu treten … Die grünen Rouleaux waren niedergelassen; ich konnte aber recht gut bemerken, daß die Lichter am gewöhnlichen Platze standen. Bald hörte ich sie zum Klavier singen; es war das Lied: Warum ziehst du mich unwiderstehlich! das nicht ganz vor einem Jahr an sie gedichtet ward. Es mußte mir scheinen, daß sie es ausdrucksvoller sänge als jemals, ich konnte es deutlich Wort vor Wort verstehn; ich hatte das Ohr so nahe angedrückt, wie nur das auswärts gebogene Gitter erlaubte. Nachdem sie es zuende gesungen, sah ich an dem Schatten, der auf die Rouleaux fiel, daß sie aufgestanden war; sie ging hin und wieder, aber vergebens suchte ich, den Umriß ihres lieblichen Wesens durch das dichte Gewebe zu erhaschen. Nur der feste Vorsatz, mich wegzubegeben, ihr nicht durch meine Gegenwart beschwerlich zu sein, ihr wirklich zu entsagen, und die Vorstellung, was für ein seltsames Aufsehen mein Wiedererscheinen machen müßte, konnte mich entscheiden, die so liebe Nähe zu verlassen.*

Man konnte die Dinge immer von zwei Seiten sehen: Er ließ Lili im Stich, das war die eine Seite, er befreite sie von der Zumutung seiner Gegenwart, das war die andere Seite. Mit der Zeit verlegt man sich immer auf die Erklärung, die einem am wenigsten zu schaffen macht, und so überwog schließlich das Gefühl, in Maßen auch edelmütig gehandelt zu haben. Weg also von Lilis Fenster, weg von Lili, von ihr blieb das Bild, das er im Kopf hatte, und es verwandelte sich immer mehr ihrem Schatten an, den er zuletzt noch hinter den grünen Rouleaux gesehen hatte. Weg von Frankfurt, aber wohin ging es denn nun – nach Norden oder nach Süden? Seine grundsätzliche Entscheidung hatte er getroffen, aber er war, in einer Weise, die ihm selber komisch vorkam, anhaltend verstimmt darüber, daß man ihn, den noch immer berühmten Dichter, einfach sitzenließ. Erst bliesen sie ihm ihre Schmeicheleien ins Ohr, säuselten von den frohen Erwartungen, die das gesamte Herzogtum Sachsen-Weimar-Eisenach in seine zukünftige Tätigkeit setze, und dann – kam nichts. Er stand da wie bestellt und nicht abgeholt. Der Kaiserliche Rat grinste. So sind sie, unsere Fürsten, sagte er, auf sie ist Verlaß.

Goethe packte die Koffer. In Italien war es fast immer warm, da brauchte man nicht viel. Und die italienischen Weiber, sagte Seidel, dagegen sind die Hiesigen nur Trokkenpflaumen.

Was verstehst du denn davon, sagte Goethe.

Viel, Herr, viel. Ihr habt mich nur immer unterschätzt. Wer bereit ist, mir einen zarten Finger der Liebe zu geben, von dem nehm' ich die ganze Hand. Und mehr. Außerdem wollte ich schon immer mal nach Italien.

Und wenn ich dich gar nicht dabeihaben will, sagte Goethe.

Herr! Das könnt Ihr mir nicht antun. Keiner ist Euch treuer als ich. Einen wie mich findet Ihr nicht zweimal, Ihr müßtet ihn Euch schon erdichten.

Der Süden rief, aber eigentlich rief er nicht laut genug.

Goethe hätte lieber unter anderen Vorzeichen seine Italien-Reise angetreten. So fehlte ihm die rechte Stimmung. Er haderte mit seinem Schicksal. Bis jetzt war doch immer alles gutgegangen; die Ereignisse fügten sich in seinem Sinne. Man mußte nur tun, was die innere Stimme einem befahl. Der gute Stern tat ein übriges, er wies ihm, mit einschmeichelndem Licht, den Weg. Nun aber schienen sie sich von ihm abgewendet zu haben; seine innere Stimme nörgelte nur noch vor sich hin, der Stern brachte nur noch Zwielicht hervor. Woran soll man glauben, dachte Goethe, wenn das eigenste, die Gewißheit seiner selbst, in sich abzubröckeln beginnt?

Dann aber ging doch noch alles in Ordnung. Sie waren schon bis zur Bergstraße, fast bis Heidelberg, vorgedrungen, als ihnen ein Kurier des Herzogs nachkam. Er brachte eine Botschaft – wenn man so wollte auch eine Entschuldigung. Die Verzögerung wurde erklärt, eine Verkettung ungünstiger Umstände. Noch immer und mehr denn je erwarte Weimar seinen Dichter, der Wagen stehe bereit. Goethe überlegte; im Zimmer des Gasthauses, in dem sie ihn noch erwischt hatten, ging er auf und ab. Die Dielen knarrten, ein merkwürdiger Wind, der wie das unterwürfige Jaulen eines Hundes klang, strich um die Häuser. Er wußte nicht, wie lange er überlegte, die Zeit war in sich zusammengepreßt und nahezu unbeweglich geworden. Seine innere Stimme meldete sich wieder, sie murmelte, brabbelte, sprach sich frei, und er hörte, was sie sagte, es war von ihm, dem noch immer berühmtesten deutschen Dichter, der in seinem *Egmont*, einem Theaterstück, mit dem er in Frankfurt begonnen hatte, seinen Helden ausrufen läßt: *Kind, Kind! nicht weiter! Wie von unsichtbaren Geistern gepeitscht, gehen die*

Sonnenpferde der Zeit mit unsers Schicksals leichtem Wagen durch, und uns bleibt nichts als, mutig gefaßt, die Zügel festzuhalten, und bald rechts, bald links, vom Steine hier, vom Sturze da, die Räder wegzulenken. Wohin es geht, wer weiß es? Erinnert er sich doch kaum, woher er kam.

Er kehrte um, die Sache war entschieden, sie entschied sich in ihm. Während er nach Norden fuhr, sah er sich als Marionette, die auf kleiner Weltbühne agiert; was sie vollbringt, ist schön anzusehen, und man möchte nicht glauben, daß sie von oben herab geführt wird. Die Kutsche ratterte, von außen prasselte bräsiger Schneeregen an den Verschlag. In Italien ist es viel schöner! dachte er, grinste. Der Kutscher auf dem Bock sang, wahrscheinlich war er betrunken. Vielleicht würden sie, wie seinerzeit auf der Fahrt nach Leipzig, wieder steckenbleiben, in einem Schlammloch, in einem Graben, in einer Falle, die eigens für berühmte Dichter aufgemacht wurde; egal. Er war jetzt nicht mehr aufzuhalten, es ging seinen Gang, und sein Ziel, eingehüllt in einen noch schwachen, von seinem gnädigen Stern nur zur Probe am Horizont ausgehängten Widerschein, leuchtete auf. Es war die pure Tatkraft, die er in sich spürte. Das Hineinregieren ins Leben konnte doch gar nicht viel anders sein als das Versenken, das Abwerfen der Worte auf einem Blatt Papier. Immer entstand etwas Neues, immer kam einem, danach, alles so unendlich bekannt vor. Ein Donnerschlag legte sich über den Schneeregen, der Kutscher auf dem Bock lachte. Das Wetter spielte verrückt, Donner und Blitze im deutschen Winter. Verrückte, wahre, immer zu erprobende Welt. An ihr und mit ihr nur gab es das Glück, dessen unscheinbarstes Kleid das der Trauer war. Allein bin ich nichts, dachte er, aber mit der Welt bin ich alles. Und noch einmal sah er Lili vor sich, diesmal mit dem Gesicht einer stattlichen Dame, die es nicht ganz begreifen mag, daß auch sie, sogar sie, älter werden muß; sie sagte nichts, die alte Lili, ihre Lippen waren schmal, die Augen wie unter einem Schleier verborgen. Nein, kein Tränenschleier, sie hatte sich mit allem abgefunden. So soll es sein, murmelte er, *es hat sich entschieden – wir müssen einzeln unsere Rollen ausspielen. Mir ist in dem Augenblick weder bange für dich noch für mich – und das weitere steht bei dem lieben Ding, das den Plan zu meiner Reise gemacht hat. Ominöse Überfüllung des Glases. Projekte, Pläne, Aussichten.*

Als sie in Weimar ankamen, war er völlig übermüdet. Er wußte nicht, ob er wachte oder schlief. Sein Diener, der viel lieber nach Italien gefahren wäre, hatte einen Schluckauf. Das liegt an dieser ungünstigen Witterung, sagte er und hickste, dieser sächsisch-thüringischen Schafskälte, die einem von unten in die Kleider fährt. Und sich festsaugt. Ich glaube, wir werden hier sterben!

Das glaube ich nicht, sagte Goethe, aber besonders wohl fühlte er sich auch nicht. Er blickte sich um. Die Stadt wirkte wie ausgestorben. Und düster war sie, man schien mit dem Licht sparen zu wollen. Der Gasthof, vor dem sie hielten, hatte anscheinend seit hundert Jahren keine Gäste mehr beherbergt.

Scheiße, sagte Seidel. Er war in ein Schlammloch getreten.

Hoffentlich kein Hundehaufen, sagte Goethe. Sonst schläfst du draußen.

Jetzt hatte man sie gehört. Im Gasthof gingen die Lichter an. Der Wirt erschien, auf dem Kopf trug er eine feuerrote Nachtmütze. Er sprach sie an; was er sagte, klang fremdländisch und war kaum zu verstehen. Man servierte ihnen ein Nachtmahl, dazu gab es schweren Rotwein. Als Goethe zu Bett ging, war er in einer merkwürdigen Stimmung. Er meinte sich selbst zu beobachten, wie er schlafwandlerisch langsam die gewohnten Verrichtungen versah: er zog sich aus, stand vor einem fleckigen Spiegel, aus dem ihm ein fremdes und doch arg bekanntes Gesicht entgegenstierte. Der Mann, den er sah, hatte eindeutig eine zu lange Nase, seine Augen waren blutunterlaufen. Er bewegte die Lippen, sagte jedoch nichts. Von ferne, dann näher kommend, hörte man mißtönenden Gesang, wahrscheinlich der Weimarer Nachtwächter, besoffen wie alle Nachtwächter der Erde. Ein Hund schlug an, an klirrender Kette, der Nachtwächter fluchte. Recht hat er, dachte Goethe. Er legte sich ins Bett. Obwohl er unendlich müde war, konnte er nicht einschlafen, die Matratze fing an, sanft zu schaukeln. Er kam sich wie ein gefallener Held vor, den man, noch bevor er seine wirklichen Glanztaten begehen darf, auf heimtückische Weise in den Schlummer wiegt. Wer schläft, kann nicht mehr am Weltgeschehen teilnehmen. Tatsächlich döste er dann doch vor sich hin, ein Wachschlaf, den er noch von Frankfurt her kannte. Und da erschien auch schon ein alter Frankfurter Bekannter, es war der unangenehme Professor, der ihm unter die Augen trat. Ein wenig älter war er geworden, sah nicht mehr so ungepflegt aus, er hatte einen neumodischen, späteren Zeiten zugehörigen Anzug an, sein Bart, in dem man keine Essensreste mehr entdecken konnte, war auf Stoppellänge gekürzt. Auch sein Publikum hatte sich verändert: keine liederlichen Studenten, die sich zu seinen Füßen lümmelten, sondern zumeist ältere Herrschaften, alle gepflegt und sehr ernst. Der Professor kratzte sich am Kopf. Wenigstens seine Schuppen wird er doch noch behalten haben, dachte Goethe, der nun wieder die Wehrlosigkeit des Wachschlafs spürte, an dessen grell überzeichneten Bildern jeder gewöhnliche Widerstand versagt. Er lag im Bett, starr ausgestreckt; daß er sich inzwischen in Weimar befand und nicht mehr in Frankfurt, war so unerheblich wie der Umstand, daß in diesem Augenblick das meiste, ja alles auf der Welt ohne sein Zutun ablief, er wurde nicht gefragt, nicht zur Rede gestellt, niemand nannte seinen Namen, er zählte nicht, hätte vergessen, hätte ausgelöscht werden können.

Der Professor grinste. Goethe, sagte er, ja, noch immer – Goethe, meine Damen und Herren. Er ist also jetzt in Weimar. Der Name dieser Stadt hat für uns Heutige noch immer einen besonderen Klang, der aus seiner Geschichte herrührt – einer Geschichte, die wahrlich nicht nur ruhmesträchtig ist. Wie aber war dieses Weimar, damals, im Jahre 1775? Nun, wenn wir höflich sein wollen, könnten wir sagen: Weimar ist, auch damals, alles andere als eine Metropole gewesen. Es zählte gerade mal knappe 6000 Einwohner, weniger als Frankfurts Stadtteil Sachsenhausen. Das Stadtbild, sofern man von einem solchen überhaupt sprechen konnte, wurde von der Landwirtschaft geprägt: Der öffentliche Geruch war nicht zum besten; die Bauern, ohnehin arme Schweine im Kleinstaat Sachsen-Weimar-Eisenach, hatten, zusätzlich zu ihren sonstigen Pflichten, noch die Straßen und Wege instand zu halten, was sie in einer Weise bewerkstelligten, die wir, noch immer höflich, als Dienst nach Vorschrift bezeichnen würden. Das Weimarer Schloß, einst hatte es, mitsamt seinen Nebengebäuden, einen vergleichsweise stattlichen Anblick geboten, war 1773 dummerweise abgebrannt, fügte sich aber nun als verkohlte Ruine umstandslos in die allgemeine Tristesse des Ortes. Dieses Weimar, meine Damen und Herren, hatte ja angeblich, das behauptete zumindest sein neuer Regent, der Herzog Karl August, auf einen wie Goethe sehnlichst gewartet. Und so sah es denn auch aus, dieses Weimar, ein trauriges Kaff, schmutzig, verkommen, verrottet; an seiner Physiognomie war die ganze erbärmliche deutsche Kleingeisterei und Kleinstaaterei abzulesen. Dennoch hielt es sich, schon damals, für etwas Besseres, Höherstehendes, womit es – meine Damen und Herren, Sie wissen, ich bin nicht gerade als inniger Goethe-Freund bekannt – vorzüglich zu dem noch immer berühmten Dichter paßte, den es angeblich erwartete, denn der, unser Herr Dichter, pflegte ja selbst genau dieses Gehabe: Seine eigene Mittelmäßigkeit nahm er nicht zur Kenntnis, sondern verkehrte sie in ihr Gegenteil, in eine geistige und zugleich wirklichkeitsversessene Großmannssucht, die schließlich von Zweifeln, im besonderen von Selbstzweifeln, völlig unberührt blieb.

Wo soll ich diesem Kerl zuerst hinschlagen, dachte Goethe, in seine häßliche Visage oder in seine verkümmerten Weichteile?

Diese im Halbschlaf abgesetzte, an sich eher hilflose Beschimpfung, die er, erstmalig auf einem Weimarer Bett liegend, von sich gab, schien überraschenderweise zu wirken: Der Professor warf ihm noch einen verächtlichen Blick zu, hörte aber auf zu brabbeln und wurde dann mitsamt seinen Zuhörern aus dem Bild geschafft. Noch einmal schlug der Kettenhund an, draußen in Weimar, noch einmal antwortete ihm der Nachtwächter, der sich nun selber wie ein Hund anhörte. Hunde, wollt ihr ewig leben, dachte Goethe noch, dann schlief er den Schlaf des redlich Erschöpften. Als er erwachte, war es hell. Er rieb sich die Augen, hatte Mühe, sich zu orientieren. Von unten, aus einer Straße, kamen merkwürdige Laute zu ihm hoch, ein gleichmäßiges Grunzen, dazu ein Gurren, Gickeln und Scharren. Für einen Moment meinte er, in Lilis Menagerie zu sein. Lili. Er stand auf, ging ans Fenster. Vor dem Gasthof wurde eine Schweineherde vorbeigetrieben, in nahezu militärischer Formation. Die Schweine hatten es nicht eilig, grunzend besprachen sie den Ernst ihrer Lage, während der Bauer, der sie vergeblich zu einer flotteren Gangart anzuhalten versuchte, ein Gesicht zeigte, als wäre ihm endlich aufgegangen, daß der Unterschied zwischen Mensch und Schwein nur ein geringfügiger ist.

Er ging dann zum Herzog. Karl August war am Abend zuvor, nach seiner Gewohnheit, spät zu Bett gegangen. Er hatte kräftig getrunken, alles durcheinander, erst Eisenacher Bier, danach, damit's besser rutschte, Nordhäuser Korn, schließlich noch ungarischen Rotwein, das sogenannte Stierblut. Nun hatte er einen dicken Kopf und sah aus wie sein Vater Ernst August, der, unter anderem auch wegen beträchtlicher Trunksucht, wie man sagte, schon länger nicht mehr unter den Lebenden weilte. Goethe kam es so vor, als müsse *er* jetzt, obwohl nur knappe zehn Jahre älter als der Herzog, den Vater spielen. Er würde ihn an seiner Lebensweisheit teilhaben lassen, den Burschen dezent lenken und leiten. Welche Lebensweisheit, dachte er noch, hab' ich davon denn so viel schon angesammelt, daß ich sie gleich wieder austeilen dürfte? Die Herzoginmutter Anna Amalia erschien, eine Frau, von der alle, die schon einmal mit ihr zu tun hatten, nur Gutes berichten konnten. Sie lächelte Goethe an, ihren Sohn bedachte sie mit einem vorwurfsvollen Blick. Das Gespräch kam auf die schönen Künste, die in Weimar in einer Weise gepflegt würden, welche als beispielhaft gelten dürfe.

Ich weiß, sagte Goethe zur Herzoginmutter. Und das ist ausschließlich Ihr Verdienst!

Karl August zuckte zusammen. Er hatte den Kopf in beide Hände gestützt. Es gibt noch andere Dinge im Leben als die schönen Künste, brummelte er. Er gab seinem Leib- und Magendiener ein Zeichen, auf daß er ihm seinen Spezialtrunk gegen den dicken fürstlichen Kopf brachte, ein dunkelbräunliches Gesöff, von dem Goethe hinterher erfuhr, daß es aus Kartoffelschnaps, Brennesselsaft, Olivenöl, Pfeffer und Schwarzbier bestand. Karl August leerte den Humpen, der vorsichtig vor ihm abgestellt wurde, in einem Zug. Seine Mutter schüttelte sich.

Gleich geht's mir besser, sagte er.

Wer's glaubt.

Ja, wer's glaubt. Er mußte anfangen, daran zu glauben – an das ganz neue, das andere Leben. Weimar nahm ihn gefangen, und die ersten Tage fühlte er sich auch wie gefangen. Die Fluchtwege aus der Stadt waren eigentlich noch offen, aber für ihn gab es kein Zurück mehr; das wäre Feigheit vor dem Feind gewesen. Tatsächlich begegnete man ihm, glaubte er zumindest zu spüren, mit einer gewissen Feindseligkeit. Nicht die einfachen Leute, die Bauern, Blumenfrauen, fahrenden Händler, nicht seine trinkfreudige Durchlaucht Karl August, der seinen dicken Kopf wieder zurechtgerückt bekam, auch nicht Luise, die junge Herzogin, deren Augen immer so wunderbar traurig schimmerten, und schon gar nicht die Herzoginmutter, die eine Frau von Welt war, von deren Lebensklugheit jedermann lernen konnte. Nein, feindselig gaben sich einige Herren am Hofe des Herzogs, Herren in Amt und Würden, die anscheinend um ihre Besitzstände fürchteten, so als sei er, der bürgerliche Herr Goethe, nur nach Weimar gekommen, ihnen alles aus den Händen zu reißen. Der Herr von Fritsch etwa war so ein Neidling, obwohl er keinen Anlaß hatte, neidisch zu sein, er amtierte als Vorsitzender des sogenannten Geheimen Conseils, des höchsten Regierungs- und Beratergremiums im Ländchen. Friedrich von Fritsch kam, wenn man nach der inoffiziellen Rangfolge bei den wichtigen Männern ging, gleich nach dem Herzog, aber das schien ihm nicht zu genügen. Mit Argwohn sah er, daß sein oberster Dienstherr gerade an dem Neuen, dem Emporkömmling Goethe, einen Narren gefressen hatte und nun ständig mit ihm zusammensein wollte. Kindisch. Was hatte dieser Goethe denn zu bieten, was hatte er gelernt, was – geleistet, doch eigentlich nicht viel, nein: gar nichts. Ja, dieser Meinung war der Herr von Fritsch, allen Ernstes, denn gemessen am Ernst des Lebens zählten die Goetheschen Taten, von denen natürlich auch der Geheime Rat Fritsch wußte, nicht viel. Oder eben: nichts. Er war zwar zum Juristen ausgebildet worden, der Goethe, aber alle Welt konnte bestätigen, daß er es dabei nur zum faulsten Anwalt von Frankfurt gebracht hatte. Einen Roman hatte er geschrieben, eine wirre Liebesgeschichte, die ihm überdimensionalen Ruhm einspielte, der irgendwie nicht totzukriegen war, leider; kurz darauf noch Gedichte und das eine oder andere Theaterstück, alles mit fliegenden Fingern aufs Papier geworfen, so als spräche aus dem Kerl eine penetrante innere Stimme, die sich ständig beweisen, beweihräuchern und selbst protokollieren müsse. Ein solcher Mensch, ein vom Geniehauch angeblasener Scharlatan, sollte sich nun in der Politik beweisen, ja in allem eigentlich, er hatte ja das Ohr des Fürsten. Das durfte nicht sein, dachte der Herr von Fritsch, der sich lieber an das Berechenbare im Leben hielt.

Ja, wer's glaubt. An das Leben in Weimar, das ihm mal märchenhaft, mal schauderhaft erschien, wollte er glauben, und das konnte er, indem er sich kämpferisch gab. Von Tag zu Tag, von Woche zu Woche ging das besser. Um den Herrn von Fritsch und dessen Freunde machte er zunächst noch einen Bogen, aber dann sagte er sich, daß damit niemandem gedient sei, ihm am allerwenigsten, keine Feigheit vor dem Feinde, und so verlegte er sich auf einen anderen bewährten Grundsatz, der da besagt: Angriff ist die beste Verteidigung. Er besann sich auf seine Stärken; war er nicht geholt worden, um ihnen etwas vom Ruhm, vom weltlichen Glanz, der ja früh genug auf ihn gefallen war, abzugeben? Da konnte er doch großzügig sein, sie einwickeln mit seinem Charme, über den er verfügte, wenn ihm danach war. Hatte er nicht, wenn ihm danach war, die ganze Welt im Kopf, konzentriert in blitzenden, ihn mächtig aufkitzelnden Lichtpunkten, die vor seinem inneren Auge vorbeitanzten wie Miniaturen des einen, ihm den Weg weisenden guten Sterns? An alldem konnte er sie doch teilhaben lassen, wenn ihm danach war, da mußten sie ihm sogar dankbar sein und ihn anstaunen wie einen nur für sie persönlich abgestellten Mann von Welt, der das Zeug hatte – zum Hoffnungsträger.

Er glaubte jetzt an die unbändigen Möglichkeiten seines neuen Lebens, das ihm, immer mehr, Spaß machte. Auch der Herzog glaubte daran, er hatte ohnehin nicht an ihm gezweifelt. Goethe war der Mann, mit dem er vorankommen konnte. In die Zukunft. Und – mit dem sogar noch sein Nachholbedarf zu stillen war, ein Rest an unbändiger Sehnsucht, an Wildheit und Tatendrang.

So fügte sich denn alles in eine Ordnung, die keine Ordnung war. Karl August zog mit Goethe durch die Lande, er zeigte ihm sein Reich. Dabei ging's hin und her, rauf und runter, was zum einen am Tempo lag, mit dem sie sich im Lande zu schaffen machten, zum anderen aber an dem schlichten Umstand, daß eben dieses Land nur ein Ländchen war, in dessen Grenzen, großzügig gezählt, etwas mehr als einhunderttausend Menschen lebten, die meisten von ihnen Bauern und Handwerker, der Rest Bürger und Adel. Letzterer allerdings, der Adel, hatte das Sagen, und er wachte argwöhnisch darüber, daß die untergründig rumorenden Ideen von Freiheit und Gleichheit, die man für ebenso lachhaft wie, in letzter Konsequenz, für gefährlich hielt, nicht obergärig wurden. Was den Erhalt seiner Machtpositionen anging, so dachte Karl August nur unwesentlich anders als seine Standesgenossen; er war jung, vergleichsweise fortschrittlich, er liebte die Jagd, den Männerwitz, flüchtige Leidenschaften, mit der einen oder anderen Schönen des Landes genossen, auf die Schnelle, ohne Nennung von Namen, Liebe im Galopp sozusagen – aber auf das System, dem er vorstand, ließ er nichts kommen. Es ging ungerecht zu im Leben, man wußte das, die überwiegende Mehrheit seines Volkes hauste in Armut, was jedoch mit der Adelsherrschaft, mit des Herzogs Regierungskünsten im besonderen, die sich manchen nur noch als Verschwendungskünste, als das Verprassen knapper Geldmittel darstellten, nichts zu tun hatte. Fand der Herzog.

Durchs Ländchen jagten sie, umrundeten die ihnen offenstehende kleine Welt; man wurde müde davon und kam sich so schön wichtig dabei vor. Aber das Leben war ja ohnehin nur ein Spiel, das man in der Jugend noch wie ein Besessener anging, mit zunehmendem Alter dann zögerlicher, so als ließe sich das Spiel des Lebens nur gewinnen, wenn man es mit äußerster Vorsicht führt – leise, leisetreterisch, auf daß der lauernde Tod einen womöglich vergesse. – Ja, wer's glaubt. Allerlei Gerüchte machten alsbald die Runde, über den Herzog und seinen Günstling, den Dichter, die es beide angeblich ganz toll trieben: *In Weimar geht es erschrecklich zu. Der Herzog läuft mit Goethen wie ein wilder Bursche auf den Dörfern herum; er besäuft sich und genießet brüderlich einerlei Mädchen mit ihm. Ein Minister, der's gewagt hat, ihm seiner Gesundheit halber die Ausschweifungen abzuraten, hat zur Antwort gekriegt: er müßte es tun, um sich zu stärken. Er ist sehr schwach von Körper, und sein Vater ist vom Trinken gestorben. – Klopstock hat ebenfalls an Goethe geschrieben und ihm seinen Wandel vorgerückt. Goethe verbat sich solche Anmahnungen, und Klopstock schrieb ihm darauf, daß er seiner Freundschaft unwürdig sei. – Klopstock glaubt, es werde ein blutiges Ende mit Goethe nehmen, denn der Adel ist auf's äußerste gegen ihn verbittert.*

Das war übertrieben, aber auch nicht ganz unwahr. Wie das mit Gerüchten so geht, sie halten sich, nehmen zu, an Gewicht, an Statur, und die Wahrheit, sofern sie denn schon bestimmt wurde, kann gegen sie nicht so ganz viel ausrichten. Was allerdings stimmte, war, daß er sich über Klopstock geärgert hatte – den großen Klopstock, das einstige Vorbild für viele der jüngeren Literaten. Klopstock hatte gemeint, ihm schreiben, ihn ermahnen zu müssen, in einem ärgerlich altväterlichen Tonfall. Dabei war der Mann doch gar nicht am unglaublichen Weimarer Geschehen beteiligt, er hockte fernab in Hamburg, ein alter Griesgram, der vom abgeblätterten alten Ruhm zehrte. Das mußte er, Goethe, sich nicht sagen lassen, und an einem Tag, an dem er sich ohnehin schon über einiges geärgert hatte, gab er ihm die passende Antwort: *Verschonen Sie uns ins Künftige mit solchen Briefen, lieber Klopstock! Sie helfen nichts und machen uns immer ein paar böse Stunden! – Glauben Sie, daß mir kein Augenblick meiner Existenz übrigbliebe, wenn ich auf all solche Briefe, auf all solche Anmahnungen antworten sollte ...*

Vielleicht hatte er auch deshalb so gereizt reagiert, weil er fühlte, daß Ermahnungen womöglich doch nicht so fehl am Platz waren; sie durften ihm nur nicht von oben herab erteilt werden. Das wilde Leben mit dem Herzog, das so wild denn auch nicht war, hatte für Zerstreuungen gesorgt, für das angenehme Gefühl, gebraucht zu werden und mitten dabeizusein, dort eben, wo's mächtig zur Sache ging. Er kannte einige Gerüchte, die im Umlauf waren, sie schmückten aus, was eigentlich der Ausschmückung nicht bedurfte. Daß er und der Herzog etwa sich mit den gleichen Dorfschönheiten vergnügt hätten, stimmte so – nicht. Goethe hatte, mit der gebotenen Diplomatie, versteht sich, um Zurückhaltung ersucht, er verwies auf die Herzensgüte und die traurigen Augen der Herzogin Luise.

Und? fragte der Herzog, wo ist sie denn, unser Luischen? Siehst du sie hier irgendwo?

Gegen eine solche seltsame Logik ließ sich nichts einwenden, schon gar nicht bei einem Herzog, von dem man manchmal den Eindruck haben mußte, daß er vor Kraft kaum laufen konnte. Allerdings täuschte das auch, gelegentlich. Als Karl August sich, irgendwo auf dem Lande, zur späten Stunde und nach dem Genuß einiger Flaschen Branntwein mit einem Mädchen auf sein Zimmer begab, um dort seine Manneskraft unter Beweis zu stellen, ging das gründlich schief, was Goethe, der sich zuvor diskret entfernt hatte und nun Wache vor dem Zimmer hielt, leider mitbekam: Er hörte zunächst nichts, außer einem unterdrückten, mit Flüchen durchsetzten Brummeln, dann war es einen Moment lang ruhig, bis es in die seltsame Stille hinein einen Schlag tat, das Mädchen schrie und stürzte mit wehenden, anscheinend unversehrten Röcken aus dem Zimmer. Der Herzog jedoch lag auf dem Boden vor dem Bett, halb bekleidet und ganz schlafend, aus den Mundwinkeln rannen ihm Blut und Reste des zuvor so reichlich genossenen Fusels.

Wir müssen und wollen auch regieren! sagte er tags darauf, ein wenig schuldbewußt und gestraft mit dem üblichen dicken Kopf. Goethe nickte. Innerhalb kurzer Zeit war es ihm jetzt vergönnt gewesen, das kleine Land kennenzulernen. Es gefiel ihm. Zwar paßten die Landesteile nicht recht ineinander, weil das Herzogtum eben doch recht willkürlich zusammengestückelt worden war, aber es hatte seinen eigenen Charme, eine Innigkeit, die aus dem Landesinnern kam; aus sanften Tälern, blauen Bergen, aus Wäldern, Wiesen und nebelverhangenen Senken wuchs sie auf, die Innigkeit, und ging ihm zu Herzen. Die einfachen Leute, auf die sie überall stießen, rührten ihn; sie waren freundlich, keineswegs unterwürfig. Ihre Sorgen standen ihnen ins Gesicht geschrieben, und gerade das machte sie ehrlich. Wie anders kam ihm da der Adel vor; hatten sie nicht allesamt den lauernden, ihn beargwöhnenden Blick, diese Erbgrafen, vergessenen Ritterchen, diese Junker und Freiherrn, er galt ja als derjenige, der ihnen etwas wegnehmen wollte. Aber was hätte er ihnen eigentlich wegnehmen sollen? Sie hatten ja nicht viel, genau besehen, hatten auch nicht viel zu sagen, beim Herzog spielte die Musik, wenn's darauf ankam; allenfalls hätte er dem einen oder anderen adeligen Herrn die gelangweilte Dame ausspannen können, da gab es schon Möglichkeiten, gewiß, aber lohnte das wirklich? Manch verführerischen Blick fing er auf, der nicht ihm, sondern dem berühmten Dichter galt, den die Damen vom Hörensagen kannten; ein einfacher, ein unbekannter Herr Goethe hätte nicht gezählt, wäre nicht von Interesse gewesen.

Der Herzog machte ernst und beteiligte ihn an der Macht. Im Juni 1776 berief er seinen Goethe als Geheimen Legationsrat in das Geheime Conseil, alles geheim also, aber natürlich war jedermann informiert, in Weimar. Und auch seinem Herrn von Fritsch, der sich zuvor noch brieflich über Goethes Berufung beschwert hatte, gab Karl August Bescheid, in feiner Sprache zwar, aber deutlich: *Ich habe Ihren Brief, Herr Geheimer Rat, vom 24. April, richtig erhalten. Sie sagen mir in demselben Ihre Meinung mit aller Aufrichtigkeit, welche ich von einem so rechtschaffenen Manne, wie Sie sind, erwartete. Sie fordern in ebendemselben Ihre Dienstentlassung, weil, sagen Sie: Sie nicht länger in einem Collegio, wovon Dr. Goethe ein Mitglied ist, sitzen können. Dieser Grund sollte eigentlich nicht hinlänglich sein, Ihnen diesen Entschluß fassen zu machen. Wäre der Dr. Goethe ein Mann eines zweideutigen Charakters, würde ein jeder Ihren Entschluß billigen. Goethe aber ist rechtschaffen, von einem außerordentlich guten und fühlbaren Herzen; nicht alleine ich, sondern einsichtsvolle Männer wünschen mir Glück, diesen Mann zu besitzen. Sein*

Kopf und Genie ist bekannt. Sie werden selbst einsehn, daß ein Mann wie dieser nicht würde die langweilige und mechanische Arbeit in einem Landescollegio von untenauf zu dienen, aushalten. Einen Mann von Genie nicht an dem Ort gebrauchen, wo er seine außerordentlichen Talente gebrauchen kann, heißt: denselben mißbrauchen ... Was das Urteil der Welt betrifft, welche mißbilligen würde, daß ich den Dr. Goethe in mein wichtigstes Collegium setzte, ohne daß er zuvor weder Amtmann, Professor, Kammer- oder Regierungsrat war: dies verändert gar nichts. Die Welt urteilt nach Vorurteilen, ich aber und jeder, der seine Pflicht tun will, arbeitet nicht, um Ruhm zu erlangen, sondern um sich vor Gott und seinem eigenen Gewissen rechtfertigen zu können, und suchet auch ohne den Beifall der Welt zu handeln.

Das war gut geschrieben, zweifellos. Vor allem hatte man dem Herzog eine so geschliffene Rede nicht recht zugetraut, und er sich selbst womöglich – auch nicht. Aber Karl August durfte man nicht unterschätzen. Der Herzog hatte seine zwei oder gar mehr Seiten; da war der Jagd- und Militärfreund, der aktive Schürzenjäger, dem man alsbald eine Vielzahl von unehelichen Kindern mit diversen Landestöchtern nachsagte, da gab es aber auch einen halbwegs nachdenklichen jungen Mann, der die Ungerechtigkeiten der Welt zur Kenntnis nahm und sich Abhilfe wünschte. Verbesserungen allerdings, das war des Herzogs feste Überzeugung, mußten von innen heraus kommen, und jeder einzelne hatte zunächst bei sich selbst anzusetzen, wenn etwas geändert werden sollte. Karl August plädierte für *Herzensbildung*, ein Begriff, der nicht von ihm stammte, den er aber gern so verwendete, als hätte er ihn selbst geprägt. Ein Mensch mit Herzensbildung, meinte er, überwindet die Standesgrenzen, er hat Persönlichkeit und Ausstrahlung. Bildung, die vom Herzen unberührt bleibt, ist leer, sie kreist in sich selbst. Ein bißchen hatte er das seiner Mutter abgelauscht, deren Gespür für Menschen inzwischen fast sprichwörtlich war. In ihrem klugen Blick fand jeder die Wertschätzung widergespiegelt, die er verdiente; zumindest glaubte man das von der allseits beliebten Herzoginmutter.

Der Herr von Fritsch nahm den Brief seines Herzogs zur Kenntnis; er bequemte sich schließlich dazu, weiter im Regierungskollegium mitzuwirken. Goethe ging geschickt mit ihm um, er erklärte sich glücklich, von der immensen Erfahrung eines Staatsmannes wie Fritsch lernen zu dürfen. Der zeigte sich geschmeichelt und lobte alsbald die Anstelligkeit des Herrn Goethe, der sich bemerkenswerte Mühe gebe. Und fleißig sei er, der Herr Goethe, das müsse man ihm lassen; wenn er beim Dichten einen ebensolchen Fleiß an den Tag lege wie beim Regieren, dann werde er noch viele, viele Werke zustande bringen – vielleicht zu viele, denn ohnehin gebe es ja jetzt schon einen Überschuß an schöngeistiger Literatur, der gar nicht abgebaut werden könne. Sagte der Herr von Fritsch, der am liebsten Akten las und die Zahl der Künstler, die sich ein Staatswesen halten könne, begrenzt wissen wollte. An Goethe jedoch gefiel ihm dessen Geradlinigkeit; wenn der junge Mann im Kollegium das Wort ergriff, redete er ohne poetische Umschweife und Schnörkel; so sollte es sein.

In der Tat: Goethe gab sich Mühe, war fleißig; da konnte man schon staunen. Karl August fand sogar, daß sein Schützling etwas zu fleißig war. Er möge sich doch Ablenkung gönnen, zwischendurch; mit Wein, Weib und Gesang.

Wein und Weib lass' ich mir gefallen, sagte Goethe. Aber

Gesang – bitte nicht! Ich kann nicht singen, es kommt einer höheren Lärmbelästigung gleich, wenn ich mich zum Gesang aufschwinge.

Also dann Weiber und Wein, sagte der Herzog. Auch gut.

Ja, sagte Goethe, aber alles zu seiner Zeit.

An der Arbeit hatte er mehr Spaß als an der Liebe. In dieser Zeit. Lilis Bild war verblaßt, an ein neues wollte er sich nicht gewöhnen, obwohl es eine Frau gab, die ihn, auf sanfte Weise, beunruhigte. Er betrieb jetzt lieber Politik: Was getan werden mußte, mußte getan werden, im Dienst der Allgemeinheit. Um vernünftiges Handeln ging es, um die Verbesserung der Lebensverhältnisse. Da durfte man sich nicht zu schade sein, sich mit Kleinigkeiten abzugeben, sich an ihnen abzumühen und abzuarbeiten. Das Leben besteht sogar, vom Alltäglichen her beäugt, aus unendlich vielen Kleinigkeiten; erst wenn sie in Ordnung gebracht sind, kann man den Blick frei bekommen, wird man aufnahmebereit für die wenigen großen Momente, die einem zustehen und widerfahren. Der Herzog beauftragte ihn, Pläne für die Wiederbelebung des abgesoffenen Silber- und Kupferbergwerks von Ilmenau aufzustellen, das früher recht lukrativ gewesen war. Andere Aufgaben zog Goethe sich selbst an Land: Er kümmerte sich, nach Art eines Verkehrsministers, um die Wege und Straßen im Ländchen; er ließ neue Feuerschutzvorschriften ausarbeiten, andauernd brannte es ja irgendwo, und das abgefackelte Weimarer Schloß stand allen noch immer als Warnzeichen vor Augen; er übernahm die sogenannte Wasserbaukommission, die sich um die Verbesserung der Kanalisation und Überschwemmungseindämmungen zu kümmern hatte; er begab sich als Diplomat auf Reisen, um ein bißchen, im Sinne des Herzogs und seines

Ländchens, am Weltgeschehen mitzuwirken. Manchmal kam er sich dabei so bedeutend vor, daß ein Ordnungsruf fällig wurde, den er sich selbst erteilte; nur nicht abheben, dachte er, bei allem Stolz. Selbstbewußt sein bis an die Grenzen der Bescheidenheit. Er sah sich noch einmal auf dem Schweizer Berg, im glanzvoll blendenden Licht; wie groß, wie gut, wie unbehaglich und verzweifelt hatte er sich dort oben, nah am alles überwölbenden Himmel gefühlt, ein schöner, ein häßlicher Mann, abenteuerlich nervös, die Ruhe in Person, Hans Arsch von Goethe, und im Glanz der Sonne sah er, was wirklich groß war – und gut. Und wichtig. Auf einer seiner Fahrten ins abgesoffene Bergwerk nach Ilmenau, bei der sich Karl August unterwegs entschuldigte, weil er noch eine gewisse Karoline in einem auf keiner Landkarte verzeichneten Dorf besuchen wollte, notierte Goethe: *Was weiß ich, was mir hier gefällt, / In dieser engen kleinen Welt / Mit leisem Zauberband mich hält! / Mein Karl und ich vergessen hier, / Wie seltsam uns ein tiefes Schicksal leitet, / Und, ach, ich fühl's, im Stillen werden wir / Zu neuen Szenen vorbereitet.* Und, an anderer Stelle, fügte er hinzu: *Ich wollt', ich könnt' vom Innersten schreiben, das geht aber nicht, es laufen soviel Fäden durcheinander, soviel Zweige aus dem Stamme, die sich kreuzen ... Ich werd' wohl dableiben und meine Rolle so gut spielen, als ich kann, und so lang, als mir's und dem Schicksal beliebt. Wär's auch nur auf ein paar Jahre, ist doch immer besser als das untätige Leben zu Hause, wo ich mit der größten Lust nichts tun kann. Hier hab' ich doch ein paar Herzogtümer vor mir. Jetzt – bin ich dran.*

Heutemorgen und Immermorgen

Daß die Politik, die sogenannte, so aufreibend sein konnte. Nach einer gewissen Zeit machte ihm diese Erkenntnis zu schaffen. War er nicht ein Mann mit schneller Auffassungsgabe, einer, der begriff, wo's langging, einer, dem Zögerlichkeit verhaßt war? So einer, hatte er gedacht, wird doch der Politik, auch oder gerade wenn sie von anderen in aller Bedächtigkeit gehandhabt wird, Beine machen können. Die Dinge sehen, sie einschätzen, die passenden Entscheidungen treffen. Dafür brauchte man keine Jahre, keine Monate, nicht mal ein paar Tage, wenn man entschlossen war, das Richtige zu tun. Hatte er gedacht. Aber dem war nicht so – wie er alsbald feststellen mußte. Ihm wurden Knüppel zwischen die Beine geworfen, man stellte ihm Hindernisse in den Weg. Außerdem mußte er Rücksichten nehmen, unendlich viele Rücksichten. Er war ja nur ein Bürgerlicher, den man mit den Hebeln der Macht spielen ließ. Die Macht, darauf wurde er immer wieder gestoßen, hatten andere. Der Herzog, sein Karl und sein August, den er inzwischen duzte, wenn keiner mithörte, gehörte nicht zu denen, die ihm das neue, das tätige Leben schwer machten. Nein, der tat nach wie vor alles, um seinen Goethe bei Laune zu halten. Aber – er war der Herzog, er hatte die Macht, und als Machthaber mußte er wiederum auf andere Machthaber Rücksicht nehmen; auf seinesgleichen also. Die deutschen Fürsten, die Meister der Zwergstaaten, verstanden sich auf die Kunst, sich wichtig zu nehmen und wichtig zu tun. Ein jeder verteidigte sein kleines Revier, ein jeder hatte aber auch ein Standesbewußtsein, mit dem er sich in seinem Nachbarn und Kollegen wiederfand. Sie mochten einander nicht, die Fürsten, obwohl sie doch, hintenrum und hinterrücks, auch Verwandte waren, über sechs oder sieben Ecken, über Schwieger und Schwäger, über Schwestern und Bräute, über ehemalige Gatten und Gattinnen. Und gerade deswegen übten sie, zumindest nach außen hin, ihre enge, immer nur dem eigenen Regelwerk gehorchende Solidarität.

Rücksichten waren zu nehmen, und das merkte er beispielsweise, als er sich auf eine diplomatische Rundreise begab. Es ging um das abgesoffene Bergwerk von Ilmenau, das wiederbelebt werden sollte – ein ehrgeiziger Plan, der Goethe besonders am Herzen lag. Leider erhoben auch andere Staaten Ansprüche auf die Schächte von Ilmenau, große und bekannte Staaten wie Kursachsen, Gotha, Meiningen, Hildburghausen oder das mächtige Coburg. Er reiste umher, von einem Hof zum nächsten. Man geruhte, ihn zu empfangen, hörte, was er zu sagen hatte. Das sei ja alles schön und gut, wurde ihm dann bedeutet, aber wenn Karl August wirklich vorankommen wolle mit dem Bergwerk, dann möge er doch einmal persönlich vorbeischauen. Und am besten gleich ein wenig Geld mitbringen, mit Geld nämlich lasse sich einiges regeln. Wenn das Sümmchen stimme, könne man auch gewisse Ansprüche vergessen, die ansonsten ja wohl zu Recht und von Gott gegeben bestünden.

Diese Diplomatie, die einem höchst albernen Kreisgang glich, ging ihm schon bald auf die Nerven. Man kam keinen Schritt voran, die Herrschaften hörten nicht zu und redeten an ihm vorbei. Außerdem verstand er die Zwischentöne, die an sein Ohr drangen: Man sprach herablassend zu ihm, ließ ihn spüren, daß der Herzog Karl August sich da einen Emporkömmling hielt, der eigentlich nicht wirklich in den noblen Klub paßte. Ihr könnt mal meinen *Götz* lesen, dachte er, besonders die eine, nunmehr aller Welt bekannte Stelle. Er fuhr nach Weimar zurück und wurde sogleich zum Herzog gerufen. Als er ihm über den Stand der Bergwerks-Verhandlungen berichten wollte, winkte der ab, Karl August hatte andere Sorgen. Rheumatismus plagte ihn, er konnte kaum laufen, geschweige denn reiten, jagen oder sich an einer Frau, die nicht seine Ehefrau war, zu schaffen machen. Alles tat so höllisch weh; konnte das etwa der Sinn des Lebens sein, daß man in jungen Jahren, und dann noch als Herrscher eines sehr angesehenen deutschen Landes, derart unnütz und unnötig gequält wurde?

Weißt du was, sagte er zu Goethe, es ist alles Scheiße.

Keineswegs, mein Fürst, antwortete der, aber ich weiß, was Sie meinen.

Er hatte sich umgeschaut, eigentlich waren sie allein im herzoglichen Gemach, er hätte seinen obersten Dienstherrn also duzen dürfen. Aber man wußte ja nie, Luise konnte jeden Moment auftauchen. Oder die Herzoginmutter.

Du mußt mich einreiben, sagte Karl August. Ich habe mir eine Spezialsalbe anrühren lassen. Vom Kräuterweib.

Das Kräuterweib war eine stadtbekannte Person, eine Art Hexe für den gehobenen Bedarf. Sie wohnte in einer Hütte an der Ilm. Man schrieb ihr bemerkenswerte Heilungserfolge zu, wobei sie sich mit faulen Zähnen angeblich ebenso auskannte wie mit Haarausfall, Gliederreißen oder hartnäckigem Durchfall. Die Weimarer Ärzte, wen wundert's, mochten sie nicht, sie wurden nicht müde, auf die offensichtlichen Fehlschläge des Kräuterweibs, das mit bürgerlichem Namen Elisabeth Schlecker hieß, hinzuweisen. In der Tat hatte sie auch einige Male danebengelangt bei ihren

Behandlungsversuchen, und zwar kräftig: Einem herzoglichen Stallmeister, der an Blähungen litt, war der Tee, den sie ihm bereitet hatte, ganz und gar nicht bekommen, er starb unter Zuckungen und Krämpfen. Weniger hart traf es einen Gerichtsschreiber, der sich über Sehstörungen beklagte, die ihn die Gegenstände der Welt doppelt sehen ließ; das Kräuterweib verabreichte ihm Augentropfen, und anschließend sah er alles dreifach. Was wollt Ihr, sagte das Kräuterweib, als der Mann sich beklagte, habe ich Eure Sehkraft nicht sogar gesteigert? Ist es nicht bemerkenswert, wenn man mehr sieht als die anderen?

Die Salbe, die sie für den Herzog zubereitet hatte, stank fürchterlich. Um Gottes Willen, sagte Goethe, und das soll ich dir auf die Haut schmieren? Jedermann wird danach einen großen Bogen um unseren allergnädigsten Landesherrn schlagen wollen.

Solange es nur jeder Mann ist, sagte Karl August. Schlimmer wär's bei jeder Frau.

Sie übertreiben, mein Herr, sagte Goethe. Jede Frau ist es ja wohl nicht, die Euer Interesse findet.

Du hast recht, meinte der Herzog, ich höre gerade die Schritte einer Frau, die mich sucht, aber mein Interesse nicht findet.

Die Herzogin Luise betrat den Raum. Sie schnupperte und verzog angewidert das Gesicht. Los, Goethe, rief der Herzog, laß mir die Hosen runter, meine Frau möchte mich einreiben!

Luise warf ihm einen bitterbösen Blick zu. Goethe räusperte sich. Eine kleine Abreibung, sagte er, von zarter Frauenhand erteilt wird sie allemal wirksamer sein, als wenn ich sie, ein grober Dichter, der zudem mit seinen Händen eher ungeschickt ist, sie zur Anwendung bringen würde. Sagte ich Abreibung? Ich meine natürlich Einreibung, und wenn vielleicht unsere gnädige Herrin lieber eine solche –

Nein! rief Luise. Sie verließ den Raum, die Tür knallte zu.

Nachdem Goethe den Herzog eingerieben hatte, der während der Prozedur erst wohlig zu schnurren begann und dann mit einem Mal einschlief, was durch mannhafte Schnarcher angezeigt wurde, waren seine Hände grüngelblich eingefärbt und brannten wie Feuer. Wie gut, daß ich der oberste Brandmeister von Sachsen-Weimar-Eisenach bin, murmelte er, aber ihm war eigentlich nicht nach Witzeleien zumute. Er badete die Hände in einer Schüssel mit eiskaltem Wasser; die Schmerzen ließen nach, aber auch sein Gefühl in den Händen, die ihm nun abzusterben schienen. Er zog sie aus dem Wasser, sie waren nicht mehr grüngelblich, sondern blau, und bei jeder Bewegung knackten die Fingerknöchel wie brüchiges Eis in der Sonne. Es klopfte. Seidel kam herein. Auftrag ausgeführt, Herr! meldete er, aber was ist mit Euren Händen los, müssen wir sie amputieren?

Welchen Auftrag? fragte Goethe.

Ihr wißt schon, sagte Seidel und zwinkerte ihm zu. Herr.

Ja, er erinnerte sich, ihm fiel ein, daß sein Diener in geheimer Mission losgeschickt worden war, auf Befehl des allergnädigsten Herzogs Karl August, was Seidel, der sich mittlerweile pudelwohl in Weimar fühlte, besonders stolz gemacht hatte. Er sollte eine Dame, die im Ruf stand, keine Dame zu sein, außer Landes bringen. Sie hatte sich mit Konstantin, dem jüngeren Bruder des Herzogs, eingelassen und behauptete sogar, ein Kind von ihm unter dem Herzen zu tragen. Das war an sich weder strafbar noch verwerflich,

Karl August selbst hatte schließlich uneheliche Kinder unterschiedlichen Alters, damit konnte man leben. Im Falle seines Bruders jedoch stellte sich das Problem schwieriger dar: Die Dame, um die es ging, hieß Madeleine, war Französin und hatte Haare auf den Zähnen, wie Karl August feststellen mußte. Sie wollte nicht nur ihr Kind behalten, sondern auch Konstantin, der deutlich jünger, ja eigentlich selber noch ein Kind war, heiraten; wenn diesem Wunsch nicht entsprochen würde, ließ sie verlauten, sehe sie sich gezwungen, in die Öffentlichkeit zu gehen und pikante Einzelheiten vom Liebesleben Karl Augusts und seiner Sippschaft auszuplaudern.

Sie muß weg! hatte der Herzog daraufhin geschäumt, weg mit dem Weib! Goethe war beauftragt worden, mit Madeleine zu reden, er durfte ihr eine kleinere Summe Geldes bieten, damit sie sich umgehend außer Landes begebe. Madeleine stimmte zu. Wollt Ihr nicht mitkommen, Monsieur? fragte sie und sah ihm tief in die Augen. Sie war eine interessante Frau, beunruhigend schön und von schwer schätzbarem Alter; eine solche Schönheit konnte nur schwerlich verblühen.

Ich weiß Euer Angebot zu schätzen, sagte Goethe, aber ich bin hier im Dienst. Unabkömmlich, sozusagen.

Ich kann die Männer glücklich machen, flüsterte Madeleine. Und Ihr seid ein Mann, Monsieur, das sehe ich, nicht so ein Bürschlein wie der kleine Konstantin oder so ein Saubauer wie sein Bruder, der Herzog.

Ich muß doch sehr bitten, Madame, sagte Goethe, er versuchte, streng dreinzublicken und nicht zu grinsen, beleidigen Sie mir unsern allergnädigsten Landesherrn nicht!

Madeleine gab das Versprechen ab, Weimar zu verlassen.

Der Herzog war mißtrauisch; die Dame müsse begleitet werden, erst wenn man sie leibhaftig abtransportiert habe, bis nach Hessen, Bayern oder noch lieber gleich bis ans Ende der bewohnten Welt, könne er glauben, daß man sie tatsächlich losgeworden sei. Goethe möge die Eskorte dieser Person übernehmen.

Nein, danke, sagte Goethe und kratzte sich am Kopf.

Wie bitte?

Nicht daß ich ungehorsam sein möchte, mein Fürst, Gott bewahre, ich bin dein gehorsamster Diener, aber die Vorstellung, mit dieser Frau allein in einer Kutsche zu sein, auf engstem Raume also, und sie rückt während der Fahrt immer näher, läßt ihre Hände spielen, schiebt ihren Fuß –

Wohin schiebt sie ihren Fuß, fragte der Herzog. Erzähl weiter, mein Goethe.

Lieber nicht, sagte Goethe. Ich wollte damit nur andeuten, daß ich mich Eurem Auftrag unter Umständen nicht gewachsen fühlen könnte. Mein Geist ist willig, mein Leib womöglich zu schwach.

Also gut, Schwächling, sagte der Herzog. Was schlägst du vor?

Seidel kann sie eskortieren, sagte Goethe. Er ist willig, er ist nicht dumm, und was Madeleine mit ihm in der Kutsche treibt –

Wir wollen es uns nicht ausmalen, sagte der Herzog, oder etwa doch? Nein, erzähl mir lieber, wohin sie ihren Fuß schiebt, wenn sie mit dir, mit unserm Dichter, allein ist. Eine Geschichte, nicht wirklich, entsprungen nur aus deinem Kopf. Das scheint mir interessanter zu sein als ein reales Geschehen, das wir, einfältigerweise, nur abmalen, nur abschreiben können.

So hatte Seidel also seinen ersten Staatsauftrag erhalten; er bestieg mit der schönen Madeleine eine Kutsche und fuhr davon. Jetzt, da er zurückgekehrt war, stand er vor ihm, trat von einem Fuß auf den andern, er hatte rote Bäckchen wie ein Bub und seine Augen glänzten. Auftrag ausgeführt, wiederholte er.

Das sagtest du bereits.

Und wollt Ihr gar nicht wissen, wie ich ihn ausgeführt habe, Herr?

Nein, nicht unbedingt. Ich nehme an, daß du dich tapfer geschlagen hast. Und – mannhaft warst.

Und ob, sagte Seidel, ich habe gekämpft wie ein Mann, und bin unterlegen wie ein Mann. Es gibt Niederlagen, Herr, die sind weitaus herrlicher als Siege.

Schreib alles auf, Seidel, sagte Goethe, und merk es dir gut. Was du erlebt hast, davon wagen andere nur zu träumen.

Es war eine kleine Welt, in der er sich in Weimar bewegte. Mit einigem Wohlwollen jedoch konnte man diese Welt auch als große Welt ansehen. Sie bot alles, fast alles, was dazugehörte: einige wenige Mächtige, viele Wichtigtuer und Karrieristen, eine Ordnung, die sich eigentlich überlebt hatte, aber noch durchgehalten werden mußte, weil es die Mächtigen so wollten, und ein Volk, das sich in die Gegebenheiten fügte. Man lebte von Tag zu Tag, von der Hand in den Mund, ohne größere Hoffnungen, ohne nennenswerte Verzweiflung. Es ist so, wie es ist – darauf lief alles hinaus. Goethes Begeisterung für das politische Geschäft ließ nach; eine Sehnsucht, die er von früher her kannte und gestillt glaubte, machte sich wieder bemerkbar. Sie kannte kein Maß und kein Ziel, diese Sehnsucht, sie kreiste in sich. Wenn sie jedoch, wie zum Spaße, Gestalt annahm, verwandelte sie sich, wurde unkenntlich, ging ihm aus den Augen, aus dem Sinn – und kehrte alsbald, kenntlich gemacht in anderer Gestalt, zu ihm zurück. Aus solchen eher niederdrückenden denn aufmunternden Gedanken riß er sich los, er mochte es nicht, wenn er das Gefühl bekam, zum Trübsinn verleitet zu werden. Er schrieb Briefe, die seine ungebrochene Tatkraft und seinen Optimismus vorführen sollten: *Wie eine Schlittenfahrt geht mein Leben, rasch weg und klingelnd und promenierend auf und ab. Gott weiß, wozu ich noch bestimmt bin, daß ich solche Schulen durchgeführt werde. Dies gibt meinem Leben neuen Schwung, und es wird alles gut werden. Ich kann nichts von meiner Wirtschaft sagen, sie ist zu verwickelt, aber alles geht erwünscht; wunderlich Aufsehn macht's hier, wie natürlich ... Der Druck der Geschäfte ist sehr schön der Seele; wenn sie entladen ist, spielt sie freier und genießt das Leben. Elender ist nichts als der behagliche Mensch ohne Arbeit ... Ich bin nun ganz eingeschifft auf der Woge der Welt – voll entschlossen: zu entdecken, gewinnen, streiten, scheitern, oder mich mit aller Ladung in die Luft zu sprengen.*

Entdeckt und gewonnen hatte er auch eine Frau, die ihm erst auf den zweiten Blick aufgefallen war: Sie hieß Charlotte von Stein, war sieben Jahre älter als er und mit dem herzoglichen Stallmeister Josias von Stein verheiratet, der ihr sieben Kinder gemacht hatte, von denen vier gestorben und immerhin drei Söhne übriggeblieben waren. Die Frau von Stein führte eine Ehe, wie sie damals üblich war; es ging nicht um Liebe, nicht um Zärtlichkeit, sondern darum, Kinder zu zeugen, was die Erfüllung der ehelichen Pflichten erforderte. Die Frau von Stein hatte ihre Pflichten erfüllt, nun konnte sie, vor der Fassade ihrer Ehe, ihre eigenen Wege gehen. Der Gatte tat das ohnehin; er war mehr in den herzoglichen Ställen als daheim, und seine ehelichen Pflichten erfüllte er inzwischen außerehelich, wobei ihm eine kleine Freundin behilflich war, die er allein schon deswegen zu lieben glaubte, weil sie Pferde mochte und über jeden seiner Witze lachte. Daß Charlotte, seine angetraute Frau, jemals auch nur ansatzweise über einen seiner Witze, die, zugegeben, nicht jedermanns Sache waren, gelacht hätte, daran konnte er sich nicht erinnern. Sie war kalt, humorlos, leidend, und ihren Kopf hatte sie nur, damit sie ihre ständigen Kopfschmerzen pflegen konnte, von denen er inzwischen selber infiziert war. Fand der Herr Stallmeister. Als Goethe die Frau von Stein kennenlernte, kam sie ihm in der Tat etwas leidend vor; sie war klein, zierlich, dunkelhaarig, und das Lachen schien sie wirklich nicht erfunden zu haben. Sie ging neben ihm, als er sie das erstemal sah, man befand sich, im Rahmen einer größeren Gesellschaft, auf einem Spaziergang, der an der Ilm entlangführte. Goethe war guter Dinge, er hatte gescherzt und gelacht. Bis auf einmal diese kleine, weißgekleidete Frau neben ihm einhertippelte, die nichts sagte, nur ihre langen weißen Röcke raffte, damit sie keinen Schmutz aufnahmen vom Uferweg an der Ilm. Für einen Moment schaute sie zu ihm auf, und der unbedachte Witz, den er machen wollte, blieb ihm im Halse stecken. Es war, als ob sie durch ihn hindurchschaute, mit ihren dunklen Augen, in denen sich das gleiche Licht spiegelte, das auf dem Wasser der Ilm tanzte. Sie schaute durch ihn hindurch, und doch blieb ihr Blick an ihm haften, er steckte in ihm, wie ein feines Messer. Das bekam er nicht mehr los, jeder Versuch, die Waffe herauszuziehen, hätte die Wunde, die in ihm war, nur weiter aufgerissen. Als sie ins Gespräch kamen, zögerlich, ernst, denn jetzt hatte er natürlich den Ernst der Lage begriffen, lauschte er zunächst nur ihrer Stimme, die ihm einen Schauer des Wohlbefindens über den Rücken trieb. Eine Spur zu tief war diese Stimme, aber gerade das machte sie so fazinierend, man konnte sich einschmiegen unter ihrem Klang, die Augen schließen. Und träumen – ohne Argwohn, ohne Befürchtungen. Ohne Hintergedanken.

Sind Sie müde? fragte die Frau von Stein.

Warum sollte ich müde sein, sagte er. In Ihrer Gegenwart. Ich bitte Sie.

Zum erstenmal deutete sie ein Lächeln an; es erschien ihm wie ein Versprechen, das sich, weil es letztlich doch eher ein Geheimnis war, nicht erfüllen konnte.

Nun, sagte die Frau von Stein und lächelte noch ein wenig mehr, – weil Sie die Augen geschlossen hatten, als ich zu Ihnen sprach.

Ein Versehen, sagte er, nein, was rede ich, ein Versuch, mich ganz in den Wohlklang hineinzugeben, den Ihre Stimme in mir ausgelöst hat.

Konnte es sein, daß sie rot geworden war, diese Frau an seiner Seite, die sicher im Leben erfahrener und auch älter war als er, wie viele Jahre, interessierte ihn herzlich wenig – er schaute sie nur an, und jetzt erwiderte sie seinen Blick, in Innigkeit.

Und, sagte sie, lächelte, haben Sie mir auch zugehört beim Lauschen, haben Sie mitbekommen, was ich gesagt habe?

Ja, natürlich. Aber es ist mir schon wieder entfallen. Fangen wir an, ganz neu. Mit jedem Wort, das wir sprechen, erschaffen wir uns eine gemeinsame Welt.

Das war eine Ankündigung, der er Taten folgen ließ. Die Frau von Stein hielt seine Gedanken besetzt, geradezu – herrisch. Er sah ihr Gesicht, im Wachen und im Träumen. Sie erschien ihm als Engel, der Ordnung in sein Leben brachte. Er liebte sie, aber eigentlich war es ja eine Liebe, die keine Bestätigung brauchte. Es genügte ihm, bei ihr zu sein, ihr zuzuhören, stille zu sein mit ihr, nur der Schlag der großen Standuhr im Salon und das Pochen ihrer Herzen. Die Frau von Stein hatte die Restbestände, die ihm von den bisherigen Liebschaften geblieben waren, zu sich herübergezogen und ruhiggestellt, sie wachte darüber; sie bewirtschaftete, bis auf weiteres, den Vorrat seiner Gefühle. Das machte ihm Angst, in einigen wenigen, seltenen Momenten. Dann sah er sich von außen, wie er zu ihren Füßen hockte, zufrieden, selbst-zufrieden, eine Mischung aus schnurrendem Kater und selig dösendem Hund. Nein, kein Hund.

Im Lauf der Zeit wurde sie gesprächiger, sie ging aus sich heraus. Ihre dunklen Augen bekamen einen hellen Glanz, ihr Gesicht, dem man die Anstrengung des bislang abgeleisteten Lebens ansehen konnte, verjüngte sich zusehends. Sie erzählte von einer Zeit, in der sie so glücklich gewesen war, wie es nur jemand sein kann, der noch jung ist, der Hoffnungen und Träume hat. Diese Zeit schien allerdings rasend schnell vorbeigegangen zu sein. Dann hatte sich das Netz der Pflichten über sie gelegt, aus dem sie nicht mehr freikam; sie wurde Ehefrau und Mutter, beides mit wenig Freude. Wenn sie von ihrem Mann sprach, zogen sich ihre Mundwinkel nach unten, sie merkte es nicht. Mit ihren Kindern ging sie, fand er, zu streng um; er sagte es ihr.

Sie lächelte nicht. Mit Kindern muß man streng umgehen, sagte sie, sonst gehen sie unter im Leben.

Das glaube ich nicht, sagte er. Kinder geben einem Freude, so daß wir die Pflicht haben, ihnen diese Freude doppelt und dreifach wiederzugeben. Gibt es denn Schöneres als ein Kinderlachen?

Sie schwieg, sah ihn an. Für einen Moment kam er sich vor wie ihr Ehemann.

Auch mit einem Goethe muß man streng umgehen, sagte sie dann. Vielleicht kann ich ihn ja noch erziehen.

Zu spät, dachte er, zu spät. Mich kann man nicht mehr erziehen, ich bin zu dem geworden, der ich bin. Das ist das herrlich Freie in mir, die reine Notwendigkeit.

Woran denken Sie? fragte sie. Wollen Sie mich nicht teilhaben lassen an dem, was Sie bewegt?

Ja, sagte er, aber nicht jetzt. Später, vielleicht.

Wenn ihm die Gespräche zu zäh, die Einverständigkeit mit der Frau von Stein zu lastend wurden, verabschiedete er sich und ging zu Wielands. Man konnte sagen, daß er sich damit ein Kontrastprogramm gönnte. Christoph Martin Wieland war der eigentliche Hofpoet Weimars, ein durchaus berühmter Dichter, geschätzt von den meisten, belächelt und beargwöhnt von einigen wenigen. Er schrieb nicht mehr so viel wie früher, seine Stellung am Hofe des Herzogs war einträglich genug, um sich und seine vielköpfige Familie in Ehren durchzubringen. Wieland war ein guter Mensch; er freute sich von ganzem Herzen, daß nun mit Goethe, der sechzehn Jahre jünger war als er, ein noch berühmterer, ja, er gab es unumwunden zu: ein noch begabterer Dichter in Weimar sein Unwesen trieb. Tatsächlich war es ja anfänglich ein Unwesen gewesen: Goethe rappelte mit dem Herzog durchs Ländchen, eine gefürchtete Zweierbande, die, wie Wieland meinte, leider etwas zu oft über die Stränge schlug. Überschäumende Jugendlichkeit war seine Sache noch nie gewesen; er fand, daß man sich keine Hörner abstoßen mußte, um zu einem ordentlichen Mitglied der Gesellschaft zu werden.

Hörner, sagte Goethe. Ich habe keine Hörner, die ich mir abstoßen könnte, und mir sind auch bisher keine Hörner aufgesetzt worden. Ich bin ein überzeugter Junggeselle.

Wer's glaubt, sagte Wieland. Und was ist mit all den Mädels, die man in deiner Nähe sieht?

Sie bringen Glanz in mein Leben, sagte Goethe. Wenn ich eine schöne Frau sehe, geht mir das Herz auf. Frauen sind das ansehnlichere Geschlecht, ich bin lieber mit ihnen zusammen als mit den meisten Männern.

Wieland runzelte die Stirn. Anwesende natürlich ausgenommen, sagte Goethe. Meinen Wieland lieb' ich sehr.

Das stimmte tatsächlich. Der Kollege Wieland war in einer Weise beliebt und uneigennützig, die auffallen mußte in Weimar. Er war gutmütig bis zur Selbstverleugnung. Es genügt doch, ein Mensch zu sein, sagte er öfter, oder etwa nicht? Und doch hatte er seinen Stolz. Wenn man den verletzte, wurde er puterrot im Gesicht, er blies die Backen auf, er schnaufte und zischte, seine Äuglein, aus denen er ansonsten wie ein Kind dreinschaute, funkelten. Überhaupt die Kinder. Er liebte sie, zuallererst die eigenen, die auf ihm herumturnten, während er mit seinem Besucher ein einigermaßen ernsthaftes Gespräch zu führen versuchte; danach alle anderen Kinder, die es gab – in Weimar und auf der Welt, was für ihn manchmal ein und dasselbe war.

Aber sagt selbst, lieber Wieland, bin ich inzwischen nicht viel ordentlicher geworden? Man könnte doch fast meinen, daß ich mich wie ein echter Staatsmann benehme.

Das ist ein wenig übertrieben, sagte Wieland, der zwischen zwei Kleinkindern, die sich auf ihm zu schaffen machten, hervorlugte. Es wäre im übrigen auch grundverkehrt, wenn du dich verbiegen lassen würdest. Ein Goethe muß ein Goethe bleiben.

Wie wahr, sagte Goethe. Jetzt bin ich gerührt. Gerührt über mich, gerührt über dich.

Und ich, sagte Wieland, ich habe ganz andere Sorgen, mein Bester. Die Haare gehen mir aus, immer mehr, in rasendem Tempo. Besonders im Frühjahr. Eine grausame Zeit, was den Haarwuchs angeht. Ansonsten wird sie ja sehr gelobt.

Ja, so mochte er es, mit einem guten Freund, einer Freundin, ein paar Kindern – es mußte Leben sein um ihn her. Leben. Die Stille ließ er nur zu, wenn er sie zulassen wollte. In seinem Gartenhäuschen im Park an der Ilm beispielsweise. Das hatte ihm der Herzog geschenkt. Goethe sollte sein eigenes Dach über dem Kopf haben, und daß es durch dieses Dach manchmal hereinregnete, mußte ihn, den Herzog, nicht stören, er wurde ja nicht naß. Goethe störte es auch nicht. Er liebte sein Häuschen, in all seiner Baufälligkeit. Seidel hatte ihm geholfen, es notdürftig wieder herzurichten. Nun regnete es nicht mehr herein, es tropfte nur noch, der Holzfußboden war begradigt worden, die Wände vom grünen Schwamm befreit, vordergründig, und die losen Schindeln auf dem Dach hatte Seidel, der dabei unentwegt vor sich hin fluchte, befestigt. Behauptete er zumindest; trotzdem schepperte es gewaltig, wenn ein kräftiger Wind wehte und durch die Ritzen blies. Das geschah aber selten, meist war es ruhig. Wunderbar ruhig, nur das Wasser der Ilm konnte man hören, den Gesang der Vögel, das Rascheln von

Igeln, nachts auch manchmal ein Käuzchen. Der Frühling, in dem Meister Wieland die Haare ausfielen, war die schönste Jahreszeit für das Gartenhäuschen, dann lag es unter der Sonne, ganz und gar aufnahmebereit, das Gebälk dehnte sich, knackte, Kälte und Feuchtigkeit des Winters wurden hinweggebrannt von einer unnachgiebigen Wärme. Das Erdreich dampfte, er saß vor dem Häuschen und fühlte sich wohl, sauwohl. An die Frau von Stein ließ er durch Boten eine Botschaft überbringen: *Wie ruhig und leicht ich geschlafen habe, wie glücklich ich aufgestanden bin und die schöne Sonne gegrüßt habe das erstemal seit vierzehn Tagen mit freiem Herzen, und wie voll Danks ich gegen Dich Engel des Himmels, dem ich das schuldig bin. Ich muß Dir's sagen, Du Einzige unter den Weibern, die mir eine Liebe ins Herz gab, die mich glücklich macht ... — Ich liege zu Deinen Füßen, ich küsse Deine Hände.*

Wie er die Liebe am liebsten hatte, wußte er längst: aus guter Distanz, ausgeschmückt, wie er es für richtig hielt. Eine solche Liebe behielt die Unwirklichkeit bei, sie schwebte über dem Alltag, der alltäglich genug war. Im Alltag scheiterte die gewöhnliche Liebe, es gab so viele Beispiele dafür, in Weimar, anderswo. Wenn er die Möglichkeit hatte, mit ein wenig Phantasie, mit künstlich entfachter Herzensglut, die Liebe unversehrt, gleichsam unberührt zu halten, halbwegs sicher jedenfalls vor dem Alltag, dann mußte er doch, verdammt noch mal, eine solche Möglichkeit nutzen. Das Bild, in dem er sich sah, paßte: Er lag zu ihren Füßen, küßte ihre Hände; dabei saß er vor seinem Häuschen in der Sonne und hoffte, noch einige Zeit ungestört zu bleiben. Er träumte, am hellichten Tag; Berührungen, Annäherungen, unvermutete Nähe hätte er jetzt nicht brauchen können. Da ließ er sich schon lieber von den Amtsgeschäften wieder aufschrecken, die Pflicht rief, und er erhörte sie. Ihr Ruf war nicht mehr nur eindringlich, sondern auch aufdringlich; es kam jetzt häufiger vor, daß er sich belästigt, beeinträchtigt fühlte. Man stahl ihm die Zeit, unterwarf ihn einer streng am Wirklichen haftenden, heimtückischen Eigengesetzlichkeit, aus der er sich, wenn überhaupt, nur noch mit wahren Kraftakten befreien konnte. Er beherrschte sich aber; noch immer war er ja fleißig, noch immer pflichtbewußt, an dem tätigen Leben, das er sich gewählt hatte, ließ er nicht rütteln.

Nach einem wunderbaren Frühling, einem eher durchwachsenen Sommer und einem blassen Herbst reiste er im Winter des Jahres 1777 in den Harz. Er hatte einen anderen Namen gewählt, das machte er gern, so wie er auch noch immer gern, von Zeit zu Zeit, ein Fuder eigener Schriften verbrannte, weg damit, sie hatten ausgedient – vergleichbar dem Augenblick, der ausgedient hat, wenn er vom nächsten Augenblick abgelöst wird. Und doch, dachte er, hat jeder Augenblick seine kleine Ewigkeit, sie ist in ihm, unzerstörbar, ein Geschenk, im Erinnern ebenso wie im Vergessen. Der noch immer junge Herr Goethe tat wieder mal geheimniskrämerisch, er nannte sich Weber, gab sich als Maler aus, was nicht mal gelogen war, denn er malte ja, seit längerem schon und besonders in Zeiten wie diesen, da ihm das Schreiben schwerfiel, weil er sich leer, phantasielos gemacht wähnte durch die Last der Pflichten, die er auf sich genommen hatte. Offiziell wollte er im Harz einige Bergwerke besichtigen, die noch in Betrieb waren und Gewinne abwarfen – allerdings nicht im Winter, wie sich alsbald herausstellte. Da wurden keine Gewinne abgeworfen, sondern nur Unmengen Schnee. Der gesamte Harz versank im Schnee, angeblich hatte es seit Menschengedenken noch nie so viel geschneit. Ein Bergwerk konnte er sich anschauen, es gab einen freigeschaufelten Gang, der ein Stück weit unter die Erde führte, dort war dann Schluß. Sein Begleiter zitterte in der nassen Kälte, schnatterte mit den Zähnen, er zweifelte an Goethes Verstand, das sah man ihm an. Ein Maler, der sich im schärfsten Schneewinter aller Zeiten ein Bergwerk vorführen lassen wollte, ein solcher Mann mußte verrückt sein. Zurückgekehrt in den Gasthof, in dem er Aufnahme gefunden hatte, wärmte sich Goethe am Ofen. Draußen schneite es schon wieder, dazu pfiff ein leiser Wind. Er dachte an die Frau von Stein, sah sie vor sich, wie sie ihm, im inneren Bild, das er sich von ihr machte, immer jünger vorkam. Ein junges Mädchen sah er, hübsch, nicht unbedingt schön, mit gleichbleibend ernsten Gesichtszügen. Manchmal, wenn er nicht aufpaßte, hatte sie sogar Ähnlichkeit mit Lili, dann dachte er lieber an etwas anderes; seine Gefühle sollten freibleiben von unnötigen Konfusionen. Er versuchte, die Frau von Stein froh zu machen, fröhlich, in seiner Vorstellung, er wollte, daß sie aus sich herausging, daß sie lachte, über ihn, über sich selbst, über das ganze herzergreifende, komische Treiben der Menschen. Das aber schlug fehl, regelmäßig, allenfalls lächelte sie mal; aus Versehen. Nein, sie war eher für den Ernst des Lebens zuständig, für sanfte Strenge, für ein ausnehmend gutes Benehmen. Jetzt, vom tiefverschneiten Harz her, liebte er sie noch mehr; sie war außer Reichweite, er durfte jederzeit von ihr träumen. Was er an Liebe in sich hatte, legte er in die Briefe, die er ihr schrieb; dabei wurde er mitteilsamer als geplant. *Liebe! Die Freude, die ich habe wie ein Kind, sollten Sie im Spiegel sehn können! Wie doch nichts abenteuerlicher ist als das Natürliche, und nichts groß als das Natürliche!!! – Und wenn nun gleich die allzugefällige Nacht einem sich an den Rücken hängt! – Die Trauer an den langen seichten Wassern hin in der Dämmrung ... Ein ganz entsetzlich Wetter hab ich heut ausgestanden, was die Stürme für Zeugs in diesen Gebirgen ausbrauen ist unsäglich. Sturm, Schnee, Regen, und zwei Meilen an einer Nordwand, alles ist naß, und erholt haben sich meine Sinne kaum ... Ich weiß noch nicht, wie sich diese Irrfahrt endigen wird, so gewohnt bin ich, mich vom Schicksal leiten zu lassen, daß ich gar keine Hast mehr in mir spüre; nur manchmal dämmern leise Träume von Sorglichkeit wieder auf, die werden aber auch schwinden. – Eine reine Ruhe und Sicherheit umgibt mich, bisher ist mir noch alles zu Glück geschlagen, die Luft hellt sich auf, es wird diese Nacht sehr frieren ... Mir ist's ein für allemal unbegreiflich, daß ich Stunden habe, wo ich so ganz und gar nichts hervorbringe. — Ich drehe mich auf einem sehr kleinen, aber sehr merkwürdigen Fleckchen Welt herum. Die kurzen Tage machen alles weiter. Und es ist gar ein schönes Gefühl, wenn von Platz zu Platz aus Abend und Morgen ein Tag wird. – Liebe Frau, mit mir verfährt Gott wie mit seinen alten Heiligen, und ich weiß nicht, woher mir's kommt. Das Ziel meines Verlangens ist erreicht, es hängt an vielen Fäden ...*

Er kehrte nach Hause zurück; Weimar war jetzt sein Zuhause. Trotzdem hatte er Probleme, sich wieder zurechtzufinden, eine Reise von zwei, drei Tagen genügte schon, um ihm die gewohnte Umgebung bei seiner Rückkehr fremd erscheinen zu lassen. Besonders die Menschen verfremdeten sich merkwürdig schnell, unter seinem neu zugreifenden Blick. Die Frau von Stein, die er doch so heftig liebte, kam ihm noch verhuschter, noch strenger vor, sie sah ihn an wie einen Flegel, der trotz ihrer geduldigen Erziehungsbemühungen immer wieder ins alte Fahrwasser geriet. Nur langsam taute das Eis, er mußte es förmlich weichsprechen, sich selbst und die Kühle, die zwischen ihnen war, überwinden; auf bewährte Weise nahm er schließlich zu ihren Füßen Platz, alles wurde ruhig und gut, ein lautloses, nicht merkliches Summen war in der Luft, die reine Musik der Stille, der aus dem Gleichklang ihrer Herzen herrührte. Dachte er. Hatte er nicht auch ein schönes Gedicht geschrieben, in dem er sich dieses Empfindens annahm und es, sehr vorsichtig, zu beschreiben versuchte: *Kanntest jeden Zug in meinem Wesen, / Spähtest, wie die reinste Nerve klingt, / Konntest mich mit einem Blicke lesen, / Den so schwer ein sterblich Aug durchdringt; / Tropftest Mäßigung dem heißen Blute, / Richtetest den wilden, irren Lauf, / Und in deinen Engelsarmen ruhte / Die zerstörte Brust sich wieder auf; / Hieltest zaubergleich ihn angebunden / Und vergaukeltest ihm manchen Tag – / Welche Seligkeit glich jenen Wonnestunden, / Da er dankbar dir zu Füßen lag, / Fühlt' sein Herz an deinem Herzen schwellen, / Fühlte sich in deinem Auge gut, / Alle seine Sinne sich erhellen / Und beruhigen sein brausend Blut.*

Wissen Sie, sagte die Frau von Stein in die Stille hinein, wissen Sie, daß ich bei keinem Menschen je ein solches Gefühl hatte wie bei Ihnen?

Goethe lächelte zufrieden.

Ein solches Gefühl, jemanden zu kennen und doch nicht zu kennen. Sie sind undurchschaubar, Herr Goethe, ein Rätsel, und zugleich kann ich mir einbilden, auf den Grund Ihrer geheim arbeitenden Seele zu schauen, aber dann meine ich zu fallen, und es wird bodenlos um mich her. Das gefällt mir nicht!

Einzig der Herzog schien unverändert, wenn er zurückkam nach Weimar. Karl August war ein wenig dicker geworden, das schon, er trank zuviel, er aß für sechse, besonders Rehbraten mit Thüringer Klößen halbundhalb, das legte sich zwangsläufig auf die Rippen, machte dort Ringe, aber ansonsten stemmte er sich den Zeiten entgegen, indem er einfach so blieb, wie er war. Von seiner Luise konnte man das nicht sagen, sie litt sichtlich an ihrem Leben, wurde noch magerer, kränkelte, nörgelte, ihre Augen waren geschaffen, die Traurigkeit abzuspiegeln, die in der Welt war. Wenn sie mit Goethe zusammen war, lebte sie auf, sie gestattete sich ein Lachen, warf es herüber zu ihm, der es auffing und gern an die Frau von Stein weitergegeben hätte, die aber nicht da war, sie hatte Kopf- und Gliederschmerzen. Sie sind mein Herzensdichter! hatte die Herzogin zu ihm gesagt, und er antwortete, ein wenig verlegen: Unser aller Herzensdichter ist doch Wieland. Wieder lachte sie. Der gute Wieland, seine Sorgen möcht' ich haben.

Unterschätzen Sie mir den Haarausfall nicht, sagte er. Auf uns Männer kann er herniederkommen wie ein Schicksalsschlag.

Er hatte ihr ein Gedicht übereignet, in zwei Minuten war's geschrieben, es sollte trösten und sagte doch auch die Wahrheit: *Wie alle dich verehren müssen, / Das kannst du, teure Fürstin, wissen, / Dir sagt es jedes Angesicht. / Allein wie wir dich alle lieben, / Das steht im Herzen tief geschrieben, / Du ahndests kaum und glaubst es nicht.*

Im Januar 1779 machte der Herzog seinen Goethe zum Leiter der Kriegskommission, einer Art Verteidigungsminister des Landes. Da jedermann wußte, daß Karl August das Militär mehr liebte als seine Frau, mußte man diese Berufung wiederum als besondere Gunstbezeugung verstehen.

Die Armee, um die es ging, war allerdings nicht gerade furchterregend: Sie bestand aus 532 Mann Infanterie, einer kleinen Artillerie und 30 Husaren. Man durfte froh sein, wenn man damit keinen Krieg führen mußte. Der Herzog sah das etwas anders, er war stolz auf seine Soldaten, preschte ihnen gerne vorweg, am liebsten hätte er, wie er offen zugab, sein Heer verdoppelt und verdreifacht; das wäre einem Land wie Sachsen-Weimar-Eisenach, welches er schon von Amts wegen für wesentlich größer halten mußte, als es war, gut zu Gesicht gestanden. Leider fehlte es an Geld, um solche Pläne in die Tat umzusetzen. Goethe mußte feststellen, daß sein Beitrag zur Verteidigungspolitik nur im Sparen bestehen konnte, was die neue Aufgabe zu einer eher komischen Angelegenheit werden ließ. Am ersten Tag hatte er noch in sein Tagebuch geschrieben: *Die Kriegskommission übernommen. Erste Session. Fest und ruhig in meinen Sinnen, und scharf. Allein dies Geschäft diese Tage her. Mich drin gebadet, und gute Hoffnung in Gewißheit des Ausharrens.*

Nun mußte er abbauen, was der Herzog ausgebaut wissen wollte; er tat es mit einer Boshaftigkeit, die er an sich selbst gar nicht kannte. Vielleicht lag es daran, daß er noch nie ein besonderer Freund des Militärs gewesen war, er brauchte kein Kriegsspielzeug, hatte es auch als Kind nicht gebraucht, obwohl ihm vom Großvater eine Kiste mit Holzsoldaten geschenkt worden war, mit denen man umgehen konnte wie mit wirklichen Soldaten: Man konnte sie umstoßen, wegwerfen, versenken, man konnte sie, nicht zuletzt, auch begraben, keiner fragte danach. So hatte er denn kein schlechtes Gewissen, als er des Herzogs Infanterie um 250 Mann reduzierte; die Artillerie, von der es hieß, daß sie nur feststehende Ziele und die auch nur aus Versehen träfe, schaffte er ganz ab. Die Husaren hingegen mußten bleiben, sie hatten sich als unverzichtbar erwiesen, man konnte sie für alles mögliche gebrauchen: als Ehrengardisten, Wachpersonal, Fackelträger, sogar als Postillione, Steuereintreiber und Statisten auf der Theaterbühne wurden sie eingesetzt. Das rigorose Sparprogramm, das er durchsetzte, machte Goethe keine neuen Freunde, auch der Herzog zeigte sich zunächst vergrätzt. Muß das denn sein? fragte er.

Ja, sagte Goethe, es muß sein. Oder wollen Sie, daß Ihnen eines Tages das Geld ganz ausgeht – daß nichts mehr übrigbleibt zum Feste feiern, kein Geld mehr für Branntwein und Braten?

Um Gottes willen, sagte Karl August. Nur das nicht.

Ich habe die Reduzierung in einer Weise bewerkstelligt, die man, mit einem neuen Wort, als sozialverträglich bezeichnen könnte, sagte Goethe. Von deinen Soldaten, die im Schnitt leider alle etwas überaltert sind, werden nur die betagtesten, wenn man so will: die krummen und schiefen Gestalten, die Altersschwachen entlassen. Sie wären ohnehin bald fällig gewesen.

Ich wußte gar nicht, daß du so hart sein kannst, sagte der Herzog.

Ich auch nicht, sagte Goethe. Aber ich habe auf den gütigen Landesherrn verwiesen, der allen seinen ausscheidenden treuen Soldaten eine kleine Pension zahlen will.

Will ich aber gar nicht, sagte der Herzog.

Sie haben Euch hochleben lassen, sagte Goethe, Ihr solltet sie nicht enttäuschen.

Nun denn, sagte Karl August, da ist mein Heer also deutlich verkleinert worden, aber sagt selbst: Jetzt, wo wir nur noch die Besten in unserer stolzen Armee haben – könnte es nicht sein, daß wir insgesamt noch weitaus schlagkräftiger geworden sind?

Goethe wußte, was sein Landesherr hören wollte. Aber natürlich, sagte er, man wird von Weimar und seinem Herrscher immer mit dem gebührenden Respekt reden, da bin ich mir sicher –.

Ja, er war sich sicher, aber die Zweifel nähern sich meist unbemerkt. Er hatte mit der Frau von Stein zu Mittag gegessen, die einen Wutanfall bekam, als Fritz, einer ihrer Söhne, eine Suppenschlüssel umwarf, der Schaden war unerheblich, ein paar Scherben, eine bekleckerte Tischdecke; die Erde drehte sich weiter. Trotzdem schien die Frau von Stein ihr Kind in den Boden stampfen zu wollen, so kannte er sie gar nicht. Sie hatte rote Punkte im Gesicht, so als ob sie noch spät die Masern bekommen hätte, ihre Augen glühten. Fritz weinte, was sollte er auch anderes tun. Es ist doch nichts passiert, wollte Goethe sagen, kein Grund zur Aufregung also, aber er brachte keinen Ton heraus. Er sah die Frau von Stein an, wie sie wütete; man lernt einen Menschen nicht kennen, dachte er noch, immer wird er sich einem entziehen, als wär' das eine Sicherheit, die er selber zum Leben, zum Überleben braucht. Dann ging er. Er wanderte hinauf auf den Ettersberg, von dem aus man weit ins kleine Land sehen konnte. Weimar lag zu seinen Füßen, so gehörte sich das. Dunst zog auf, es begann zu regnen. Er wurde naß gemacht. *Heutemorgen und Immermorgen*, dachte er, etwas geht mit mir vor. Zum erstenmal hatte er das dumme Gefühl, daß sich viel veränderte – und doch alles, fast alles, beim alten blieb.

Erfahrungen der höheren Art

Woran merkt man, daß man älter wird? Gibt es eine innere Uhr, die das anzeigt, einen Erfahrungswert, der einem immer wieder mitteilt, was das Stündlein geschlagen hat? Kann man das Altwerden an sich selbst beobachten, an einigen wenigen, gleichsam ausgesuchten Veränderungen, an der zunehmenden Langsamkeit der Bewegungen, an den unangenehm knackenden Knochen, an der Verfleckung der Haut, nicht zuletzt an den Falten im Gesicht, von anderen Körperteilen ganz zu schweigen. All das sind äußere Vorgänge, sie gehören in die persönliche, einem Menschen bestimmte und übergehängte Zeit. Wenn man sie für sich nimmt, wenn man sie betrachtet, als gingen sie einen nichts an, dann erhebt man sich, für besondere Momente, über die Zeit, erlebt das Zeitlose – und fällt zurück ins alltäglich Vergängliche.

Ja, er machte sich Gedanken über das Älterwerden – seit jenem merkwürdigen Augenblick auf dem Ettersberg, als ihn das Gefühl des Stillstands überkam und er sich auf einmal als Leidtragender eines Geschehens sah, an dem er immer noch kräftig mitwirkte. Es war ja nicht so, daß er sich zurückgezogen hätte aus dem Weimarer Geschehen, im Gegenteil. Er hatte sich noch zusätzliche Aufgaben geben lassen; nun war er für alles mögliche zuständig, für die schönen und weniger schönen Künste, für Theateraufführungen, Leseabende, Maskeraden, für Gesprächs- und Diskussionskreise, für Überlandpartien und Kirchenangelegenheiten. Was letztere betraf, so hatte er da eine wichtige Entscheidung getroffen und Herder als sogenannten Generalsuperintendenten nach Weimar geholt. Herder, der alte Kumpan; er war inzwischen nicht versöhnlicher gestimmt, sondern eher noch reizbarer geworden. Er wurde die Überzeugung nicht los, daß die Welt ihn, das besondere Genie, immer noch verkannte. Daß Goethe inzwischen so viel mehr an Ruhm eingeheimst hatte, paßte ihm nicht; was war nur an dem Mann dran, daß alle Welt von ihm in den höchsten Tönen sprach. Herder zierte sich denn auch mächtig, als Goethe ihm den Ruf nach Weimar zukommen ließ. Er nörgelte, hatte Sonderwünsche. Seiner Frau Caroline war es zu verdanken, daß er sich endlich gnädig bereitfand, zu kommen. Goethe ärgerte sich; er mochte keine Launenhaftigkeit. Herder sollte sich gefälligst zusammenreißen; schließlich war ihm nicht angeboten worden, als Küster oder Klingelbeutelhalter in Weimar zu wirken, sondern als hochgestellter Gottesmann. Hochgestellt, ja, mag sein, hatte Herder gesagt, aber das heißt noch lange nicht: hoch bezahlt!

Wer ist schon hoch bezahlt, sagte Goethe, dem die Verdrießlichkeit ins Gesicht geschrieben stand. Ich habe dir gesagt, was du in unserem Ländchen verdienen kannst. Mehr ist hier nicht möglich. Aber vielleicht solltest du dich überhaupt an einem anderen Tarif orientieren –.

Und der wäre? fragte Herder.

Gottes Lohn, sagte Goethe. Für den zu arbeiten müßte einem frommen Mann wie dir doch am besten zu Gesicht stehen.

Herder aber nahm sich dann tatsächlich zusammen; er kam nach Weimar und hielt eine donnernde Einführungspredigt, die großen Eindruck machte, auch oder gerade weil fast alle, die sie hörten, hinterher feststellen mußten, daß sie auf imponierende Weise nichts verstanden hatten. Was für ein gewaltiger Aufwand, dachte Goethe, dem Herders Ansprache an die unter seiner Kanzel hockende Gemeinde wie eine einzige Durchhalteparole vorgekommen war; wir müssen aushalten auf Erden, schien sie bedeuten zu wollen, denn der Himmel über uns bleibt, wo er ist, er läßt sich nicht zu uns herab, und sein Herr, der Herr im Himmel, nun ja. Konnte es sein, daß Herder ein frommer und schlechtgelaunter Atheist war, der lieber sich selbst in einen kleinen, aber feinen Himmel gehoben hätte, als von oben die einzige und wahre Offenbarung zugeteilt zu bekommen?

Was für ein Aufwand, dachte Goethe noch einmal, ein Aufwand möglicherweise – um nichts. Dieser ganze Scharfsinn, dieses Aufgebot an unendlich bemühter Gläubigkeit, diese vielen Funktions- und Bedenkenträger in einer aufgeblähten Organisation, die sich Kirche nannte, – all das zielte vielleicht nur in die vollkommene Leere. Wenn Gott nur eine Erfindung der Menschen war, der vermutete Einheitsstifter im Chaos, der Tröster im Untröstlichen, den keiner, außer in geheimnisträchtigen, im Seeleninnern einzelner Menschen aufglühenden Visionen, je zu Gesicht bekommen hatte, dann arbeiteten die Heerscharen Gottes, die sich ja fast überall auf der bewohnten Welt zu schaffen machten, für einen Herrn, den es nicht gab. Nein! So etwas wollte er nicht denken, nicht jetzt, nicht ernsthaft.

Nein? fragte Seidel. Ich habe doch gar keinen Antrag gestellt, keine unverschämte Bitte geäußert. Was also meint Ihr, mein Herr?

Goethe stand vor dem Spiegel. Sehe ich eigentlich älter aus? fragte er.

Wir alle werden älter, sagte Seidel. Und deswegen werden wir alle, früher oder später, auch älter aussehen.

Lieber später als früher, sagte Goethe und drückte seine Nase, an die er sich inzwischen, wie an so vieles andere, gewöhnt hatte.

You look junger than ever, rief Seidel, dem gerade einfiel, daß er sich seit kurzem an einem Englischkurs beteiligte, den eine charmante englische Diplomatentochter, die damit gegen ihre Langeweile anging, in Weimar gab. Junger than ever! Er sprach, als ob er ein Stück zu heißen Schweinebraten im Mund hätte, das er von einer Backentasche in die andere schob.

Nein. Das Alter macht sich unbemerkt an einem zu schaffen, der Zahn der Zeit nagt so unbemerkt, daß es fast einer Liebkosung gleichkommt. Er schaute in den Spiegel. Nichts sah man ihm an, nichts, allenfalls seine Bedeutung. War er nicht sogar noch ein wenig schöner geworden mit den Weimarer Jahren, auf jeden Fall interessanter, das tätige Leben hatte feine Linien auf ihm abgesetzt. Es gab kein Alter – außer dem, zu dem man sich bekannte, und das konnte sich, wenn man denn nur wollte, über die Jahre erheben, die in ihm versammelt und verkörpert waren.

Nun, was sagt uns der Blick in den Spiegel, fragte Seidel. Sind wir heute wieder zufrieden mit uns? Als Goethes Leib- und Magendiener war er sich seiner Sache inzwischen ziemlich sicher, man konnte auch sagen: Er war inzwischen einigermaßen frech geworden.

Ich lasse dich auspeitschen, sagte sein Herr. Und anschließend den Hunden zum Fraß vorwerfen.

Seiner Mutter, der Frau Aja, die sich, aufgeschreckt von einem Bericht, der vom geschwätzigen Merck aus Darmstadt zugetragen worden war, besorgt nach seinem Gesamtzustand erkundigt hatte, schrieb er: *Was meine Lage betrifft, so hat sie ohnerachtet großer Beschwernisse auch sehr viel Erwünschtes für mich, wovon der beste Beweis ist, daß ich mir keine andere mögliche denken kann, in die ich gegenwärtig hinübergehen möchte. Denn mit einer hypochondrischen Unbehaglichkeit sich aus seiner Haut heraus in eine andere sehnen will sich wohl nicht ziemen. Merck und mehrere beurteilen meinen Zustand ganz falsch, sie sehen nur das, was ich aufopfre und nicht, was ich gewinne, und sie können nicht begreifen, daß ich täglich reicher werde, indem ich täglich so viel hingebe. Sie erinnern sich der letzten Zeiten, die ich bei Ihnen, ehe ich hierherging, zubrachte; unter solchen fortwährenden Umständen würde ich gewiß zugrunde gegangen sein. Das Unverhältnis des engen und langsam bewegten bürgerlichen Kreises zu der Weite und Geschwindigkeit meines Wesens hätte mich rasend gemacht. Bei der lebhaften Einbildung und Ahndung menschlicher Dinge wäre ich doch immer unbekannt mit der Welt, und in einer ewigen Kindheit geblieben ... Wieviel glücklicher war es, mich in ein Verhältnis gesetzt zu sehen, dem ich von keiner Seite gewachsen war; wo ich durch manche Fehler des Unbegriffs und der Übereilung mich und andere kennenzulernen Gelegenheit genug hatte; wo ich, mir selbst und dem Schicksal überlassen, durch so viele Prüfungen ging, die vielen hundert Menschen nicht nötig sein mögen, deren ich aber zu meiner Ausbildung äußerst bedürftig war. Und noch jetzt, wie könnte ich mir, nach meiner Art zu sein, einen glücklicheren Zustand wünschen als einen, der für mich etwas Unendliches hat.*

Das hatte er der Mutter geschrieben, ihr zusätzlich noch Gesundheit gewünscht und Gelassenheit anempfohlen für die schnell wechselnden Zeitläufte, aus denen ja bekanntlich manches Unbehagen auf die Menschen herniederkam. Es waren schon schwungvollere Briefe von ihm zur Post gegeben worden, gewiß. Mit seinem Alter hatte das nichts zu tun. Er war kein junger Mann mehr; mit seiner Jugend ging er jetzt anders um, er machte sie zu einem Gedicht, das man ständig umschreiben mußte; da konnte es nicht ausbleiben, daß man in der dreiunddreißigsten Strophe schon mal vergaß, mit welchem Tonfall, hell, verführerisch, bärenstark, man einst begonnen hatte. Statt dessen reimte man nur noch vor sich hin, eine Art poetischer Dienst nach Vorschrift – mitten im tätigen Leben.

In seinem dreiunddreißigsten Jahr bezog er ein standesgemäßes Haus am Frauenplan in Weimar. Nun hatte er Platz, nun konnte er Besuch empfangen, was nicht immer eine reine Freude war. Goethes Ruhm nämlich hatte nicht etwa nachgelassen, sondern sich eher noch verstärkt. Das lag womöglich an seiner Umtriebigkeit, die von den Dichterkollegen mit Argwohn und unterdrückter Bewunderung betrachtet wurde. Der Deutschen bekanntester Autor als Minister und politischer Hansdampf in allen Weimarer Gassen; das rief Unverständnis hervor, machte den Mann, um den es ging, jedoch immer bekannter. Er war eine Person des öffentlichen Interesses geworden, die man einmal im Leben gesehen und, wenn möglich, auch gesprochen haben mußte. So standen ihm die Besucher ins neue Haus, was ihn zunächst, in Maßen, erfreute, dann jedoch zunehmend belästigte. Die Besucher nämlich gingen nicht immer diskret zu Werke; manche meldeten sich nicht einmal an, bevor sie ihm die Aufwartung machten. Sie standen vor dem Haus, setzten ungefragt einen Fuß in die Tür. Wenn er sie dann abfertigte oder gar von einem Diener hinauskomplimentieren ließ, was stets einem Rausschmiß gleichkam, zeigten sie sich beleidigt und beklagten seine Kälte, seine angebliche Hochnäsigkeit und sein auffallend unnahbares Gebaren. Er konnte und wollte das nicht ändern; schließlich bin ich kein Tanzbär mit einem Ring durch die Nase, an dem mich jedermann herbeiziehen und vorführen kann, sagte er zu Seidel. Natürlich nicht, Herr! antwortete der und lächelte.

Ich weiß, was du denkst, Freundchen, sagte Goethe. Dabei ist seine Nase lang genug, um ihm einen Ring durchzuziehen!

So etwas denke ich nicht, sagte Seidel. Ich bin Euer gehorsamer, Euer stets diskreter Diener. Und was Eure bewährte und berühmte Nase angeht, Herr, so –

Sag es nicht, meinte Goethe, schweig lieber nur stille.

Er war mittlerweile, zu allem Überfluß, noch zum Finanzminister von Sachsen-Weimar-Eisenach ernannt worden. Das heißt, von Überfluß konnte in diesem Zusammenhang, nach wie vor, keine Rede sein, denn das Ländchen blieb arm. Der Herzog war, nachdem er mal wieder zuviel Schwarzbier getrunken hatte, eines Nachts auf die glorreiche Idee verfallen, eine zusätzliche Genußmittelsteuer ins Leben zu rufen. Sie sollte, wie der Name schon sagte, den Dingen auferlegt werden, aus denen Genuß zu beziehen war, womit er vorwiegend Schmackhaftes meinte: Knödel etwa, alle Arten von Braten, Branntwein, sonstige Schnäpse, Bier. Und Wein, sagte Goethe. Es wird auch Wein getrunken.

Richtig, sagte der Herzog, wenn ich allein an deinen Weinkeller denke, was da so alles herumliegt.

Und bei der Steuer, sagte Goethe, müßt Ihr, wie bei allem eigentlich, mit gutem Beispiel vorangehen. Das heißt –

Du meinst, ich soll meine eigenen Steuern zahlen? rief Karl August. Steuern auf meine eigenen Genußmittel? Bist du nicht mehr bei Trost? Da zahl' ich mich ja dumm und dämlich!

Ein mächtiger Sommer hatte sich über Weimar gelegt. Die Sonne brannte vom Himmel herab, es gab niemanden, der sie besänftigt hätte. Die Wetterprognosen besagten, daß man mit einer Abkühlung frühestens in sechs Wochen rechnen könne, man nahm es ermattet zur Kenntnis. Goethe lernte sein neues Haus schätzen, es war schattig, manchmal sogar etwas zu kühl. Er war in einer eigenartigen Stimmung in diesem gerade begonnenen Sommer, er lebte, so kam es ihm vor, auf Widerruf –, mit eingeschränkten Sinnen und Empfindungen, was ihn jedoch weder größer noch kleiner machte. Es genügte, wenn man die Kraft, die in einem war, besänftigt hielt; genügte es nicht sogar, überhaupt nur zu leben, dazusein und auf das zu warten, was sich in einem, in der geheimarbeitenden Seele, von der die Frau von Stein gelegentlich sprach, vorbereitete, um sich schließlich ganz zu zeigen, in jeglichem Glanz, in frappierender Kümmerlichkeit. Dort unten, dort oben, im Schacht, im Ausguck der Seele, wo auch immer, keiner war sich selbst ja bis jetzt so nahe gekommen, daß er das Geheime in sich, das Unergründliche hätte offenlegen können, wurden Welt und Wirklichkeit aufbereitet und ins Individuelle, in die persönliche Sichtweise eines Menschen umgeformt. Hier trat auch das Bewußtsein, das sich aus eben dem Unergründlichen, dem Nichtbewußten, nährte, zutage und kam ans Licht. Eigentlich also, dachte er manchmal, wenn er ein wenig müde wurde inmitten seiner Geschäfte, eigentlich müßte man sich doch nur dort hineingeben, in den Quellpunkt des uns zuträglichen Lebens, wo Welt zu Wissen wird, Wirkliches zu Gedachtem, um dort dann zu verharren, zu sehen und zu lauschen und – bei sich selbst zu sein. Ach was. Gerade das bedeutete Stillstand, ein Gelähmtsein bei voller Bewegungsfähigkeit, das pure Grübeln und den altherrenhaft schlurfenden Kreisgang des Denkens, in dem sich die Philosophen gefielen. Er mochte keine alten Herren, Philosophen waren ihm in der Regel suspekt, er duckte sich nicht gern, und er hatte es lieber tatkräftig als gedankenschwer; nie wäre es ihm in den Sinn gekommen, sich in die reine Bewegungslosigkeit an Kopf und Körper einzuhausen, er mußte etwas tun, immer wieder, aus sich heraus, dort war sein Leben, das – bedient werden wollte; trotz aller Müdigkeit.

Am Ende war auch sein Vater nur noch müde gewesen. Der Kaiserliche Rat hatte sich verabschiedet von der Welt. Für immer. Er war gestorben in aller Diskretion, fernab, in Frankfurt, das dem Sohn inzwischen wie eine alte Vertraute vorkam, an die man sich gern erinnerte, weil man ihre Gesichtszüge nicht mehr genau vor Augen hatte. So war es ihm auch mit dem Vater ergangen; er erinnerte sich an ihn, natürlich, aber sein Gesicht glich nur noch einer schmalen, schwach erhellten Sichel, die ihm als fremder Mond im Kopf war, ohne alle Einzelheiten. Nur die Stimme des Kaiserlichen Rates hatte er noch ab und zu gehört, sie rief ihm von weit her etwas zu, was er nicht verstand; er wußte nur, daß es gut gemeint war und die Sorge widerklingen ließ, die ein Vater für seinen Sohn empfand. Eingeschlafen war er, der Kaiserliche Rat; die große Müdigkeit kam über ihn, die dem Tod den Weg ebnet. Goethe hatte die Nachricht erhalten und sich nicht angesprochen gefühlt; ein Irrtum, dachte er, man setzt mich über einen Irrtum in Kenntnis. Dann war er, für Sekunden, für Stunden, er wußte es nicht, in einer Weise traurig gewesen, die über den Menschen, um den es ging, weit hinausreichte. Er trauerte um alle, die sterben mußten, wo und wann auch immer; der Schmerz, den er spürte, kam vom Herzen her und hatte auch etwas mit den Sehnsuchtsmomenten zu tun, die das Leben durchzogen. Es lag ja alles so unendlich dicht beisammen, Hoffnung und Verzweiflung, Trauer und Glück, Angst und Stärke, Krankheit und Wohlbefinden, Witz und Ernst, Liebe und Haß. Eine winzige Bewegung – und das eben noch geordnete Tableau des Lebens verrutschte; der eine starb, der andere verliebte sich, unsterblich natürlich, wie er glauben mußte.

In der folgenden Nacht hatte er von seiner eigenen Beerdigung geträumt, die war tröstlich und ihm gemäß, durchaus. Alle Würdenträger hatten sich eingefunden, das gehörte sich auch so. Karl August, rot am Kopf wie ein trunkener Truthahn, weinte fürchterlich, ebenso die blasse Luise, und es geschah Wundersames: Die Eheleute fielen einander in die Arme, an seinem offenen Grab, und sprachen sich Trost zu, angesichts des ungeheuren Verlustes, den die Welt erlitten hatte. Schön war der Traum, da hätte er noch stundenlang zuschauen mögen, aber dann verwandelte sich der Traum plötzlich zum Albtraum: Die zahlreichen Beerdigungsgäste wurden weniger, sie zerstreuten sich, ohne daß die eigentliche Zeremonie begonnen worden wäre; schließlich blieben nur ein paar Figuren übrig, die ihm unangenehm bekannt vorkamen. Einer von ihnen trat nach vorn, verflucht, der durfte ja nicht fehlen, war er nicht schon längst wieder überfällig gewesen: der ekelhafte Professor. Lange hatte er ihn verschont, in Weimar, in seinen Träumen; nun wagte er sich wieder hervor, der Sack, und stand am Rand des für Goethe aufgeworfenen Grabes. Er war älter geworden, das sah man gleich; er hatte Runzeln und scharfe Falten bekommen, man hätte ihn für einen potthäßlichen Bruder des Kräuterweibs halten können. Die Haare waren weniger geworden, sie standen ihm in einem fettigen Kranz um den mißglückten Schädel. Nur der Bart hatte noch die gleiche Fülle, er glich einem Gestrüpp aus schwarzgrauer Stahlwolle. Ob sich noch Essensreste in dem Gestrüpp befanden, war auf die Schnelle nicht auszumachen. Hinter dem Mann, dessen einzige Existenzberechtigung anscheinend darin bestand, ihn zu ärgern, wuchsen nun, aus dem Erdboden oder woher auch immer, ein paar Zuhörer auf; sie waren nah dran an ihrem Meister und doch durch dieses eine offene Grab von ihm getrennt. Auch die Zuhörer, allesamt übellaunig, verschlagen und unausgeschlafen dreinäugend, waren älter geworden, einige stützten sich am Stock ab, andere hatten das penetrante Kopfwackeln oder zitterten auf ungute Weise am ganzen ausgemergelten Körper. Der Professor räusperte sich. Noch immer also Goethe, sagte er, und noch immer mag ich ihn nicht, meine Damen und Herren. Er ist unser meistüberschätzter Dichter, wofür sich Belege genug finden lassen. Wir befinden uns, noch immer, in Weimar, die Zeit ist vergangen und doch nicht recht vom Fleck gekommen. Goethe ist des Herzogs Allzweckwaffe. Er hat sich in allem versucht, kein Bereich des öffentlichen Lebens ist vor ihm sicher. Herder, den er nach Weimar geholt hat, beschreibt es in einem Brief auf die ihm eigene bissige Art: *Er ist also jetzt Wirklicher geheimer Rat, Kammerpräsident, Präsident des Kriegscollegii, Aufseher des Bauwesens bis zum Wegbau hinunter, Direktor des Bergwerks, dabei auch directeur des plaisirs, Hofpoet, Verfasser von schönen Festivitäten, Hofopern, Balletts, Redouten-Aufzügen ... et ce-*

tera, Direktor der Zeichen-Akademie, in der er den Winter über Vorlesungen ... gehalten; selbst überall der erste Akteur, Tänzer, kurz das Factotum des Weimarschen und, so Gott will, bald der Majordomus sämtlicher Ernestinischer Häuser, bei denen er zur Anbetung umherzieht. Er ist baronisiert, und an seinem Geburtstage wird die Standeserhebung erklärt werden. Er ist aus seinem Garten in die Stadt gezogen und macht jetzt ein adlich Haus ...

Sein Kumpel, der Herzog, hat Goethe also geadelt, meine Damen und Herren, er darf sich Johann Wolfgang von Goethe nennen, aber er wird dadurch nicht besser. Seine Theaterstücke, sofern sie nicht für den höfischen Weimarer Kurbetrieb geschrieben und deswegen auch nur albern sind, bemühen sich nun um Form und Erhabenheit; seine Prosa ist manchmal erstaunlich sachlich, aber in seinen Gedichten, mit denen ja noch immer unsere armen Schüler traktiert werden, bleibt er der gehobene Dilettant, der er immer schon war.

Goethe schwitzte wie ein Schwein; die immense Wut, die er in sich spürte, trieb ihm in diesem Sommer und in dieser Nacht das Wasser aus den Poren, er ballte die Fäuste, seine Füße, mit denen er zutreten wollte, verkrampften. Er wußte, daß etwas passieren würde, und es konnte nicht von oben, unten, von der Seite, überhaupt von jemand anderem kommen, sondern er, er allein mußte es – besorgen.

Wer Gedichte mag, und ich zähle mich durchaus dazu, sagte der Professor, grinste dabei wie ein Ferkel, wer Gedichte mag, wird bei Goethe nicht gut bedient. Die Eiligkeit, die meist hektische Betriebsamkeit, mit der er sich des Lebens annimmt, so als könnte man nur so eine gewisse Selbstverwirklichung in Form eines immerwährenden Lernprozesses gewinnen, läßt sich besonders an seinen Gedichten ablesen; ich darf in diesem Zusammenhang meine geschätzte Kollegin Gudrun S. zitieren, die dazu folgendes schreibt:

Durchblättert man Goethes Lyrik, einmal nur auf den Endreim achtend, ist man in der Regel nicht gerade von der Originalität seiner Reimwörter beeindruckt. Das meiste reimt solide und konventionell; die «Sterne» sind «ferne», «Saft» geht auf «Kraft» und «Sieg» auf «Krieg», im «Himmel» herrscht ein «Gewimmel» und hinter der «Stirn» das «Gehirn», die «Luft» ist erfüllt von «Duft», wo Wasser «fließt», sich ein Strom «ergießt», man wünscht zum «Feste» viele «Gäste» und sich manchmal «fort» vom «Ort». Vergebens wird in Goethes Erlebnis- und Gefühlslyrik auf «Lust» ein anderer Reim als «Brust» zu finden gehofft; auf «Sonne» geht nur «Wonne», auf «Musen» folgt «Busen», und das «Leben» reimt sich außer auf das blasse «geben» eben nur auf «Streben». Ganz vertrackt wird es dann beim unentbehrlichen «Herz»: «Herz» auf «Schmerz» (und vice versa) muß dutzende Male herhalten, dazwischen auch ein «Scherz» und – immerhin – «März» und «himmelwärts». Und was reimt sich auf «Liebe»? Genau: «Triebe»; daneben «Diebe» und «Geschiebe», ein konjunktivisches «bliebe» und der unreine Reim «Trübe» ...

Er, um den es ging, bei dieser beleidigenden Rede, bäumte sich auf; aus weit aufgerissenen Augen sah er den schmierigen Professor, der sich die Tränen der Freude aus den verschlagenen Augen wischte. Auch seine Zuhörer zeigten Wirkung; sie hatten ihre Visagen zu bösartigem Grinsen verzogen, klopften Beifall mit ihren Stöcken oder, so hörte sich's wenigstens an, klapperten mit den Gebissen. Goethe ballte die Fäuste, jetzt – oder nie. Er nahm all seine Kraft zusammen, die sich gegen die auf ihn gelegte Lähmung, diese ganze totenstarre Müdigkeit durchsetzen mußte. Mit einem mächtigen Ruck schnellte er hoch, den Bauch vorgewölbt, der dadurch Stoßdämpfer und Rempelkissen zugleich war. Er kam bis an den Rand des Bildes, das ihm vor Augen stand, drückte noch einmal nach, der äußere Rahmen gab nach, und dann war er auch schon mitten dabei, die Zuhörer schrien, was man sehen, aber nicht hören konnte; er rempelte den Professor an, der ihn mit einem einzigen, seinem letzten Blick ansah, weit aufgerissene Augen, in denen statt der Häme jetzt nur noch blanke Angst stand – dann fiel er auch schon, hintenüber, fiel direkt ins offene Grab, das ja eigentlich für einen anderen, einen weit größeren und bedeutenderen Menschen geschaufelt worden war, aber er da, der Lump, paßte ohnehin besser hinein, und während er noch unten in der Grube strampelte, wobei ihm erfreulich viel Erde ins Maul kam, nahm Goethe eine der bereitstehenden Schaufeln zu Hand und begann damit, das Grab zuzuschütten. Die Zuhörer, die nun nur noch Zuschauer waren, sahen's mit stummem Entsetzen, aber keiner machte Anstalten, dem Professor zu helfen. Von unten, aus der Tiefe, hörte man noch ein Krächzen und Gurgeln, dann war Ruh'. Goethe fiel aufs Bett zurück, er war schweißüberströmt. Das Bild in seinem Kopf löste sich auf, die Zuhörer verschwanden, tappten in einen deutlich heller werdenden Hintergrund hinein; nur das Grab blieb, es war bereits ein fein aufgeworfener Hügel, festgefügt, für die Ewigkeit gebaut, jemand hatte sogar noch auf die Schnelle ein Holzkreuz in den Boden gerammt, und wenn man genauer hinsah, konnte man erkennen, daß bereits die Begrünung einsetzte; bald würde es ein ordentliches Grab sein, an dem nicht mehr interessierte, wer in ihm lag, sondern nur, daß es seinen Inhalt auf immer – für sich behielt.

So wurde er einen Quälgeist los, der danach tatsächlich nicht mehr wiederkam. Das Leben, sein Weimarer Leben, in das er sich eingerichtet hatte, als gäbe es kein anderes mehr, nahm den gewohnten Verlauf; daran änderte auch die Tatsache nichts, daß Karl August ihn in den Adelsstand erhoben hatte. Von Goethe durfte er sich jetzt nennen, was die Ehrfurcht, die er vor sich selbst empfand, weder erhöhte noch verringerte. Der gute alte Hans Arsch von Rippach fiel ihm ein, den er seinerzeit schon zum Hans Arsch von Goethe umbenannt hatte; nun war die Wirklichkeit dem nachgekommen. Die politischen Aufgaben, die man ihm übertrug, brachten kaum etwas wirklich Neues. Auf Wunsch des Herzogs sorgte er dafür, daß dem furchterregenden Weimarer Heer neue Rekruten einverleibt wurden, schließlich sollte es nicht nur schrumpfen, sondern auch, in Maßen, wieder wachsen. Dazu bedurfte es junger Männer, die Alten hatte man ja in den Ruhestand geschickt. Goethe selbst nahm die Musterung vor, er schritt die Front von Kerlen ab, die allesamt haarscharf an ihm vorbeischauten. Bei dem einen oder anderen blieb er stehen und sah ihm ins Gesicht. Eigenartig war ihm dabei zumute, er sah die Jugend auf einmal mit den Augen des Alters. Ist es nicht wunderbar, alles noch vor sich zu haben, dachte er. Neugierig zu sein auf die Welt, als wäre die nur geschaffen, damit man sich ihrer annehmen und bedienen kann. Als wäre die Welt ein Geschenk, das kostbarste aller Geschenke, das man nie aus den Augen lassen darf – und als könnte man sich selbst auch ein Geschenk sein, das allerdings so großartig verpackt und verschnürt ist, daß man ein Leben lang braucht, um es aufzumachen. Man arbeitet daran, entdeckt dieses und jenes, stellt Vermutungen an, ist sich seiner Sache, vorübergehend, sehr sicher und kommt doch nicht ans Ziel. Ein Rest an Verborgenheit bleibt immer, nie wird das Geschenk, das man sich selber ist, unverhüllt sein; vielleicht kann man es, vielleicht, in jenem Moment erkennen, wenn das Leben klein beigeben muß vor dem Tod, der auf eine andere Wirklichkeit setzt.

Du siehst so ernst aus, sagte der Herzog. Bedrückt dich etwas, mein Sohn?

Goethe lächelte. Karl August und sein etwas anderer Humor.

Ich habe Euch ein paar neue Soldaten besorgt, sagte er.

Und? Wie sind sie, meine Soldaten? Großartige Kerle, nehme ich an!

Nun ja, sagte Goethe. Wie man's nimmt. Großartig sind sie, weil sie jung sind. Als Soldaten wage ich sie nicht zu beurteilen; wir wollen hoffen, daß sie von kriegerischen Einsätzen verschont bleiben. Der Krieg nämlich hat schon manche großartige Jugend, grausam und unnötig, beendet.

Manchmal denke ich, daß du ein verkappter – wie heißt das neue Wort doch gleich?

Ein Pazifist –

Bist. Dabei ist der Krieg doch der Vater aller Dinge. Hat zumindest der alte Heraklit gesagt, und der mußte es ja schließlich wissen.

Ich gebe zu, daß ich den Frieden hoch schätze und ehre, sagte Goethe, er hat nur ein Problem, der Friede: er wirkt auf uns langweilig, weil er's uns zu wohl ergehen läßt.

Amen, sagte der Herzog.

Schließlich kam auch das Ilmenauer Bergwerk wieder in

Gang. Das war Goethes Verdienst, er hatte sich über Jahre hinweg als oberster Bergmann betätigt. Der Herzog lobte ihn, die Frau von Stein sagte nichts weiter dazu. Sie gab sich in jenen Tagen besonders sauertöpfisch, das Leben wurde ihr immer mehr zur Last. Sie hatte ihren Gatten zusammen mit seiner jungen Freundin gesehen, und es empörte sie, daß der Oberstallmeister keine Anstalten machte, das Verhältnis vor ihr zu verbergen. Irgendeine Verlegenheitsreaktion hätte sie von ihm erwartet, aber – nichts da. Er ließ sich anhimmeln von einem jungen Ding, das seine uneheliche Tochter sein konnte. Schrecklich viele Sommersprossen hatte das junge Ding, einen breiten Mund und einen dicken Busen. Wenn das Mädel lachte, lachte es laut, eine ordinäre Person.

Sie macht ihn glücklich, sagte Goethe. Das ist alles, was zählt.

Was wißt denn Ihr, sagte die Frau von Stein und hatte ein gespitztes Mündchen. Die Männer sind alle gleich.

Die Frauen auch, sagte Goethe. Ein alternder Mann – was kann es für den Schöneres, Erhebenderes geben, als von einer jungen Schönheit angestrahlt, womöglich gar geliebt zu werden?

Eine Schönheit ist sie gerade nicht, sagte die Frau von Stein, wenn man ihre Sommersprossen einzeln und zu gutem Preis auf dem Markt verkaufen würde, könnte man reich werden. Außerdem: Alternde Männer, wenn ich das schon höre! Frauen altern auch und, wie ich glaube, sogar heftiger und schonungsloser.

Das stimmt nicht, sagte Goethe. Neuere Forschungen haben das genaue Gegenteil ergeben: Frauen werden älter als Männer, sie setzen dem Alter eine größere Widerständigkeit entgegen. Man vermutet inzwischen sogar ernsthaft, daß die Spannkraft des Geistes bei den Weibern länger vorhält als bei den Männern. Deswegen sieht man auch weniger blödsinnige alte Weiber als Männer. Letztere gibt es genug: zusammengefaltete Gestalten, mit leeren Augen, sabberndem Maul, sie brunzen in die Hose und wissen dabei weder, was sie tun, noch wer sie sind. Ich darf an dieser Stelle einfügen, daß ich lieber nicht – sehr alt werden möchte!

Können wir nicht das Thema wechseln? meinte die Frau von Stein.

Gern. Sprechen wir über das Bergwerk von Ilmenau, das nun wieder in altem Glanz erstrahlen soll. Ich muß sagen –

Nein, sagte die Frau von Stein. Ich bin lieber über Tage als unter Tage.

Da hatte sie ja recht, auch wenn er es nicht schätzte, unterbrochen zu werden. Sie sollte ihn ausreden lassen, das verlangte die Höflichkeit unter aufgeklärten Menschen. Allenfalls ihm stand es doch zu, jemandem ins Wort zu fallen, da war er eingebildet genug; er konnte die Leute davon abbringen, sich schwafelnd im Unerheblichen zu verlieren. Indem er ihnen eben beizeiten dazwischenfuhr. Das schaffte zwar nicht gerade freundliche Stimmung, aber daran konnte ihm nicht mehr gelegen sein. Die dem Menschen überantwortete Zeit ist ein knappes Gut, man muß sorgsam damit umgehen. Er durfte sich nicht mehr verlieren; das Wesentliche mußte vom Unwesentlichen geschieden werden. So dachte er, der im siebenunddreißigsten Lebensjahr stand; war er jetzt schon alt geworden, ohne es wirklich zu merken? Manchmal erinnerte er sich seiner Jugend wie eines längst zurückliegenden Abenteuers; dann war ihm wehmütig zumute, und zugleich spürte er ein Unbehagen, in das sich eine leise Wut mischte. Daß denn alles, und letztlich immer: zu schnell, vorbeigehen muß; daß einem die Stunden, Tage, Jahre aus der Hand gerissen und nicht zurückgegeben werden, egal wie sinnvoll, wie nutzbringend man sie für sich verwendet hat. Er versuchte, diesen Stimmungen nicht nachzugeben. Fast trotzig bediente er sich seiner Erinnerungen; ließen die ihm nicht alles, wie es war, in wunderbar geschönten Momentaufnahmen, die ihren Glanz sogar vorauswarfen in eine noch auszumalende Zukunft? *Alles springt und sprudelt*, schrieb er der Frau von Stein von einer seiner Reisen über Land, *und wenn ich denke, ich sitze auf meinem Klepper und reite meine pflichtmäßige Station ab, auf einmal kriegt die Mähre unter mir eine herrliche Gestalt, unbezwingliche Lust und Flügel, und geht mit mir davon.*

It is a beautiful world, sagte Seidel, isn't it.

Er war mit seinem Englischkurs noch nicht entscheidend weitergekommen, aber seine Lehrerin Ms. Winterbottom liebte er heiß und innig. Man konnte auch sagen: Er war schwer verschossen in die junge Frau, die so aussah, wie man sich eine Engländerin vorstellte, von zarter Gestalt, unendlich blaß, mit großen, mal traurig, mal ein wenig blasiert dreinschauenden Augen. Ms. Winterbottom hatte Seidel eine Regel mit auf den Weg gegeben, die Goethe unmittelbar einleuchtete: Learning by doing! empfahl sie ihren Schülern, was sie ausdrücklich nicht nur auf den Englischunterricht angewendet wissen wollte, sondern auf das Leben selbst.

Auf das ganze Leben, the whole life, sagte Seidel. Man darf nicht stille stehen, muß sich ständig bemühen. Sonst greift die Langeweile, die kalte Verzweiflung nach einem.

Sagt wer?

Sagt Ms. Winterbottom. Ach, Herr, sie ist so schön und

blaß und klug. Am liebsten würde ich sie mir zu Hause unter Glas stellen und immer nur anschauen. In aller, mir gegebenen Liebe. Im übrigen sagt Ms. Winterbottom auch, daß es mit dem Englischlernen genau wie mit dem Schwimmen ist.

Wie das?

Nun, man muß etwas riskieren. Zum Beispiel, daß man falsch spricht. Wichtig aber ist, daß man überhaupt spricht.

Und was hat das mit dem Schwimmen zu tun?

Da ist Gleiches gefordert, Mut, Überwindung. Niemand kann schwimmen lernen, der nicht ins Wasser geht!

Eine kluge Frau, deine Ms. Wintercotton –

Winterbottom.

Sag ich doch. Learning by doing, die Maxime gefällt mir. Ich selbst habe es ein wenig feiner, möglicherweise auch ein wenig verklausulierter ausgedrückt, worum es bei diesem Erkenntnisprogramm geht, das in der Tat ein Erkenntnisprogramm fürs ganze Leben ist. *Still im Herzen, heimlich bildende Gewalt*, schrieb ich und wies darauf hin, daß damit der Zusammenhang gestiftet werde zwischen Tun und Handeln. Warum schaust du so schläfrig?

Ich schaue nicht schläfrig, sagte Seidel, allenfalls verträumt, weil mir ein liebes Gesicht vor Augen steht. Ich kann nichts dafür.

Denken und Tun, Tun und Denken, das ist die Summe aller Weisheit, schrieb ich also, sagte Goethe, und ich fügte hinzu: *Beides muß wie Ein- und Ausatmen sich im Leben ewig fort hin und wider bewegen; wie Frage und Antwort sollte eins ohne das andere nicht stattfinden. Wer sich zum Gesetz macht, was einem jeden Neugebornen der Genius des Menschenverstandes heimlich ins Ohr flüstert, das Tun am Denken, das Denken am*

Tun zu prüfen, der kann nicht irren, und irrt er, so wird er sich bald auf den rechten Weg zurückfinden.

Interessant, sagte Seidel und unterdrückte ein Gähnen.

In der Woche darauf kam seinem Herrn ein böses Gerücht zu Ohren; einige seiner Kollegen wagten es, über ihn zu lästern: Seit man dem Weimarer Wundertier Goethe noch den Adelstitel umgehängt habe, hieß es, bringe er nichts Poetisches mehr zustande, allenfalls noch Lustspielchen für die Laienspielschar am Hofe oder ein paar Gelegenheitsgedichte, aus denen man ablesen könne, wie wenig der Autor noch bei der Sache sei; wahrscheinlich denke er unentwegt an andere Dinge, an die Kanalisation, den Straßenbau, an Brandschutzverordnungen und Rekruten, nicht zuletzt an die Frau von Stein und seinen Herzog. Ein solches Gerücht, von dem es noch einige Varianten gab, ärgerte ihn; nicht daß er auf die Meinung von Dichterkollegen viel gegeben hätte, er wußte ja, daß sie in der Regel an maßloser Selbstüberschätzung litten und der Neid ihr ständiger Begleiter war – nein, er ärgerte sich, weil ein solches Geschwätz nicht mal ansatzweise der Wahrheit entsprach. Er hatte nämlich durchaus viel geschrieben in letzter Zeit, er konnte das beurteilen. Wenn er noch die Schriften dazurechnete, die er zwischendurch ins Feuer geworfen hatte, dann war das mehr, als mancher seiner lieben Kollegen in einem halben mißratenen Leben zusammenschmieren konnte.

Es stimmte auch nicht, daß er nur noch für den gehobenen Bedarf bei Hofe schrieb; zugegeben, manches hatte er machen müssen, ein paar kleine Komödien, die so gefällig waren, daß man sie spätestens nach der dritten Aufführung getrost vergessen durfte, das eine oder andere Widmungsgedicht für Herrschaften, die sich freuten, wenn man ihnen einige Verse zueignete – all das war weder ehrenrührig noch verboten, ja es gehörte doch zum Geschäft mit dazu. Daneben aber hatte er sich um Ernsthaftes bemüht, was keine zusätzliche Anstrengung für ihn bedeutete, sondern aus ihm selbst kam; eine Wandlung ging mit ihm vor, die, wie alle Wandlungen, die Menschen durchmachen, von innen nach außen greift.

Ein anderer Ton hatte sich in ihm vorbereitet und begann nun, zunächst leise, dann gleichmäßig stark, in ihm Klang anzunehmen. Deutlich vernehmbar war dieser Klang, aber fernab aller Mißtöne, aller Schrillheiten und Überzeichnungen. Er hatte das Gefühl, daß es um Formen ging, um Maße, in die sich Welt und Wirklichkeit fügen sollten. Der Künstler, so sah er es, mußte bescheiden werden und sich den Gesetzmäßigkeiten des Schönen beugen; das machte ihn nicht etwa kleiner, sondern erhob ihn, brachte ihn in die Nähe jener großen und einzigen Wahrheit, die sich, über die Zeiten hinweg, verborgen hält und vielleicht doch, so geht die immerwährende Hoffnung, eines wunderbaren Tages des Rätsels Lösung zu erkennen gibt. Er hatte, in einer ersten Fassung, ein sehr edles und sehr formbewußtes Stück mit dem Titel *Iphigenie auf Tauris* geschrieben, das vielleicht ein bißchen zu edel und formbewußt war; die holde Iphigenie, *das Land der Griechen mit der Seele suchend*, paßte eigentlich nicht so recht in eine rauhe und derbe Gegenwart. Schön, schön, sagte denn auch der Herzog, aber vor einem solchen Weib würde es mir grauen. So gut sie ist, hat sie doch nichts Lebendiges mehr an sich, sie geht nicht, sie wandelt, sie hat sich verkrochen in ihre Großherzigkeit und ist dabei, als leibhaftiger Mensch, nicht mehr zu sehen. Oder könnte man sich Iphigenie gar vorstellen, wie sie unter heiligen Pinien pinkeln geht, nachdem sie womöglich noch kurz zuvor etwas zuviel des roten Weines getrunken hat?

Das sagte er natürlich nicht zu Goethe, denn er wußte, daß der, bei allem Sinn für gröbere Scherze, wohl doch beleidigt gewesen wäre. Bei der Uraufführung spielte der Dichter selbst mit, ebenso übrigens wie Karl August, der sich nicht immer an den Text hielt und gelegentlich frei improvisierte, was man ihm natürlich nachzusehen hatte. Bei dem Satz *Alle menschliche Gebrechen / Sühnet reine Menschlichkeit*, der eine wesentliche Aussage des Stückes enthält, mußte der Herzog zweimal niesen, so daß sich das Publikum in seiner Aufmerksamkeit etwas irritiert zeigte. Man sparte dennoch nicht mit Beifall; schließlich war man froh und dankbar, daß in Weimar und Umgebung überhaupt Theater gespielt wurde.

In einem anderen Bühnenwerk, an dem Goethe in jenen Jahren schrieb, dem Schauspiel *Torquato Tasso*, machte sich der Dichter seine Gedanken über das Verhältnis von Kunst und Leben. Was passiert, wenn ein großes Talent mit einer eher kleingeistigen Wirklichkeit zusammenstößt, wenn die Zwänge der Realität den schönen Wurf der Idealität immer wieder behindern und auf den Ausgangspunkt zurückbringen? Der Dichter wußte, wovon er schrieb; er selbst war ja als großes Talent nach Weimar gekommen und hatte sich in die weltliche Pflicht nehmen lassen, freiwillig allerdings. Der Kurs, den er steuerte, ein listiges Annehmen der Wirklichkeit, der er in einer Weise beizukommen suchte, die ihm ein Höchstmaß nützlicher, sogar prägender Erfahrungen ermöglichte und zugleich einen sorgsam behüteten, nicht sehr üppigen Freiraum beließ, in dem er der Dichter sein konnte, der aus der gewonnenen Weltläufigkeit heraus schrieb – ein solcher Kurs war nicht für jeden gangbar. Empfindlichere Künstler, solche auch, die womöglich ein wenig zu vornehm, zu vergeistigt für den vergleichsweise nüchternen Umgang mit den Dingen des Lebens sind, geraten in einen Konflikt, der unlösbar erscheint. Am Ende bleibt ihnen die resignierte Erkenntnis, daß es für sensible Naturen nur die eingeschränkten Glücks-Möglichkeiten gibt; dafür werden sie, zumindest dürfen sie das glauben, mit den tieferen, den schmerzlicheren Einsichten bedacht, was sich als Strafe und Geschenk gleichermaßen verstehen läßt: *Und wenn der Mensch in seiner Qual verstummt, / Gab mir ein Gott zu sagen, was ich leide.*

Goethes Realitätssinn kann dem Helden des Schauspiels, dem italienischen Dichterkollegen Torquato Tasso, der angeblich in der Spätrenaissance lebte, nicht helfen; ihm soll auch wohl gar nicht geholfen werden, denn die Schwierigkeiten, die ihn umgeben, sind hausgemacht und haben zudem mit den engen höfischen Verhältnissen zu tun, in denen große Kunst immer an einen Ort gerät, der ihr letztlich nicht angemessen ist. Dennoch oder gerade deswegen werden, eher nebenbei und ohne besondere Anstrengung, ein paar Lebensweisheiten vorgetragen, die für den Künstler ebenso wie für den Normalsterblichen Gültigkeit beanspruchen dürfen: *Es bildet ein Talent sich in der Stille, / Sich ein Charakter in dem Strom der Welt*, wird beispielsweise gesagt, und: *Wer nicht die Welt in seinen Freunden sieht, / Verdient nicht, daß die Welt von ihm erfahre* oder *Die schöne Zeit, sie war, / So scheint es mir, so wenig, als sie ist; / Und war sie je, so war sie nur gewiß, / Wie sie uns immer wieder werden kann.*

In seinem Bemühen, sich als Dichter zu beweisen, der nicht nur vom früh auf ihn gekommenen Ruhm zehrte, mußte Goethe lernen, mit einem diskreten Unbehagen umzugehen, das sich, ohne dramatisch zu werden, langsam verfestigte. Das Unbehagen war überall, es kam aus allen Weimarer Nischen, es breitete sich auf allen Weimarer Gesichtern aus, wenn man sie nur lang genug anstierte. So schön es sein kann, sich im Überschaubaren und Bekannten einzurichten, so beengt kann man sich dabei fühlen – wenn die Zeit dafür gekommen ist. Das Bekannte wird altbekannt, es büßt, auf unspektakuläre Weise, seine Reize ein – so wie ein Baum, der im Herbst seine Blätter verliert, nicht mehr prächtig ist, sondern nur noch als Gerippe dasteht, ein Bild, das man kennt, ohne sich etwas dabei zu denken. Es ist eben so, aus dem Gerippe wird sicher auch wieder ein prächtiger Baum, der im Sommerwind rauscht; wenn es an der Zeit ist.

Ja, es war an der Zeit. Er hatte immer stärker gespürt, daß er Weimar verlassen mußte; schließlich ergab es sich als reine Notwendigkeit. Er würde nach Italien gehen, in das Land einer Sehnsucht, die er mit Geschick und auf längere Sicht ruhiggestellt hatte. Nun pochte sie wieder in ihm, ließ sich nicht mehr beschwichtigen. Den Abgang aus Weimar bereitete er im Stile eines Realpolitikers vor, der wesentliche Erfahrungen in der Geheimdiplomatie gesammelt hat. Über seine Absichten bewahrte er strenges Stillschweigen, nur Seidel war instruiert, der in seiner Abwesenheit die Stellung halten würde. Nicht mal der Frau von Stein hatte er etwas erzählt; er wollte, nachdem er so weit gediehen war mit seinem Entschluß, keine unnötigen Komplikationen und schon gar keine Verzögerungen mehr. Tränen oder einen leidenschaftlichen Ausbruch fürchtete er nicht; die Frau von Stein besaß andere Waffen, um ihn zum Bleiben zu überreden. Bei seinem Herzog hatte er, ohne nähere Begründungen zu geben, um Urlaub auf unbestimmte Zeit ersucht, der ihm auch gleich gewährt wurde. Zuvor wollte er noch zur Kur nach Karlsbad. Jaja, sagte der Herzog, die Gesundheit. Er strich sich über den Bauch, der ihm im Sitzen über den Hosenbund quoll. Noch immer wollte es ihm nicht in den Kopf, daß sich gut essen und trinken bei ihm, kaum daß er gerülpst und verdaut hatte, gleich auf die Figur legte; das war ungerecht – er erfüllte doch nur seine Fürsorgepflicht der eigenen Person gegenüber und wurde dafür mit zunehmendem Leibesumfang bestraft. Vielleicht sollte ich auch mal zur Kur, sagte er. Wenn man da nur nicht so viel Wasser trinken müßte!

Die Frau von Stein war mit nach Karlsbad gefahren, da konnte sie am allerwenigsten Verdacht schöpfen. Als sie die Heimreise antrat, fuhr Goethe ein Stück weit mit ihr; die Kutsche rollte durch dunkle böhmische Wälder, ein fast unmerklicher Sommerregen ging nieder. Die Vögel in den Bäumen sangen leiser als sonst; alles war auf einen Abschied vorbereitet, von dem die wenigsten etwas wußten. Die Frau von Stein hatte zunächst gewohnt ernst dreingeschaut, dann war sie eingenickt, trotz des Ratterns und der Schläge der Kutsche. Der Kopf rutschte ihr zur Seite, ihr Mund, leicht geöffnet, wurde zu einem Jungmädchenmund, sie lächelte. Da liebte er sie noch einmal von Herzen und war so gerührt wie ein alter, schon ein wenig vergeßlicher Mann, dem auf einmal der Name seiner großen Liebe wieder einfällt. In einem kleinen Ort im Talgrund verabschiedete er sich von ihr; er versprach, bald nachzukommen, und sie lächelte nicht mehr. Er schaute der davonfahrenden Kutsche nach, sie verschwand in einer Wegbiegung, die aus der

Entfernung wie ein Fenster aus Licht inmitten dunkler Tannengitter aussah. Man hörte noch die Fahrtgeräusche, einen vereinzelten Ruf des Kutschers, dann wurde es still. Das Fenster aus Licht schloß sich, die Bäume rückten zusammen.

Er machte sich auf den Weg zurück nach Karlsbad. Der Kurbetrieb tat ihm gut, er kam gleich wieder auf andere Gedanken. Er sah die Kurgäste auf den Bänken sitzen oder vorbeipromenieren; sie langweilten sich alle und wollten es nicht zeigen. Der Sommerregen hatte längst aufgehört, die Sonne war hervorgekommen. Er schloß die Augen, die Wärme legte sich auf sein Gesicht. Als er aufschaute, stand der Himmel direkt über ihm, ein eigens für ihn ausgespanntes hellblaues Tuch, das auf eine Zerreißprobe zu warten schien. Er wandte den Kopf, und jetzt bot sich ihm ein eigenartiges Bild: Der gesamte Kurbetrieb war in eine Starre verfallen, die sitzenden Kurgäste hockten auf ihren Bänken wie angeschraubt, die Spaziergänger blieben stehen und rührten sich nicht mehr vom Fleck. Sogar die Springbrunnen versiegten. Er rieb sich die Augen, vergeblich, nichts änderte sich. Im Gegenteil, der Stillstand wurde noch lastender, und wenn man genauer hinschaute, meinte man eine Art Staub zu entdecken, der auf allem lag. Altersstaub. Die Leute sahen auf einmal hundert Jahre älter aus, es waren Mumien, die man auf Probe noch einmal zum Leben erweckt hatte und nun wieder abberufen wollte. Goethe kam sich vor wie der letzte junge Mensch, den es, zumindest in dieser Umgebung, noch gab; aber auch ihn würden sie gleich erwischen und um hundert Jahre altern lassen. Noch einmal, wie aus einer erst für später vorgesehenen Erinnerung abgelöst, spürte er das Gefühl und die Gewißheit der Jugend in sich, es war ein Schmerz und ein Glück, der ihm ans Herz griff und dann spurlos verschwand – so wie auch der Stillstand verschwand, jemand hatte mit den Fingern geschnippt oder das erlösende Wort gewispert, der Kurbetrieb wurde wieder aufgenommen, alles ging seinen gewohnt trägen Gang.

Er aber nahm es als Zeichen; jetzt oder nie. Er reiste ab; Italien wartete auf ihn, stand ihm weit offen. Er war jetzt nicht mehr Goethe; Jan Philippe Möller nannte er sich, und als Berufsbezeichnung wählte er das vertraute *Maler*. Er war einer von vielen, ein Reisender. In der Kutsche saß er unter Fremden, das tat ihm gut. In Italien wollte er tatsächlich malen, zurückfinden ins Licht, von dem er meinte, daß es in Weimar immer mehr von seiner ursprünglichen Helligkeit verloren hatte. Er wollte das Licht unverfälscht, was nichts anderes bedeutete, daß er, der neu Sehende, sich selber auch unverfälscht sehen wollte. Sofern so etwas überhaupt möglich ist. Schließlich war er der Meinung, daß man nicht ständig suchen muß, um sich zu finden; man hat sich, und die Entdeckungsreise, die ins eigene Selbst führt, ist ein Abenteuer, das sich ständig ergibt, wenn man die Aufmerksamkeit, das Wissen und die Neugier dafür besitzt. Jede Minute, jede Stunde, eigentlich immer, entfaltet sich dieses Abenteuer, es beginnt und endet mit jedem Augenblick, der einem gegeben wird. Ihm kam vor, als würde die Welt eigens für ihn ausgebreitet. Neu. So viel strömte da auf ihn ein, daß er entgegen seiner ersten Absicht doch irgendwie mitschreiben mußte: Er begann mit einem Reisetagebuch, von dem er die einzelnen Abschnitte der Frau von Stein per Post zukommen ließ; dabei sah er sie vor sich, wie sie las, mit gerunzelter Stirn, jetzt wieder schmallippig, erzürnt, beleidigt, daß er sich von ihr abgesetzt hatte und ihr, zu allem Überfluß und so, als sei ja eigentlich gar nichts Entscheidendes vorgefallen, muntere Reisebeschreibungen schickte, deren Botschaft, für sie, vor allem eines besagte: Ich bin glücklicher allein, ich brauche dich allenfalls aus der Ferne.

Hatte er deswegen ein schlechtes Gewissen? Kaum. Er folgte ja nur einer inneren Notwendigkeit, die nun, nach langer Vorbereitung, ihr Recht verlangte. Er durfte keine Rücksichten mehr nehmen, im wahrsten Sinne des Wortes; kein Blick mehr zurück, die Vergangenheit interessierte nicht, denn die Zukunft, von der er inständig annahm, daß sie viel, wenn nicht gar: alles, mit sich machen ließ, wartete. Über Regensburg, München erreichte er den Brenner, dann ging es hinunter zum Gardasee, der wie ein Juwel in der Sonne lag, langgestreckt, blaugrün, begrenzt vom ebenmäßigen Bergmassiv des Monte Baldo. Das Juwel hatte einen Sprung, einen schmalen Riß irgendwo in der Mitte; dort, wo zwei Wasserlinien aufeinanderstießen, verfingen sich die allgegenwärtigen Sonnenstrahlen und warfen ein stetiges Blinken an Land. Zunächst war das Licht noch heller gewesen als erwartet, die Augen schmerzten. Dann gewöhnte er sich daran. An seinem vierten Tag in Italien war es morgens ausnahmsweise trübe, ein feiner Nieselregen ging nieder. Ja, wo sind wir denn hier, dachte er frohgemut, etwa in Weimar? Die deutschen Lande rückten, trotz dieses zunächst einmaligen Versehens im Wetter, nicht näher, sie blieben weit weg; fast hätte man sie inzwischen für Fabellande halten können, die sich ein übellauniger Weltenschöpfer einst ausgedacht hatte, um ein Spielzeug für seine gewohnte Mißmutigkeit zu haben. Über Verona, Padua, Vicenza erreichte er Venedig, es war der Herbst 1786. In der Lagunenstadt streifte er umher wie ein Fremder, der es verlernt hat, fremd zu sein. An jeder Ecke, an jedem Bauwerk, an jedem Kanal wurde er daran erinnert, daß er sich zwar bislang als ein Mann für alle Fälle betätigt hatte, aber eigentlich doch nur Künstler war. Ein Künstler des Wortes, ein Maler, der sich dem Licht ergab wie ein Liebender, dem es nicht mehr darauf ankommen kann, wiedergeliebt zu werden. Eine milde Herbstsonne stand über Venedig, die unzähligen Wasserstraßen glitzerten. Hatten die Menschen nicht auch ein anderes Gesicht, in diesem lichtdurchlässigen Land? Fröhlicher waren sie, lauter; sie lebten in der Helle, aus der auch die Leichtigkeit kam. Einzig die Gondolieri übertrieben es ein wenig; unentwegt sangen sie oder glaubten sie, singen zu müssen, und dabei konnte man feststellen, daß sich nicht jeder auf die Sangeskünste verstand. Manche grölten mehr, als daß sie wirklich sangen; nun ja. Man mußte ihnen ein Trinkgeld geben und sie bitten, Ruhe zu bewahren. Venedig war großartig, gewiß, aber auch eng; auf den Kanälen kam man voran, an Land hingegen trat man sich schon mal auf die Füße. Leider. Und besonders sauber war Venedig auch nicht; vielleicht lag es daran, daß es entschieden zu viele Hunde hatte. Und dumm vor sich hin gurrende Tauben, dazu Möwen, die ihren Kot, wenn ihnen danach war, im Sturzflug absetzten. Manchmal, im flirrenden Licht, schwang er sich auf, ging im Geist in die Lüfte, schaute hinab auf das Gewimmel von Vögeln, Menschen, Hunden, von Wasserstraßen, Brücken, Gassen, von Palästen, Kirchen und Hütten: *O meine Liebe, was ist das Größte des Menschentums und -treibens*, schrieb er an die Frau von Stein, *daß alles das dem Künstler Gelegenheit gibt, zu zeigen, was in ihm ist, und unbekannte Harmonien aus den Tiefen der Existenz an das Tageslicht zu bringen.*

Er blinzelte in die Sonne, war er etwa eingenickt? Um ihn herum schwirrten Stimmen, man sprach italienisch, französisch, englisch, die feine Welt kam gerne nach Venedig. Eine junge Dame, der ein etwas vierschrötiger Herr den Sonnenschirm hielt, ging an ihm vorbei; sie warf ihm einen Blick zu, bei dem er sich etwas denken konnte. Wenn er denn wollte. Er wollte aber nicht. Die Liebe paßte nicht in seine Gedankenspiele, obwohl Venedig doch gerade als Stadt der Liebenden galt und man genügend Paare sah, die sich, ein wenig selbstverliebt allesamt, nur zu zeigen schienen, damit ihnen selbst und dem Ruf der Stadt entsprochen wurde. Unter seinem rechten Fuß spürte er eine weiche Masse, und noch ehe er das Unglück in Augenschein nehmen durfte, roch er es, überdeutlich. Scheiße, sagte er. Scheiße. Zwei Männer, die ihm bekannt vorkamen, blieben stehen; sie stießen sich an, deuteten auf seine Schuhe, lachten. Er ging weiter, zog dabei sein rechtes Bein nach. An einer Ecke, etwas zurückversetzt zwischen zwei Hauseingängen, fand er, was er suchte, ein Stück Gehweg, aus dem das Unkraut wuchs; er benutzte es zur Reinigung. Von oben herab bellte ein Köter. Schnauze, rief er. Während er mit dem lädierten Schuh in den Büscheln auf und ab fuhr, verstärkte sich der Gestank, der sich zuvor noch vergleichsweise unaufdringlich an ihn gelegt hatte. Noch ehe sich das Schreckensbildnis seiner Jugend, der hilflose Bub über den Scheißhaufen gebeugt, wieder in ihm festsetzen konnte, riß er sich los und ging weiter; seine Nasenflügel zitterten. Es wurde Zeit, daß er Venedig verließ.

Am 29. Oktober 1786 traf er in Rom ein, und nun, so dachte er sofort, war er endlich im Herzen der Welt. Dieses Herz, obwohl uralt und von den Geschichtsschreibern eigentlich für tot erklärt, schlug immer noch; es war ein geheimes, an versunkne Tage gemahnendes Pochen, in den, schon nach kurzer Zeit, der Klang seines eigenen Herzens mit einstimmte. In dieser Stadt fühlte er sich zu Hause, er war nie weg gewesen, er hatte sich nicht eigens hierherbemüht, er war schon immer da – einer unter vielen, ein Mensch, den man kannte, aber nicht kennen mußte; sein Name tat nichts zur Sache. Er wohnte in einer kleinen Künstlerkolonie unter Malern und Dichtern. Man nahm ihn freundlich auf, er gehörte dazu. Die Zeit, die jetzt nur noch seine Zeit war, verging wie im Flug. Er zeichnete, schrieb, er besichtigte und bestaunte; in Rom gab es so viel zu sehen, daß man in leise Resignation verfallen konnte. So viel war ja bereits geleistet worden, von den alten Baumeistern, Malern, den Dichtern mit ihren unauslöschbaren Namen; wartete die Welt da noch auf einen wie ihn? Sie wartete; sein Selbstbewußtsein hatte nicht gelitten, im Gegenteil: in Rom wurde es, wie in einer stillen und doch leidenschaftlichen Liebeskur, neu geformt und zu einer noch umfassenderen Waffe umgeschmiedet. Apropos Liebe: Sie kam denn doch noch über ihn, gerade dann, als er sie nicht erwartete. Eine junge Dame, die, wie er später erfuhr, nicht den allerbesten Ruf hatte, ließ sich auf ihn ein, sie ergab sich seinen Wünschen, die sie aus ihm hervorlockte; mit beispiellosem Geschick. Faustina hieß sie, vielleicht war das auch nur ihr Künstlername, denn eine Künstlerin war sie – auf ihrem Gebiet. Daß die Liebe auch eine andere Seite, eine körperliche, nur auf sinnliche Leidenschaft versessene Seite besaß, hatte er zuvor allenfalls geahnt, nun wurde es ihm leibhaftig vorgeführt. Er wußte nicht, was er davon halten sollte, war verwirrt und verlegen. Es schien ihm, als stünde er neben sich, ein Beobachter seiner selbst, dem man, als eine endgültige Form spät angesetzter Aufklärung, die dunklen, die ganz und gar unberechenbaren Seiten seiner Existenz präsentierte. Dann spürte er Faustina neben sich, er fühlte ihre Haut, ihre Haare, er atmete ihren Duft. Keine Fragen stellte sie, sie war eingeschlafen, mit einem wissenden Lächeln im Gesicht, und jetzt – war er glücklich. Am nächsten Morgen rief er sich zur Ordnung; er war ja nicht nach Rom gekommen, um die Techniken der körperlichen Liebe zu lernen. Er stellte sich die Frau von Stein vor, wie sie an einem Weimarer Morgen, über den es nichts, aber auch gar nichts zu sagen gab, allein ihr Frühstück einnahm; sie sah dabei wie die Erfinderin der schlechten Laune aus. In ihrem Kopf, stellte er sich vor, galoppierte der Oberstallmeister von Stein im Kreise herum, was seine Art der Mitwirkung an ihren ständig wiederkehrenden Kopfschmerzen war, und tatsächlich gab es, an einem solchen, höchst entbehrlichen Morgen, ja kaum etwas, was sie aufzuheitern vermocht hätte; der Freund hatte sie verlassen und vergnügte sich, nun so lange schon, anderswo und anderweitig. Da kam dann, in Maßen, das Schuldbewußtsein auf, das er brauchte, um nicht zu sehr und vor allem: nicht zu eindeutig an Faustina und ihre besonderen Qualitäten zu denken.

Er nahm das Leben als Erkenntnisprogramm, das er sich neu erarbeiten mußte. Bis jetzt hatte er den inneren Stimmen vertraut, die in ihm waren und manch grandiose Solopartie zuwege brachten; er brauchte nur zu lauschen, genauestens hinzuhören und aufzuschreiben, was sich ihm anbot. Nun, da die Zeit keine besondere Rolle mehr spielte, weil sie einfach da war, unteilbar, ein ihm übereignetes Geschenk, nun mußte er sich mit allen Sinnen von innen nach außen wenden. Wie zum allerersten Mal sollte er sehen, fühlen, schmecken, riechen – und dann sein Wissen-von-sich darüberlegen, um das Gewonnene zu sichern, zu schützen und in eine Gärung zu bringen, die zurückführte in seinen allerpersönlichsten Bezirk. So brachte er die Welt in Form, so entdeckte er sich selbst wie ein Weltengänger, den seine Erfahrungen nicht daran hindern, neugierig zu sein und neugierig zu bleiben. Es gab keinen Stillstand, es gab nur einen fortwährenden Aufbruch, der nichts anderes als ein lebenslanges Abenteuer bedeuten konnte, gespielt und dargeboten auf der Bühne der Welt, und er selbst war Autor, Hauptdarsteller, Regisseur, aber auch Kleinkomiker, Knallcharge und Bühnenbildner; alles in einer Person. *Es ist nichts groß als das Wahre, und das kleinste Wahre ist groß*, notierte er. *Ich kam neulich auf einen Gedanken, der mich sagen ließ: Auch eine schädliche Wahrheit ist nützlich, weil sie nur Augenblicke schädlich sein kann und alsdann zu andern Wahrheiten führt, die immer nützlich und sehr nützlich werden müssen, und umgekehrt ist ein nützlicher Irrtum schädlich, weil er es nur augenblicklich sein kann und in andre Irrtümer verleitet, die immer schädlicher werden. Es versteht sich dieses im großen Ganzen der Menschheit betrachtet.*

Ja, er war nun soweit, daß er sich vom Kleinen zum Großen hinaufbewegte, Schritt für Schritt. Seine Sinne, die ihm geschärft wie nie vorkamen, lieferten ihm das Material, mit dem er nach neuen Gesichtspunkten umging: Nicht mehr der Geniestreich zählte, der blendende Einfall, der Zugriff des kaum zu bändigenden Talents, sondern das Bleibende, das Wesen hinter den Erscheinungen, das Ideale im Realen, die Form, die den Stoff prägt, so daß es das Besondere gibt, das Besondere im Allgemeinen, das gegen die

Vergänglichkeit seinen beharrenden Stand in der Zeit finden muß. Das Individuum zählte noch, auch die einzelnen Dinge, aber sie mußten sich nunmehr vor einer höheren Instanz, einem übergreifenden Ganzen beweisen. Damit war natürlich, und nicht zuletzt, auch er selbst gemeint; in Rom lernte er, sich nicht mehr so wichtig zu nehmen und gerade dadurch die eigenen Möglichkeiten besser zu begreifen. *Ich lebe nun hier mit einer Klarheit und Ruhe, von der ich lange kein Gefühl hatte*, schrieb er nach Weimar. *Meine Übung, alle Dinge wie sie sind zu sehen und abzulesen, meine Treue, das Auge licht sein zu lassen, meine völlige Entäußerung von aller Prätention kommen mir recht zustatten und machen mich im stillen höchst glücklich. Alle Tage ein neuer merkwürdiger Gegenstand, täglich frische, große, seltsame Bilder und ein Ganzes, das man sich lange denkt und träumt, nie mit der Einbildungskraft erreicht ... Kehr ich nun in mich selbst zurück, wie man doch so gern tut bei jeder Gelegenheit, so entdecke ich ein Gefühl, das mich unendlich freut, ja das ich sogar auszusprechen wage. Wer sich mit Ernst hier umsieht und Augen hat zu sehen, muß solid werden, er muß einen Begriff von Solidität fassen, der ihm nie so lebendig ward.*

Solide also war er geworden, was für ihn bedeutete, daß er jetzt, endgültig, zu wissen glaubte, worauf es für ihn im Leben ankam. Am Horizont seiner Erwartungen, der bislang mal farbenprächtig bunt, mal tot und leer oder ein schwarzwogendes Wolkenmeer gewesen war, zeichneten sich klare Konturen ab, deutlich sichtbare, fein geformte Linien, die dem Himmel angehörten und doch so nah über der Erde verblieben, daß man stets erkennen konnte, wie sehr sie den Gestalten des Lebens nachempfunden waren. Und doch: Hieß Solidität nicht auch, daß man sich womöglich auf dem

Weg ins Gesetzte, in die Sitzzonen des Langweiligen befand? Hatte der jetzt erreichte Erkenntnisstand, der ihn stolz und *im stillen glücklich* machte, nicht auch mit seinem fortgeschrittenen Alter zu tun, das sich von der Jugend, ob er's nun wahrhaben wollte oder nicht, immer mehr entfernte? Darüber mochte er nicht nachdenken, zumal da er das Gefühl hatte, daß sich diese Fragen wieder, früh genug, für ihn stellen würden, in anderer, vertrauter dunkler, manchmal fast schon vergessener Umgebung. Er mußte nämlich zurück, das hatte er inzwischen für sich entschieden. Die Entscheidung war ihm nicht leichtgefallen; eigentlich sprach ja kaum etwas dafür, die Heimreise anzutreten. Erwartete man ihn denn in Weimar, brauchte man ihn, weil es ohne ihn nicht mehr ging? Das Gegenteil schien der Fall zu sein; die Nachrichten, die er erhielt, sprachen davon, daß alles in Ordnung sei – jeder Mensch ist zu ersetzen, sollten sie ihm wohl sagen, und er möge sich, mit Verlaub, nicht für bedeutender halten, als er war. Das verstand er, zumal er sich diese Meinung ja gerade zu eigen gemacht hatte: der Mensch ist wertvoll, aber so wertvoll, daß nicht auch andere an seine Stelle treten könnten – so wertvoll ist er nicht. Die Frau von Stein hatte ihm zudem bedeutet, daß er sich auch auf die private Seite seines Wirkens nicht allzuviel einzubilden brauche, auch da könne gegebenenfalls Ersatz geschaffen werden. An Verrätern des Herzens bestehe für sie kein Bedarf, und was den Seelenschmerz angehe, der ihr zugefügt worden sei, so dürfe man denselben nicht ignorieren und einfach zur Tagesordnung übergehen. Es sei denn –. Ja, das sollte dann wohl der Fingerzeig für ihn sein: Wenn er reumütig, sehr reumütig zurückkehre und dort wieder Platz nehme, wo er hingehöre, auf der Ruhestatt zu ihren Füßen, dann ließe sich, unter Umständen, an eine vorsichtige Wiederaufnahme ihrer Beziehungen denken. So verstand er sie, obwohl sie sich eher noch gewundener ausgedrückt hatte, und – es ärgerte ihn. Am liebsten hätte er sich gleich, auf der Stelle erklärt und den Weimarern eine offizielle Mitteilung zukommen lassen: Bleibt ihr, wo ihr seid, und ich bleibe, wo ich bin. Die Sonne, dazu ein warmer Wind, der ihm über die Haut strich, bestärkten ihn; in Weimar saßen zur gleichen Zeit die Spießbürger an ihren stinkenden Öfen, pflegten ihre Gebrechen und ließen sich neue Gehässigkeiten für ihre Mitmenschen einfallen. Aber dann dachte er, daß es ja noch andere Weimarer gab, allen voran der Herzog, der sich unglaublich verständnisvoll gezeigt hatte. Kein böses Wort war von ihm gekommen, kein Vorwurf, keine Zurechtweisung. Er hätte ja auch beleidigt sein können, daß sich der Mann, für den er so viel getan hatte, sein lieber Goethe, in einer Nacht-und-Nebel-Aktion aus dem Staub machte; andere hatten das immerhin als eine Art Fahnenflucht, zumindest aber als grobe Undankbarkeit, ausgelegt. Nicht so der Herzog. Er verstand wohl, daß es dabei um ein Selbstfindungs-Abenteuer ging, dem nicht zu widerstehen gewesen war. Nun ging dieses Abenteuer zu Ende, und man mußte zeigen, wie man zueinander stand. Er, der Herzog, sei bereit dazu, er freue sich, wenn die in Italien erworbenen Erkenntnissen nach Weimar gelangten und sich dort auch für andere als gewinnbringend erweisen würden. Goethe, der zuvor in einem Brief vorsichtig angefragt hatte, ob sich Karl August vorstellen könne, ihn in etwas eingeschränkterer Form zu beschäftigen, vielleicht mehr mit Blick auf die schönen Künste als auf die Realpolitik, war gerührt. Einen so großzügigen Menschen konnte, nein, durfte er nicht im Stich lassen, das wäre mit seinem Gewissen nicht zu vereinbaren gewesen. *Ich darf wohl sagen*, schrieb er an seinen Herzog, *ich habe mich in dieser anderthalbjährigen Einsamkeit selbst wiedergefunden; aber als was? – Als Künstler! Was ich sonst noch bin, werden Sie beurteilen und nutzen. Sie haben durch Ihr fortdauerndes wirkendes Leben jene fürstliche Kenntnis, wozu die Menschen zu brauchen sind, immer mehr erweitert und geschärft, wie mir jeder Ihrer Briefe deutlich sehen läßt; dieser Beurteilung unterwerfe ich mich gern. Nehmen Sie mich als Gast auf, lassen Sie mich an Ihrer Seite das ganze Maß meiner Existenz ausfüllen und des Lebens genießen; so wird meine Kraft, wie eine nun geöffnete, gesammelte, gereinigte Quelle von einer Höhe, nach Ihrem Willen leicht dahin oder dorthin zu leiten sein. Ihre Gesinnungen, die Sie mir vorläufig in Ihrem Briefe zu erkennen geben, sind so schön und für mich bis zur Beschämung ehrenvoll. Ich kann nur sagen: Herr, hier bin ich, mache aus deinem Knecht, was du willst.*

Das war vielleicht etwas übertrieben, aber tatsächlich ging ihm das Herz über, wenn er an den Herzog dachte. Er selbst, das wußte er, hätte eine solche Großzügigkeit nie und nimmer aufgebracht; ein Goethe war nachtragend, im Guten wie im Schlechten. Wäre er der Herzog gewesen – er hätte sich ein solches Verhalten nicht bieten lassen. Goethe wäre für ihn gestorben gewesen; unwiderruflich. Nun ja. Er wischte sich ein Tränchen aus den Augen. Noch lebte er, aber jetzt, da auf seinen eigenen Wunsch die Heimreise anzutreten war, kam es ihm schon so vor, als ob sich unsichtbare Diebe an seinem Gepäck zu schaffen machen wollten; nicht um die paar Gegenstände, die er dabeihatte, ging es ihnen, sondern um das, was er im Kopf aus Italien mitbrachte, um seine Pläne, Einsichten, Gedanken, um seinen grundlegenden Wunsch, zum Formvollendeten zu werden und sich im Spiegel der Welt, *mehr und immer mehr*, anzuschauen und wiederzufinden. Darauf hatten es die unsichtbaren Diebe, hochgebildete Gauner allesamt, abgesehen; man konnte fast meinen, daß er sie selbst auf sich angesetzt hatte. Je weiter er sich nämlich entfernte von Italien, das bald nur noch hinter wolkenumzogenen, schneebedeckten Bergen zu vermuten war, desto mut- und lustloser wurde er. Die Zukunft erschien ihm wie ein verhangenes Gemälde, das mit den Farben der Vergangenheit gemalt war; daheim, in Weimar, würde es enthüllt, und man sah, was zu sehen war, Altbekanntes, das keine Überraschungen mehr bot. Keine Überraschungen hatte auch das Wetter zu bieten: Es begann zu regnen, ein schwächlicher, auf- und abschwellender Regen, dem Pinkeln eines alten Mannes ähnlich. Sommer war's, angeblich, ein deutscher Sommer. Im Hessischen hatten die Kutscher gewechselt, jetzt saßen oben auf dem Bock zwei verkorkste Gestalten, beide angetrunken, beide vermutlich ehemalige Nachtwächter, die mit blödsinnig verklärter Miene mißtönend zum deutschhessischen Himmel emporgrölten, der wie ein Grabtuch über ihnen ausgespannt war. Für einen Moment, einen einzigen, eigenartig gedehnten Moment, der ihm einen Stich ins Herz gab, fühlte er sich wieder daheim; hier bin ich wieder, euer Gefangener stellt sich freiwillig, dachte er. Er tut, was er tun muß, er – kann nicht anders!

Am 18. Juni 1788 fuhren sie in Weimar ein. Es war gegen zehn Uhr abends, ein prächtiger roter Mond stand am Himmel, der zuletzt rasend schnell aufgeklart war; weg mit den Wolken, dem Dunst, weg mit den trüben Gedanken. Nein. Die waren noch da, paßten sich jedoch dem milden, nah an die Gegenstände heranreichenden Licht an. Weimar schlief, so schien es; wenn man lange und angestrengt genug gelauscht hätte, hätte man ein kollektives Schnarchen ausmachen können. Zu Hause wurde er von Seidel begrüßt, der sich Mühe gab, eine gewisse Freude zu zeigen; andererseits war ihm deutlich anzusehen, daß er die Zeit des Alleinseins und seine Rolle als stellvertretender Hausherr durchaus genossen hatte. Goethe ging auf sein Zimmer. Er trat in einen vom roten Mond erhellten Raum. Als er in den Spiegel schaute, den eine besondere Gloriole, eine Art putziger Heiligenschein, umgab, sah er einen Mann, einen Goethe unschätzbaren Alters, der sich, obwohl sein Gegenüber keine Bewegung, keinen Mucks tat, sehr langsam und unaufgefordert veränderte; er blies sich auf, wurde unmerklich breiter, man konnte auch sagen: dicker, schließlich sah er aus wie ein Denkmal, sein eigenes Denkmal, und er brauchte nur noch darauf zu warten, daß die Hunde an ihm ihr Bein heben würden – oder die Tauben ihn im Fluge beschissen.

Kann man sagen, daß mit Goethes Rückkehr nach Weimar seine Jugend, zum zweiten- oder drittenmal, endete? Er entschied sich für die Pflicht, für das Ausharren, für die Verabschiedung des Grellen und Störenden. Das rauschende Fest, das er in jungen Jahren mit sich und dem Leben gefeiert hatte, wurde für beendet erklärt; ab jetzt ging es um die Idealisierung der Welt mit den Mitteln der Poesie, was nicht bedeutete, daß er die Realität aus dem Blick verloren hätte. Im Gegenteil. An Wirklichkeitssinn ließ er sich, nach wie vor, nicht übertreffen; gerade deswegen brauchte die Realität ihr Gegengewicht, das den unmittelbaren Zeiten enthobene Formbewußte und Schöne. Die Jugend blieb zurück, das ist nichts Außergewöhnliches; sie wird, wenn man einigermaßen Glück hat, zur wunderbaren Erinnerung. Anders scheint es nicht zu gehen, die Menschen werden alt und älter, Jugend läßt sich oft nur in albernen Kraftakten, mit Manövern des Liftens und künstlichen Konservierens, zum einstweiligen Bleiben überreden; diejenigen, die dabei mitmischen, wirken allerdings oft nur wie lächerliche, sich selbst karikierende Figuren. Im Falle Goethes läßt sich jedoch zumindest eine Überlegung wagen: Was wäre gewesen, wenn er sich nicht hätte wieder einspannen lassen, wenn er nicht zurückgekehrt und statt dessen unter südlicher Sonne geblieben wäre, ein Mann, frei und heiter und seiner selbst in einer Weise bewußt, die an das großartige Programm der Jugend erinnert, das keine kleinlichen Überlegungen, keine entbehrlichen Bedenken will, sondern den großen, Glück und Verstehen gewährenden Wurf? Es lohnt vielleicht, darüber nachzudenken; es lohnt auch im Blick auf das eigene Leben, in dem ähnliche, in unsere Zukunft hineinreichende Erfahrungen vorbereitet werden und – zur Entscheidung anstehen.

Goethe hat sich in Weimar nur mühsam wieder zurechtgefunden, aber dann, so als sollten lästige Zweifel endgültig verscheucht werden, hat er sich richtig breitgemacht. Das Bild, das er bei seiner Rückkehr sah, sein eigenes Denkmal im Spiegel, wurde bestimmend für sein weiteres Leben. Man ließ ihn nämlich nicht mehr entkommen, der frühere Ruhm holte ihn ein und legte alsbald unsichtbare Mauern um ihn. Im Grunde konnte er nicht anders, als sich vereinnahmen zu lassen und, der ihm zugeschriebenen Bedeutung gemäß, ein wenig selbstgefällig zu werden. Diese Tendenz, angelegt in seiner unmittelbaren Umgebung und bestätigt durch sein

Naturell, konnte sich entfalten und hinziehen in einem beeindruckend lange währenden Leben, in dem er viele Zeitgenossen, zu viele, wie er manchmal fand, überlebte.

Goethe führte eine Existenz vor, in der er die Zeit, die ihm zur Verfügung stand, vollkommen nutzte; von seiner Neugier aufs Leben, auf die Möglichkeiten des Wissens und Nichtwissens, ließ er sich auch im Älterwerden nichts mehr abhandeln. Er betätigte sich als Theater- und Bergbaudirektor, er war Dichter und Naturwissenschaftler, ein Universalist, der einige Sekretäre beschäftigte, denen er seine Erkenntnisse, seine Briefe, auch seine Poesien zu diktieren pflegte; von eigener Hand schreiben mochte er nicht mehr. Der Naturforschung, der er sich widmete, sprach er besondere Bedeutung zu. Stolz war er auf seine Theorie der Urpflanze, die darin gründet, daß *man sich alle Pflanzengestalten vielleicht aus einer entwickeln könne,* denn *woran würde ich sonst erkennen, daß dieses oder jenes Gebilde eine Pflanze sei, wenn sie nicht alle nach einem Muster gebildet wären.* Noch stolzer war er auf seine Farbenlehre, mit der er zum privaten Feldzug gegen den anerkannten Physiker seiner Zeit, gegen Isaac Newton, antrat. Dabei ging es um das Wesen des Lichts, um die Natur des Sehens, die für Goethe in einer einheitlichen Verbindung standen. Das Licht war für ihn unteilbar, es ist das eine, überfließende Medium, an dem der Mensch, so als hätte ihm damit ein Geschenk von oben, aus dem Ursprung des Lichts, überreicht werden sollen, teilhaben darf: *Das Auge hat sein Dasein dem Licht zu danken. Aus gleichgültigen tierischen Hilfsorganen ruft sich das Licht ein Organ hervor, das seinesgleichen werde, und so bildet sich das Auge am Lichte fürs Licht ... Wär nicht das Auge sonnenhaft, wie könnten wir das Licht erblicken?* Erblicken allerdings kann der Mensch das Licht nicht in seiner ganzen überfließenden Fülle, es ist zu stark für ihn, blendet ihn, wenn er direkt in die Sonne schaut; ihm bleiben die Bilder des Lichts, die er sich selber schafft. In Goethes berühmtester Dichtung, dem *Faust*, läßt sich sein Held, dem es darum geht, *daß er erkenne, was die Welt / im Innersten zusammenhält*, an einem Wasserfall nieder, aus dessen Gischt sich auf einmal ein Regenbogen erhebt; an ihm kann er das Wesen des Lichts ablesen, das sich zum Sehen und Gesehenwerden anverwandelt:

So bleibe denn die Sonne mir im Rücken! / Der Wassersturz, das Felsenriff durchbrausend, / Ihn schau' ich an mit wachsendem Entzücken. / Von Sturz zu Stürzen wälzt er jetzt in tausend, / Dann abertausend Strömen sich ergießend, / Hoch in die Lüfte Schaum an Schäume sausend. / Allein wie herrlich, diesem Strom ersprießend, / Wölbt sich des bunten Bogens Wechseldauer, / Bald rein gezeichnet, bald in Luft zerfließend, / Umher verbreitend duftig-kühle Schauer. / Der spiegelt ab das menschliche Bestreben. / Ihm sinne nach, und du begreifst genauer: / Am farbigen Abglanz haben wir das Leben.

Als Naturwissenschaftler wurde ihm nicht die Anerkennung zuteil, die er verdient zu haben glaubte. Man verwies auf seine Verdienste als Dichter, empfahl ihm damit indirekt, bei seinem Geschäft zu bleiben; das fuchste ihn. Kritikern gegenüber war er ausgesprochen empfindlich; wenn er dann noch den Eindruck bekam, daß man herablassend mit ihm umging, legte er spürbare Kühle in sein Verhalten. Er sah durch die ihm lästigen Gestalten hindurch oder würdigte sie keines Blickes; zudem konnte er schweigen, selbst wenn man krampfhaft versuchte, ihn in ein Gespräch zu verwickeln. Eine besondere Aura legte sich um ihn, die den Mustern des Ruhmes antwortete, von denen seine Existenz als

Dichter und Denker, als Staatsmann und Persönlichkeit des öffentlichen Interesses gekennzeichnet war. Gegen diese Muster, die ihm, ohne daß er es noch merkte, seine wesentlichen Verhaltensweisen vorgaben, setzte er sich schließlich nicht mehr zur Wehr: Er paßte sich den Erwartungen an, die sich an ihn knüpften, er lebte seinem Ruf entsprechend, der es ihm gestattete, sich geradezu behäbig auf allen seinen Besonderheiten und Genialitäten hinzulagern. Das Denkmal, das er geworden war, stand mitten in bewegter Zeit; daß es für einen immer noch und noch lange lebenden Menschen stand, rückte aus dem Blickpunkt des Interesses.

Besonderes Interesse fand in Weimar allerdings sein Verhältnis mit Christiane Vulpius, einer jungen Blumenbinderin, die zu seiner Geliebten wurde. Der geadelte Herr Geheimrat und das einfache Mädchen aus dem Volk – das war eine Liaison so recht nach dem Herzen aller gehobenen Klatschbasen. Man zerriß sich die Mäuler, zumal da Goethe keine Anstalten machte, die Beziehung zu verbergen. Er dachte auch nicht daran, Christiane zu heiraten, sondern lebte zunächst einfach so mit ihr zusammen, was für die damalige Zeit und ihre engen Moralbegriffe ebenso dreist wie mutig war. Christiane erwies sich als Lebensgefährtin, die zu Goethe paßte, obwohl gerade das von den Spöttern und Neidern bestritten wurde: Sie liebte ihn, sie sah zu ihm auf, sie ließ ihn in Ruhe, wenn er, was oft der Fall war, in Ruhe gelassen werden wollte; schließlich stand sie seinen Liebeswünschen in einer Art und Weise zur Verfügung, die er von anderen, zumeist doch arg tugendhaften Herzensdamen nicht kannte. Christiane zierte sich nicht, sie hatte Spaß an der Liebe und keine Scheu, ihre eigenen Begehrlichkeiten zum Ausdruck zu bringen – auch das sehr ungewöhnlich in einer Zeit, die von den Frauen Zurückhaltung und die bedingungslose Hingabe an männliche Wünsche erwartete. Von den fünf Kindern, die Christiane mit Goethe hatte, überlebte nur der 1789 geborene Sohn August, der aus dem Schatten des berühmten Vaters nie recht herausfand und zu einer unglücklichen Figur wurde. August, unter der Obhut trinkfester Eltern aufgewachsen, trank mehr, als ihm guttat; er starb einundvierzigjährig auf einer Italienreise.

Schließlich hat Goethe seine Christiane doch noch geheiratet, es war dies so etwas wie der offiziell und mit Urkunde abgestattete Dank für eine an die achtzehn Jahre währende Lebens- und Liebesgemeinschaft. Christiane starb am 6. Juni 1816 unter erbärmlichen Schmerzen; er hat um sie getrauert: *Du versuchst, o Sonne, vergebens, / Durch die düstren Wolken zu scheinen! / Der ganze Gewinn meines Lebens / Ist, ihren Verlust zu beweinen.* Und er fügte hinzu: *So laßt mir das Gedächtnis / Als fröhliches Vermächtnis,* aus dem ihm schließlich eine Eigenschaft seiner Frau besonders in Erinnerung blieb: ihre Fähigkeit, das eigene Glück an seiner Zufriedenheit auszurichten und ihm tatsächlich so wunschgemäß zu sein, wie er es, eher scherzhaft, einmal für sie beide aufgeschrieben hatte: *Ich wünsche mir eine hübsche Frau / Die nicht alles nähme gar zu genau, / Doch aber zugleich am besten verstände / Wie ich mich selbst am besten befände.*

So verlief Goethes Leben in geordneten Bahnen. Ausnahmen bestätigten die Regel – etwa als er auf Seiten Preußens und Österreichs an einem erfolglosen Feldzug gegen die französischen Revolutionsheere teilnehmen mußte. Er tat dies ohne eigentliches Interesse am politischen Geschehen, sondern seinem Herzog zu Gefallen, der ein preußisches Regiment befehligen durfte; endlich konnte Karl August einmal Ernst machen und das Kriegsspielzeug, mit dem er schon immer gerne hantiert hatte, in aller Öffentlichkeit vorführen. Goethe nahm an diesen Bemühungen als wachsamer Beobachter teil, der sich allerdings mehr für Lichtphänomene und das Verhalten der Menschen in Extremsituationen als für Schlachtenglück oder politische Flurbereinigungen interessierte. Er schrieb darüber ein Buch mit dem Titel *Campagne in Frankreich*, das erst 1822 erschien. In ihm berichtet er auch darüber, wie er sich ganz allein, und anscheinend ausgestattet mit der beruhigenden Gewißheit, daß einem wie ihm nichts passieren kann, in die vorderste Linie begibt, um den Kanonendonner und das Vorbeizischen der Geschosse leibhaftig studieren zu können: *Ich war nun vollkommen in die Region gelangt, wo die Kugeln herüberspielten; der Ton ist wundersam genug, als wär' er zusammengesetzt aus dem Brummen des Kreisels, dem Butteln des Wassers und dem Pfeifen eines Vogels ... Es schien, als wäre man an einem sehr heißen Orte, und zugleich von derselben Hitze völlig durchdrungen, so daß man sich mit demselben Element, in welchem man sich befindet, vollkommen gleich fühlt ... Von Bewegung des Blutes habe ich nichts bemerken können, sondern mir schien vielmehr alles in jener Glut verschlungen zu sein ... Bemerkenswert bleibt es indessen, daß jenes gräßlich Bängliche nur durch die Ohren zu uns gebracht wird; denn der Kanonendonner, das Heulen, Pfeifen, Schmettern der Kugeln durch die Luft ist doch eigentlich Ursache an diesen Empfindungen.*

Eine Ausnahme von der Regel des geordneten Lebens bedeutete auch die Besetzung Weimars durch die Franzosen im Jahre 1806. Da wurde es ungemütlich, aber nicht so, daß man sich tiefer greifende Sorgen machen mußte. Goethe hatte in seinem Haus die Einquartierung französischer Soldaten hinzunehmen, er tat es zähneknirschend und mit stiller Empörung. Daß es dabei noch halbwegs zivilisiert zuging, dafür sorgte seine Christiane, die dem Dichter das Unangenehme abnahm und sich sogar einmal schützend vor ihn gestellt haben soll, als zwei betrunkene Offiziere handgreiflich werden wollten. Kurz darauf faßte er dann den Entschluß, sie zu heiraten, nach langen Jahren einer sogenannten wilden Ehe: *Ich will meine kleine Freundin, die so viel an mir getan und auch diese Stunden der Prüfung mit mir durchlebte, völlig und bürgerlich anerkennen, als die Meine.* Ansonsten zeigte er sich nicht sonderlich betrübt darüber, daß Deutschland, jenes kraftlose, aus so vielen Kleinstaaten zusammengestückelte Gebilde, dem Nachbarn Frankreich unterlegen war; er sah die großen geschichtlichen Verlaufslinien, die hinter dem politischen Tagesbetrieb aufleuchteten. Napoleon bewunderte er; er verkörperte für ihn die reine Tatkraft, die sich das passende Individuum sucht, um den Stillstand zu überwinden und den Weg zu ebnen in eine neue Epoche. Da paßte es, daß eben dieser Napoleon ihn im Jahre 1808 in Erfurt empfing; er kannte Goethe, hielt ihn für einen der berühmtesten Deutschen und hatte sogar, wie es hieß, den *Werther durch und durch studiert.* An Napoleon imponierte ihm zudem, daß er als Überwinder der Französischen Revolution angetreten war und zugleich ihre besten Errungenschaften bewahren wollte, mit denen Goethe allerdings nie so recht etwas anfangen konnte; er mochte keine Gewaltsamkeiten, keine Willkür, kein Chaos, und je älter er wurde, desto mehr legte er Wert auf geordnete Verhältnisse: *Weil ich nun aber die Revolutionen haßte, so nannte man mich einen Freund des Bestehenden. Das ist aber ein sehr zwei-*

deutiger Titel, den ich mir verbitten möchte. Wenn das Bestehende alles vortrefflich, gut und gerecht wäre, so hätte ich gar nichts dawider. Da aber neben vielem Guten zugleich viel Schlechtes, Ungerechtes und Unvollkommenes besteht, so heißt ein Freund des Bestehenden oft nicht viel weniger als ein Freund des Veralteten und Schlechten. Die Zeit aber ist in ewigem Fortschreiten begriffen, und die menschlichen Dinge haben alle fünfzig Jahre eine andere Gestalt, so daß eine Einrichtung, die im Jahre 1800 eine Vollkommenheit war, schon im Jahre 1850 vielleicht ein Gebrechen ist.

Und sonst? Wichtig in seinem Leben war noch die Freundschaft mit dem zehn Jahre jüngeren Dichterkollegen Schiller, die leider viel zu früh, mit Schillers Tod im Jahre 1805, endete. Beide mochten einander nicht, als sie sich kennenlernten; dann entdeckten sie einen besonderen Gleichklang in ihrem Denken, das sich einer Idealität verpflichtet fühlte, die den Menschen, in seinen für wahr und für bestimmt genommenen Momenten, über sich hinauswachsen läßt und ihm den inneren Blickkontakt beschert zum Ewigen. Man kann dieses Ewige Gott nennen, es ist aber genauso die Natur, die Schöpfung, das Sein – *gerufen oder ungerufen, sie kommen von selbst auf allen Wegen, von allen Bergen, aus allen Meeren, von allen Sternen, wer mag sie aufhalten ...: Kein Wesen kann zu nichts zerfallen! / Das Ewge regt sich fort in allen, / Am Sein halte dich beglückt! / Das Sein ist ewig: denn Gesetze / Bewahren die lebendgen Schätze, / Aus welchen sich das All geschmückt.* Zu guter Letzt äußerte er sogar die Überzeugung, daß die Teilnahme an der Ewigkeit eine Art Belohnung sei, die demjenigen zusteht, der sich nicht kleinkriegen läßt auf Erden, sondern unermüdlich geschafft hat, ob aus bestem Wissen und Gewissen oder nur, um der Leere des Daseins zu entgehen, tut nichts zur Sache: *Die Überzeugung unserer Fortdauer entspringt mir aus dem Begriff der Tätigkeit; denn wenn ich bis an mein Ende rastlos wirke, so ist die Natur verpflichtet, mir eine andere Form des Daseins anzuweisen, wenn die jetzige meinen Geist nicht ferner auszuhalten vermag.* Und – als müßte das noch durch ein paar kräftige Reime ergänzt werden: *Was verkürzt mir die Zeit? / Tätigkeit! / Was macht sie unerträglich lang? / Müßiggang! / Was bringt in Schulden? / Harren und Dulden! / Was macht Gewinnen? / Nicht lange besinnen! / Was bringt zu Ehren? / Sich wehren!*

Ja. Rastlos war er, und er blieb es bis zum Ende. Es ging nicht anders. Für ihn. Manchmal schaute er noch in den Spiegel; mit jener mal bösen, mal selbstverliebten Neugier, mit der er in seiner Jugend in den Spiegel gestarrt hatte. Bei bestimmtem Licht, etwa im Herbst, wenn die Gegenstände unter einer überallhin ausgreifenden Sonne ihre Durchlässigkeit vorführen wollten, konnte er an sich selbst keine Veränderungen mehr feststellen. Er war nicht alt, er war jung, die Jahre, Jahrzehnte hatten ihm nichts anhaben können. Dann spielten auch die Erinnerungen mit, sie holten ihm manches hervor, was er vergessen hatte. Man muß nichts sagen zu seinen Erinnerungen, sie sprechen ihre eigene Sprache. So sah er beispielsweise noch einmal Lili vor sich, jung geblieben auch sie und noch immer schön, wie sie sich eines Dummkopfs erwehrte, der *bei der Tafel neben ihr sitzend etwas Unziemliches vorbrachte. Ohne das holde Gesicht zu verändern, strich sie mit ihrer rechten Hand gar lieblich über das Tischtuch weg und schob alles, was sie mit dieser sanften Bewegung erreichte, gelassen auf den Boden. Ich weiß nicht, was alles, Messer, Gabel, Brot, Salzfaß, auch etwas zum Gebrauch ihres Nachbarn gehörig; es war jedermann erschreckt, die Bedienten liefen zu, niemand wußte, was das heißen sollte, als die Umsichtigen, die sich erfreuten, daß sie eine Unschicklichkeit auf eine so zierliche Weise erwidert und ausgelöscht ...*

Er lächelte, wischte sich eine Träne aus den Augen, die ihm wohl aus Versehen dorthin geraten war. Ausgelöscht würde er nicht, da war er sicher; niemand wurde ausgelöscht, denn das Leben machte weiter, mit ihm, mit den anderen. Die Sonne stand am Himmel, ein Feuerrad ohne Feuer. Die Bilder verblaßten. Er las, was er vor kurzem geschrieben hatte, eigenhändig, es war gerade kein Sekretär greifbar gewesen, dem er diktieren konnte: *Im Innersten meiner Pläne und Vorsätze und Unternehmungen bleib ich mir geheimnisvoll selbst getreu und knüpfe so wieder mein gesellschaftliches, politisches und moralisches und poetisches Leben in einen verborgenen Knoten zusammen. – Je früher nämlich der Mensch gewahr wird, daß es ein Handwerk, daß es eine Kunst gibt, die ihm zur geregelten Steigerung seiner natürlichen Anlagen verhelfen, desto glücklicher ist er; was er auch von außen empfange, schadet seiner eingebornen Invidualität nichts. Das beste Genie ist das, welches alles in sich aufnimmt, sich alles zuzueignen weiß, ohne daß es der eigentlichen Grundbestimmung, demjenigen was man Charakter nennt, im mindesten Eintrag tue ... Die Organe des Menschen durch Übung, Lehre, Nachdenken, Gelingen, Mißlingen, Fördernis und Widerstand und immer wieder Nachdenken verknüpfen ohne Bewußtsein in einer freien Tätigkeit das Erworbene mit dem Angebornen, so daß es eine Einheit hervorbringt, welche die Welt in Erstaunen setzt ...*

Was für ein Leben, dachte er, in dem man die Welt in Erstaunen versetzen kann. Und sich selbst! Er schloß die Augen. Von fern her hörte er Stimmen, es konnte auch Gesang sein. Von Engeln. Oder war es der gemischte Chor all seiner Freundinnen und Frauen? Der Himmel ist ihm jetzt ganz nah, das Sonnenlicht wärmt ihn. Ja, alte Leute brauchen Licht und Wärme. Er ist nicht alt, er hat nicht vor zu sterben. Vielleicht eine Mütze Schlaf nehmen, zwischendurch, auf dem Weg von einem Leben ins nächste. Das kann nicht schaden. Der Schlaf ist wohltätig, meint es gut. Ihm kann man sich anvertrauen. So schläft er denn, ein paar Minütchen, ein paar hundert Jahre. Man soll ihn, bitteschön, rechtzeitig wecken. Schließlich hat er noch viel vor, im Leben – von dem er *mehr* will *und immer mehr*.